実務必携
投資信託業務のすべて
Complete Guide to Investment Trust Business

浜田好浩［著］

一般社団法人 金融財政事情研究会

はじめに

　少子高齢化による生産年齢人口の減少、設備投資抑制による低い労働生産性等で日本の実質経済成長率は今後とも低水準が続くと見込まれている。労働分配率も金利も低いなかで、ポストコロナにおける供給制約、エネルギー価格上昇と円安によるコストプッシュ型インフレが実質賃金の低下を招いている。将来不安をやわらげるはずの公助たる社会保障に限界もあることから、自助、すなわち資産形成の重要性はかつてないほど高まっている。この自助の最も有効なツールの一つとされるのが投資信託（投信）である。

　かつて証券会社の店頭でしか取扱いがなかった投資信託は、いまや銀行、郵便局、信用金庫などさまざまな金融機関が取り扱っており、またインターネットの普及によってオンライン上で売買できるなど、国民にとって非常に身近で手軽な金融商品となった。

　しかしながら、である。「貯蓄から資産形成へ」という政府の掛け声にも、またいわゆる「老後2,000万円問題」にもかかわらず、個人金融資産における投資信託の比率はわずか4.7%（日銀資金循環統計2022年12月末）と大きな変化をみせていない。その原因はさまざま考えられるものの、まずは投資信託という金融商品があまり理解されていないということに行き着くのではないだろうか。

　筆者が投資信託という商品に初めて触れたのは、約30年前、勤めていた銀行で運用会社の設立企画を担当したことが契機である。その時点では銀行で投資信託は取り扱っていなかったので、筆者にも「証券会社で主力の株式のそばに置かれる、付属品たる位置づけの商品」くらいの知識しかなかった。さすがに運用会社を立ち上げるのにこれではまずい、もっと知識をつけようと投資信託のことを書いた本を探したのだが、これがほとんど存在しておらず非常に難儀した思い出がある。これに対し現在は近くの書店にも投資信託に関する"入門書"の類があふれている。

しかし、その多くは投資に関するもので、「短期間で数億円をつくる方法」や「この商品を買ってこの商品だけは買うな」といった趣旨の本である。そのほとんどは要約するに「長い期間で国際分散投資しなさい。そのためにはコストが低いインデックス投信をドルコスト平均法で時間分散して買っていきなさい。相場が下がっても保有し続けなさい。慌てて売ってはいけませんよ」というものである。もちろんそれはある意味正しい。だが投資信託の世界はそんなに単純なものではない。

本書を世に出そうと思った直接のきっかけは、筆者の取引先である大手銀行の商品採用担当者の一言であった。その方は銀行で販売する投資信託を新たに採用する立場となられたのだが、「浜田さん、約6,000本もある投信からいい商品をどのように見極めればよいかについてプロの目線で解説した本がないでしょうか。いやもっと言うと、この1冊で投信に関する必要な実務知識や知見が養われるような、そんな本があったらぜひ紹介してほしい」とのことであった。これを受けて筆者はオンライン書店なども探したが、たしかにない。この状態は私が投信業務に携わった30年前とさして変わっていなかったのである。

本書は、投資信託という金融商品に関する知識をなるべく平易にまとめた総合解説書を目指した。投資信託に関する制度、法令などは枚挙にいとまがなくこれをすべて網羅した辞書のようなものをつくるつもりはまったくない。本書は投資信託、とりわけ公募投信に関してその現在、過去、未来に関する重要な知識を必要最低限に絞って、詳細かつ具体的に説明することを目的とした。

投資信託商品がどのようにして生まれ、販売され、管理されているか、という実務について、約30年にわたって実際に携わった自らの経験に即して記述したものである。さらに書生論にとどまらず、理念と実際のギャップや関係法人間の利害など、なるべくビジネスの現場に基づいた内容を盛り込むこととした。ぜひ投資信託の販売や運用といった資産運用ビジネスに従事する人はもちろん、資産形成手段として深く投信のことを理解したいと思われる

人、金融商品としての投資信託の可能性に関心をもった人、将来資産運用に携わってみたいと考える学生諸君など、さまざまな読者に手にとっていただきたいと考える。

本書ではまず第1章で"投資信託の基礎知識"ともいうべき内容を紹介している。ここでは世界の投信市場と日本のそれを比較するところから始め、日本の公募投信についてその商品分類や取引方法、コストなどを解説する。

第2章では、投資信託を取り巻く制度、規制等について説明する。日本の投資信託はその制度やルールに独特のものがある。ここではなるべく枝葉末節にこだわることなく、重要かつ不可欠なものだけを抽出して詳説するよう心がけた。

第3章では投信商品の見極め方を、運用戦略の分類とこれに沿ったパフォーマンス測定の観点から説明した。

この第1章から第3章までが「投信の現在」とすると、第4章は「投信の過去、投信の歴史」ともいうべきものである。すなわち過去の投信業界でヒットした商品をその時代背景とともに紹介している。日本の投信商品の多様さ豊富さは世界的にも類をみないほどである。これら過去のヒット商品の仕組みにも触れつつ、それらがなぜ生まれ流行り、そしてなぜ廃れていったのかを振り返ることで温故知新が得られればと考える。

最後の第5章は現在から推測される「投信の未来予想図」がテーマである。現在世界の資産運用業界で起こっている潮流やETF、ロボアド、ファンドラップなどの新しいビジネストピックにも触れつつ、将来日本の資産運用業界に起こりうるであろうことを筆者の勝手な予測も一部加えながら記述したものである。

本書は筆者が独筆したものであるが、出版にあたっては投資信託業界において筆者が尊敬する多才な方々にもご協力をいただいた。

特に、販売会社実務は大和証券株式会社の瀬木豊二氏、丸中太郎氏に、投資銀行実務はゴールドマン・サックス証券株式会社の黒澤孔介氏、劉屹然氏ならびにSMBC日興証券株式会社の任熠舟氏に、インデックスビジネスは株

式会社日本経済新聞社の越中秀史氏に、投信ドキュメント関係では株式会社日本カストディ銀行の大楽信雄氏に、証券投資理論面ではみずほ第一フィナンシャルテクノロジー株式会社の伊藤敬介氏に、ETFについては株式会社東京証券取引所の岡崎啓氏に、またアセットマネジメントビジネスの将来像ではPwCあらた有限責任監査法人の清水毅氏、辻田大氏にそれぞれ多くの助言をいただいた。また、内外投信に関する諸法令については森・濱田松本法律事務所の大西信治弁護士にご指導をいただいた。加えて投信に関する諸データについては株式会社QUICKに依頼し、QUICKリサーチ本部の坂本誠太氏、QUICK資産運用研究所の清家武氏、石井輝尚氏に貴重なデータの提供をいただいた。ご協力いただいた皆様にはこの場を借りて厚く御礼申し上げたい。

　さらに今回、日本の投資信託に関する総合的な解説書の出版の機会を与えていただくとともに、さまざまなアドバイスをいただいた株式会社きんざいの赤村聡氏には心からの謝意を表したい。

　本書の執筆にあたっては、万全を期したつもりであるが、もし記載内容に誤りなどがあればすべて筆者に帰属するものでありご容赦いただきたい。また文中における意見にわたる部分はすべて筆者の私見であり、筆者の所属する組織とはなんら関係がない。

　本書が「投資信託」という画期的な金融商品について、必要不可欠で最低限の知識を提供することができ、手にとっていただいた読者の理解が深まることにつながれば筆者にとってこれ以上の喜びはない。

2022年10月

浜田　好浩

【著者紹介】

浜田　好浩（はまだ　よしひろ）

三井住友トラスト・アセットマネジメント株式会社 理事

株式会社日本興業銀行（現みずほ銀行）入行、同行の投信業務進出のための新会社として1994年に日本興業投信株式会社（現アセットマネジメントOne株式会社）設立を企画。

同社合併により発足した興銀第一ライフ・アセットマネジメント株式会社（DIAMアセットマネジメント株式会社）にて、プロダクツ営業部長、商品企画営業部長、商品企画部長、営業戦略企画部長を歴任。合併に伴い、アセットマネジメントOne株式会社にて、商品本部商品戦略企画グループ長兼商品戦略企画部長、投信営業本部シニアエクゼクティブなどを経て2022年10月より現職。この間一貫して国内籍公募投信、私募投信および外国籍投信等さまざまな形態の投信の企画・立案を行うとともに、これら商品の販売会社や機関投資家への提案営業に携わる。この間開発した新商品は1,000本以上にのぼり、このなかには解禁直後のプロ私募投信第1号"ノーロード"を冠したローコストインデックスファンド、元本確保型投信（特許取得）などの本邦初となる多くの革新的商品群を含む。また、海外の運用会社、投資銀行、指数ベンダーとの幅広い人脈を通じて積極的に投信を共同開発、数多くの外部委託系商品を創出。さらにETF事業を新規に発足させる等、世界的トレンドをふまえた新分野ビジネス開拓等を行う。

日本証券アナリスト協会検定会員

九州大学法学部卒業

凡　例

１．法令等・業界団体の表記
本書における法令等の表記は、次の略称を用いることがある。

投信法	投資信託及び投資法人に関する法律
投信法施行令	投資信託及び投資法人に関する法律施行令
投信法施行規則	投資信託及び投資法人に関する法律施行規則
金商法	金融商品取引法
金商法施行令	金融商品取引法施行令
金商業等府令	金融商品取引業等に関する内閣府令
証取法	証券取引法
投資顧問業法	有価証券に係る投資顧問業の規制等に関する法律
特定有価証券開示府令	特定有価証券の内容等の開示に関する内閣府令
特定有価証券開示ガイドライン	特定有価証券の内容等の開示に関する留意事項について

２．会社名等の略称
本書における業界団体・会社名等の表記は、次の略称を用いることがある（（　）内は現社名）。

投信協会	一般社団法人投資信託協会
投資顧問業協会	一般社団法人日本投資顧問業協会
日証協	日本証券業協会
UBSアセット	UBSアセット・マネジメント株式会社
HSBCアセット	HSBCアセットマネジメント株式会社
JPモルガンアセット	JPモルガン・アセット・マネジメント株式会社
アセットマネジメントOne	アセットマネジメントOne株式会社

6

アムンディ	アムンディ・ジャパン株式会社
岡三アセット	岡三アセットマネジメント株式会社
クレディ・アグリコル	クレディ・アグリコルアセットマネジメント株式会社（アムンディ・ジャパン株式会社）
ゴールドマン	ゴールドマン・サックス・アセット・マネジメント株式会社
国際投信	国際投信委託株式会社（三菱UFJ国際投信株式会社）
新光投信	新光投信株式会社（アセットマネジメントOne株式会社）
大和アセット	大和アセットマネジメント株式会社
大和住銀アセット	大和住銀投信投資顧問株式会社（三井住友DSアセットマネジメント株式会社）
ドイチェアセット	ドイチェ・アセット・マネジメント株式会社
東京海上アセット	東京海上アセットマネジメント株式会社
ニッセイアセット	ニッセイアセットマネジメント株式会社
日興アセット	日興アセットマネジメント株式会社
野村アセット	野村アセットマネジメント株式会社
ピクテ	ピクテ投信投資顧問株式会社
ピムコ	ピムコジャパンリミテッド
フィデリティ投信	フィデリティ投信株式会社
三井住友DSアセット	三井住友DSアセットマネジメント株式会社
三井住友トラストアセット	三井住友トラスト・アセットマネジメント株式会社
三菱UFJ	三菱UFJ投信株式会社（三菱UFJ国際投信株式会社）
三菱UFJ国際	三菱UFJ国際投信株式会社
レッグメイソン	レッグ・メイソン・アセット・マネジメント株式会社（フランクリン・テンプルトン・ジャパン株式会社）
ラッセル投信	ラッセル・インベストメント株式会社

目　次

第2章　投資信託に関する法令・制度・ルール

第3章　投資信託の良しあしの見分け方

第4章　ヒット商品の栄枯盛衰

第5章　今後のファンドビジネスをめぐる動き

第1章

日本の投資信託の基礎知識

1 世界の投資信託vs. 日本の投資信託

　投資信託（以下「投信」ともいう、また、単に「ファンド」という場合もある）の市場の大小をみる指標は、その残高が一般的である。日本の投信市場も拡大しつつあるが、欧米のそれは市場規模、市場拡大スピードとも日本を大きく凌駕している。

　まずは世界の投信市場の全体像（**図表1-1**）をみてみよう。

　世界の投信残高は2021年12月末現在で約71兆ドル（約9,230兆円（1ドル＝130円換算、以下同様））の規模である。このうち約半数を米国が占めており約34兆ドル（約4,420兆円）、日本はその10分の1にも満たない約2.4兆ドルである。

　ルクセンブルクとアイルランドという小国が多くのシェアを占めているのは、優遇税制などの特典が整備された両地域がファンド登録地として有利だ

図表1-1　世界の投信市場（残高）

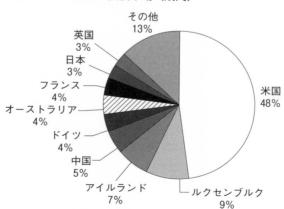

　注：2021年12月末現在、機関投資家向けファンド、ETFを
　　　含む、ファンド・オブ・ファンズを除く。
　出所：国際投資信託協会（IIFA）

からであり、実際にはその他の国、特に欧州で販売されている。

　日本は英国よりも多い残高となっているが、約62兆円を占めるETF（Exchange Traded Funds、上場投資信託）のうち約50兆円を日本銀行が保有するという特殊な残高も含んでおり、これを除いた実質的な投資家の保有残高はさらに小さくなる。

　伸び率はどうか。直近5年間（2015年末～2020年末）でみると世界全体では65％増であり米国の伸びも同様である。このなかで中国は100％増とほぼ2倍になっている。日本もこの間110％増となっているが上述した日本銀行のETF保有の影響を勘案する必要があり実質的にはそこまでの伸び率ではない。

　いずれにしても世界の投信市場は米国がけん引する市場であることがわかる。そこで米国の投信市場を簡単に分析したい。

　図表1－2のグラフが示すとおり2021年12月末現在米国の投信残高は約34兆ドル（約4,420兆円）と巨大である。このうちオープンエンド型の会社型投信（ミューチュアルファンド）が約27兆ドルでほとんどを占めるが、近年は

図表1－2　米国における投信残高推移（年末時点）

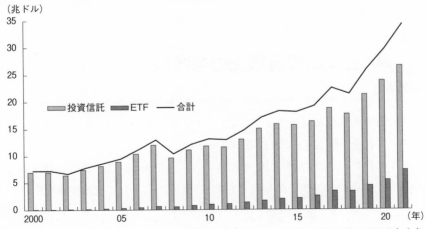

出所：Investment Company Institute「The 2022 Investment Company Fact Book」より
　　　筆者作成

ETF（約7兆ドル）が急速にその残高を伸ばしている。ETFの過去10年間における平均残高伸び率は21％とミューチュアルファンドの6.5％を大きく上回る（ETFの残高急増の背景は第5章3⑵参照）。

　米国の投信市場が巨大となっている大きな要因の一つはそれが退職金市場を取り込んでいることである。米国の退職金市場は約39.4兆ドル（2021年末現在）であるが、そのうちDC（Defined Contribution Plan、確定拠出年金）が約11兆ドル（うち401k[1]が約7.7兆ドル）、IRA（Individual Retirement Accounts、個人退職勘定）が約13.9兆ドルを占めている。そしてDCの58％（6.4兆ドル）、IRAの45％（6.2兆ドル）が投信に投じられている。このことから約34兆ドルの米国投信市場は、この退職金市場からの資金が3分の1以上、約12.6兆ドル程度を占めていることがわかる。その逆に米国退職金市場の32％が投信で占められている。

　退職金市場の資金は基本的に長期投資される安定的な資金である。したがって、この資金が投じられる米国投信市場も安定的に着実に成長したといえよう。退職性資金の流入が市場時価を上げそのパフォーマンスにつられてその他の一般的な資金も流入する、といった好循環がいまの巨大な米国投信市場を形成したといえる。

2　日本の投資信託の全体像

　次に日本の投信市場はどうなっているか、まずは投信協会の統計資料からその全体像を俯瞰してみたい（**図表1-3**）。

　日本の投信市場は約279兆円（2022年5月末）である。このうち一般に個人投資家がアクセスできる公募投信が約170兆円、主として機関投資家向けの

1　米国における確定拠出年金制度の一つであり、内国歳入法401条⒦項に基づく年金制度。一定の税制優遇がある。

図表 1-3　日本の投資信託の全体像（2022年 5 月末時点）

タイプ / 項目						純資産総額（百万円）	ファンド本数
投資信託合計						279,215,301	14,381
	公募投信					170,003,008	6,000
		契約型投信				158,575,509	5,932
			証券投信			158,575,509	5,932
				株式投信		144,453,446	5,838
					単位型	393,435	91
					追加型	144,060,010	5,747
					ETF	60,843,905	225
					その他	83,216,105	5,522
				公社債投信		14,122,064	94
					単位型	1,008	7
					追加型	14,121,055	87
					MRF	13,582,155	12
					その他	538,901	75
			証券投信以外の投信			0	0
		投資法人				11,427,499	68
			不動産投資法人			11,279,870	61
			インフラ投資法人			147,629	7
	私募投信					109,212,292	8,381

出所：投資信託協会データより筆者作成

　私募投信が約109兆円と大別できる。本書では特に断りのない限り公募投信を中心に解説する。
　公募投信は契約型投信（約158兆円）と会社型投信（投資法人）（約11兆円）に分けられる。後者はほぼREIT（Real Estate Investment Trust、不動産投資

信託）である。契約型投信は証券投資信託と非証券投資信託（証券投信以外の投信）に分けられるが後者は現存しない。証券投資信託のうち公社債投信約14兆円はそのほとんどが待機資金の受け皿としてのMRF（Money Reserve Fund、マネー・リザーブ・ファンド）であり、これは追加型公社債投信に分類されるる。

　一方の株式投信は追加型投信がほとんどで、これはETF約60兆円とその他約83兆円に分けられる。

　ETFのうち約50兆円は日本銀行が保有しており、残り約10兆円も金融機関がほとんど保有している。したがって、個人資金が中心に投資しているのはこの"その他"約83兆円市場ということになる。つまり、日本の投信市場約279兆円のうち、一般個人投資家向けの投信市場はこの約83兆円市場ということになる。

　さらに約83兆円市場のうちファンドラップ口座の投資対象となる"部品"としての投信（ファンドラップ専用投信）が約13兆円、DCの対象となるDC専用ファンドが約10兆円程度あるため、これらを除いた部分はわずかに約60兆円となる。つまり、各運用会社が知恵を絞り、さまざまな商品を開発し、銀行や証券会社、ネット証券などで工夫を凝らして顧客に販売している投信の"主戦場"ともいうべきマーケットは、この約60兆円に満たない市場ということができる。

　次にこの公募投信がどこで販売されているかをみてみよう。

　図表1－4は銀行窓販開始以来の銀行等の登録金融機関と証券会社の公募投信残高推移（ETFを除く）である。現在は証券会社66兆円対銀行等35兆円であり、ほぼ2：1ということができよう。

　日本の投信は従来証券会社のみで販売されていたが、1998年12月から銀行等による販売が解禁された。その後順調に銀行等の残高は伸び、2000年代半ばには両者はほぼ拮抗する状況にもなった。しかし、2008年のいわゆるリーマンショックを境に両者の差が再び開くこととなった。この背景には世界的金融危機による投信の評価損失がある。

図表 1 - 4　販売チャネル別公募投信（ETF を除く）純資産残高推移（年末時点）

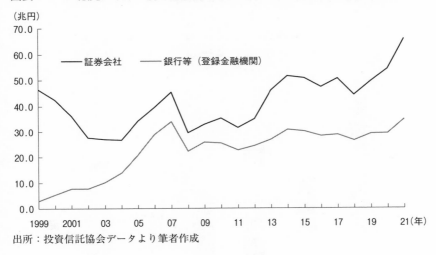

出所：投資信託協会データより筆者作成

　この時期、株式や債券などの資産価値が大きく下落した結果、販売済みの
ファンドで大きな評価損が発生することになった。こうした事態に証券会社
は既存顧客へのアフターフォローと安値での再投資を促した一方、これがで
きなかった銀行等の販売姿勢との差が出たといわれている。その後、市場は
落ち着きを取り戻し評価損失が評価益となり、投資商品の販売はやはり証券
会社に一日の長ありとなったのである。

　次にどのようなタイプの投信が残高を集めているかをみてみたい。

　図表 1 - 5 は追加型株式投信（ETF を除く）の投資対象資産による商品分
類別に、過去 7 年間の資金流出入額をみたものである。

　一見してわかるとおり、この間は外国株式に多くの資金が流入しており、
これが投信全体の資金流入を支えている構図である。対照的に国内株式は人
気がなく、7 年中 4 年で資金流出となっている。

　外国株式に比べパフォーマンスで見劣りする国内株式は、ホームカント
リーバイアス[2]をもってしても資金流入とはなっていない。一方でコンスタ
ントに資金流入となっている商品がバランスファンドである。このタイプの

図表1－5　追加型株式投信（ETFを除く）の商品種類別資金流出入の推移

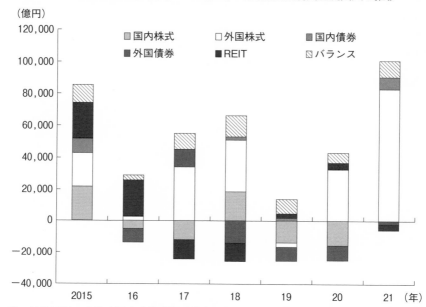

注：対象はETFを除く国内公募追加型株式投資信託。商品種類はQUICK独自の分類。資
　金流出入はQUICKの推計値ベース。
出所：QUICK資産運用研究所データより筆者作成

資金流入額はさほど大きくないが、この間一度も資金流出とならず安定して
資金を獲得している。資産形成手段として相場動向によらずパフォーマンス
が安定する国際分散投資の考え方が浸透したことも背景にあげられる。一方
で、かつて投信の中心的存在であった毎月分配型投信の主要資産である外国
債券は、2018年から2020年にかけて一貫して資金流出となっている。

2　ホームカントリーバイアス（Home Country Bias）は、資産運用において、投資家は
自国の株式や債券などの資産に投資することが多くなる傾向を指す。投資家が市場環境
や投資対象銘柄などで認識しやすい市場に安心感を覚えることがその背景にあるとされ
る。

3 投資信託の種類と分類

さて、前節「日本の投資信託の全体像」でみたように、日本の投信はいろいろな観点から分類がされている。そこで本節でまとめてその分類の意味を解説したい。

(1) 公募投信と私募投信

募集対象となる投資家層の違いである。

不特定（つまり特定投資家[3]ではない一般投資家）かつ多数（50人以上とされる）の投資家を対象とする投信を公募投信といい、そうでないものを私募投信という（詳細は第2章3(1)参照）。

一般的に証券会社、銀行等で広く個人向けに販売されている投信は公募投信である。

(2) 単位型と追加型

投信の買い方の違いである。

投信は、通常募集期間をおいて資金を募集し（これを当初募集期間という）募集期間最終日までに集めた資金（募集金額）をもって、その翌営業日に運用を開始する（この日を設定日という）。そして設定日以降は毎営業日、投信の時価評価価格（これを基準価額という）が計算・表示され、この価格をもとに引き続き販売される（継続募集、追加設定という）。

このようにファンド設定後も販売が継続されるのが追加型投信である。一

---

3 特定投資家とは、適格機関投資家に加え、国や日本銀行等も含んだ概念である（金商法2条31項）。適格機関投資家とは、「有価証券に対する投資に係る専門的知識及び経験を有する者として内閣府令で定める者」（金商法2条3項1号）とされ、主として金融機関等のプロ投資家を指す（金融商品取引法第2条に規定する定義に関する内閣府令第10条）。

方でこの追加設定が行われず、当初募集のみで販売が完了するものが単位型投信である。当初募集期間は均一価格（たとえば１口＝１万円）で募集されるため、募集期間のなかでいつ購入しようとその投信の値段は同じである。

　現在多くの投信は、追加型投信（オープン型ともいう）である。しかし元本確保型投信（第４章14⑵参照）など投資家の簿価をそろえておく必要がある投信や、投資対象資産がその一時点しか投資可能でない場合などは単位型投信で設定されることになる。「債券持ちきり型運用」商品など、近年単位型投信の人気が高まりつつある。

　なお、単位型も追加型も、換金は基本的に毎営業日、基準価額をもとに行われるためその違いはない。

⑶　オープンエンド型とクローズドエンド型

　換金請求があったときに投信（ファンド）がどのように対応するかの違いである。

　オープンエンド（open end）型投信は保有資産を売却してこの換金請求に応じるための資金をつくるもので、クローズドエンド（closed end）型投信は資産売却をしないものである。

　つまり、オープンエンド型投信はいつでも換金できるが、クローズドエンド型投信は換金に応じないものである。だとするとクローズドエンド型投信の投資家は換金手段がないということになるため、このタイプの投信は取引所に上場され、投資家同士で売買されることで換金可能となっている。

　たとえば、保有資産に実物不動産を有するREITは、投資家の換金要求に実物不動産を売却するわけにはいかないためクローズドエンド型投信とし、そのかわり取引所に上場して換金手段を提供している。このようにクローズドエンド型投信は、保有資産自体の流動性が乏しい場合（実物不動産、ヘッジファンド、コモディティ、インフラストラクチャー等）に利用される。なお、⑵のオープン型（追加型）とここでのオープンエンド型はまったく異質の概念であるが、よく誤用される。

(4) 契約型と会社型

投信の法的な仕組みの違いである。

契約型は投資信託委託会社（運用会社）と受託会社（信託銀行）が信託契約を締結し、資金を信託する。この信託契約に基づき信託銀行は信託受益権を発行する。この受益権を投資家が保有する。これが契約型投信である。この場合投資家は受益権を保有し主としてその財産的価値を所有することになる。

これに対して会社型はまず投資を目的とする会社（投資法人）が設立され、投資家がその会社の株主（投資主）となり、その発行株式（投資証券という）を取得する形態のものである。そしてこの会社から財産管理を信託銀行へ、資金運用を運用会社へ、株券売買（名義書換代理）を販売会社へそれぞれ業務委託するかたちをとる。

日本の投信はその多くが契約型であり、運用会社のことを"委託"会社と呼ぶのもこのためである。一方で、欧米では会社型が多い。米国で主流となっている投信は1940年投資会社法（U. S. Investment Company Act of 1940）に基づく会社型投信で、一般にミューチュアルファンド（mutual fund）と呼ばれている。

(5) 株式投信と公社債投信

法律（税法[4]）上、公社債（債券）のみに投資する投信を公社債投信、それ以外を株式投信と定義している。つまり株式を組み入れる（可能性があるものも含めて）ものは、株式投信ということになる。

ただし、実質的に公社債のみを投資対象とするファンドの多くが商品分類上は株式投信として届け出されており、これが日本の投信のわかりにくさの

4　税法上、公社債投資信託は「証券投資信託のうち、その信託財産を公社債に対する投資として運用することを目的とするもので、株式又は出資に対する投資として運用しないものをいう」（所得税法2条1項15号）と定義されている。

一因になっている。これには税法が絡んでいる。2002年4月に公社債投信に個別元本（個別元本については4(7)参照）制度が導入される以前は、公社債投信の基準価額が当初元本（1万円）を下回った場合には追加設定ができないこととされていた。しかし、公社債であっても毎日価格は変動するため常に基準価額が当初元本を上回ることは保証できない。よって基準価額の水準によらずに投信を販売できるよう、商品分類上は"株式"投信としたのである。公社債のみに投資する場合でも、株式に投資する"可能性"があるとしてこの分類は許容された。

　その後、個別元本制度が導入され、公社債投信でも当初元本以下で追加設定できるようになったが、それまでの慣行と公社債投信以外の"その他"としての株式投信のほうが商品設計の自由度が保たれるとして、いまだにMRF（追加型公社債投信）など一部の投信を除き、株式投信として販売されている。この結果、株式投信という商品分類であっても、公社債にしか投資しない商品が存在し、投資家を混乱させることとなっている。

(6)　国内投信と外国投信

　国内の法令に基づき国内で設立されたファンドを国内投信（国内籍投信）といい、海外（ケイマンやルクセンブルク等）の法令に基づき海外で設立されたファンドを外国投信（外国籍投信）という。外国投信の活用法としては、それをそのまま国内に持ち込んで国内で販売する方法（多くが外貨建て、持ち込み外国投信という）と、日本には持ち込まず、国内投信（ファンド・オブ・ファンズ）の投資対象とする方法の2種類がある。

(7)　マザーファンドとベビーファンド

　日本独特の仕組みとして、ファミリーファンドというものがある。これはマザーファンド（みなす信託ともいう）とベビーファンドから構成される。マザーファンドは株式や債券などの直接投資対象資産を保有し実質的な運用を行う。ベビーファンドはこのマザーファンド（の受益権）に投資しその運

用成果を反映するのである。信託報酬はマザーではゼロでありベビーにのみかかる。投資家はベビーファンドに投資し、マザーファンドへは直接投資できない。

　ファミリーファンドが活用される目的は、運用の効率化と少額ファンドのつくりやすさといわれている。前者は、同じ運用内容で商品仕様（たとえば信託報酬、為替ヘッジの有無等）が異なるファンドをつくりたい場合、それぞれが直接資産に投資するのは非効率であるから、マザーファンドで一括的に運用し、それぞれの異なる商品仕様はベビーファンドで対応する。こうすることで運用の効率を上げることが可能となる。

　また後者は、すでに大きな残高のマザーファンドが存在すれば、少額なベビーファンドを生みやすいといった利点のことを指している。投信は販売してみなければその残高の多寡は不明である。あまりに残高が少ないと運用に支障をきたすおそれもある。この点、十分に残高がある既存マザーファンドがあれば安心してベビーファンドを販売できるというわけである。

(8)　有期限ファンドと無期限ファンド

　投信の存続期間のことを信託期間といい、その最終日を償還日と呼ぶ。この償還日がある、つまり信託期間が有限なものを有期限ファンド、償還期限がなく無限に継続される投信のことを無期限ファンドと呼んでいる。単位型投信は有期限、追加型投信は無期限と誤解されやすいが、両者に論理的な関係はない。理論上は単位型無期限ファンドも設定可能だし、追加型有期限ファンドは数多く存在する。

　それでは無期限ファンドは無限に継続するかというと、実際はそうではない。残高が少なくなった場合や運用継続が困難となるなどの事情によって繰上償還というかたちで終わりを迎えるものがほとんどである。これは有期限ファンドも同様で、償還日（定時償還日）の前に、残高が少なくなって繰上償還するものもある。

　無期限ファンドとしてファンドを出したのに繰上償還すると投資家の期待

を損なうことになるため、ファンド規模が大きくならないことも想定し当初から５年程度の有期限ファンドとして設定する場合も多い。この場合、結果的にファンドの人気が上がり定時償還させたくない状況となれば、償還期限を延長することもできる（償還延長）。このようにファンドの信託期間については ある程度柔軟にコントロールすることが可能である。

4　投信の取引の実際（購入、換金、償還、税務）

　ここでは投信の取引（購入や中途換金等）について、簡単に説明する。

（1）　基準価額

　投信の取引は、当該投信の約定時点における時価を基準として行われる。この投信の時価（単価）を基準価額という。

　基準価額は毎日運用会社で算出され[5]、公表される。基準価額はファンドのなかに組み込まれたすべての資産および負債を投信協会で定められた計理基準にのっとって評価した金額（純資産額または純資産総額という）を口数の残高（残存口数という）で除して求めた金額である。

【算式】

　　基準価額＝純資産額（総額）÷残存口数

　つまり、基準価額は、当該ファンドの１口当りの時価評価額ということができ、投資家はこの基準価額をもとに、保有している投信の現在価値を把握することができる。

5　より正確には運用会社と受託銀行がそれぞれ計算し、これを照合して合致したうえで公表される。これは基準価額の二重算出と呼ばれ、基準価額相違等を防止するため行われてきた日本独特の実務慣行である。

図表1－6　投信の保有有価証券の評価基準（例）

評価対象資産	評価方法
株式	基準価額算出日（海外市場の場合は直近営業日）の金融取引所における最終相場（終値）
公社債	下記①から③のいずれかの価格 ①日本証券業協会が発表する売買参考統計値（平均値） ②金融商品取引業者、銀行等が提示する価額 ③価格情報会社が提供する価額
市場デリバティブ	取引所が発表する清算値段等
店頭デリバティブ	下記①または②の価格 ①金融商品取引業者、銀行等が提示する価額 ②価格情報会社が提供する価額
内外非上場投信、マザーファンド[6]	国内投信：基準価額 外国投信：NAV（Net Asset Value per unit、受益証券1口当り純資産価格）
内外上場投信（ETF）	金融取引所における最終相場（終値）
外貨建て資産における為替レート	対顧客直物電信売買相場の仲値（TTM）

出所：投資信託協会ルールより筆者作成

　投信では保有有価証券の時価が毎日変化するため、その毎日の時価を基準価額に反映することとなっている。各運用会社がそれぞればらばらの時価評価額をもって基準価額を計算するとファンドの実態が把握できなくなるので、運用会社が加盟する投信協会には資産ごとの時価評価方法を細かく定めた統一ルール[7]があり、各社ともこのルールにのっとって計算している。このルールは非常に細かく決まっているが、その概略は**図表1－6**のとおりで

6　内外投信はファンド・オブ・ファンズの、マザーファンドはベビーファンドの基準価額計算でそれぞれ用いる。

7　投資信託協会「投資信託財産の評価及び計理等に関する規則」等。

ある。

　一方で負債の主なものは信託報酬の未払い分である。信託報酬は通常半年ごとに関係法人にその実額がファンドから支払われるが、経過期間に相当する部分は毎日日割りで計算され投信価値から減じられる（既経過未払報酬として負債計上される）。この結果、受益者は信託報酬を毎日日割りで支払っていることになり、これによって中途解約者と残存受益者間の平等を保持できる仕組みとなっている。

　以上より資産、負債が計算され、これに損益も加味して正味のファンドの価値（純資産額）となる。こうして毎営業日すべてのファンドの基準価額が計算される。

　このように投信のバランスシートや損益計算を行い、純資産総額や基準価額を計算する処理を、投信"計理"業務と呼んでいる。この計理処理を運用会社と受託銀行はそれぞれ毎営業日行い、両者間で照合し、合致した後社外に公表する。追加型投信の基準価額を日々掲載している日本経済新聞社の締切り時限は午後8時頃であり、遅くともこの発表作業はこの期限までに行われなければならない。投資家は、この基準価額を得て、自己の保有する投信の時価把握が可能となる。

　なお、余談ではあるが、運用会社における"経理"はその運用会社自体の財務諸表処理を指し、投信ごとの"計理"業務と区別している。

(2)　投信設定のスケジュール

　契約型の公募投信においては、運用会社が信託約款を金融庁長官に（投信法4条1項、225条1項、同法施行令135条5項）、有価証券届出書を関東財務局長に（金商法4条1項、5条、194条の7第1項、6項、同法施行令39条2項1号、特定有価証券開示府令33条2項）それぞれ届け出なければならない。

　有価証券届出書は原則として、その提出から15日間（効力待機期間、有価証券届出書提出日と募集開始日を含まない。非営業日を含む）を経過した日にその効力を生じ、その日から募集が可能となる[8]（金商法8条1項）。

図表1－7　投信設定のスケジュール

　当初の募集開始日から募集最終日までの期間は1年を超えない限り業務上は任意に設定が可能である。当初募集期間中は均一価格で募集が行われる。その資金をまとめて設定日（通常、募集最終日の翌営業日）から運用が開始される。設定日以降、単位型投信は募集が停止されるが追加型投信は募集が継続される。この継続募集期間に行われるファンドの購入行為を追加設定と呼ぶ（**図表1－7**）。

（3）　購入取引

　投信を購入する行為を、設定（購入約定）と呼ぶ。(2)のとおり当初募集期間における設定（当初設定）では投資家の応募価格は均一であるが、継続募集期間における設定（追加設定）では日々変動する基準価額で約定される。
【算式】

　　　購入約定金額＝約定日の基準価額×（購入）約定口数
　　　購入時手数料＝購入約定金額×購入約定金額に応じた購入時手数料率

　購入時手数料は、申込手数料や販売手数料とも呼ばれる（当初募集期間における購入時手数料を特に募集手数料ということもある）。
　たとえば、1口12,000円の基準価額で購入時手数料率3.3％（消費税込み）のファンドを10口購入した場合、以下のようになる。

8　有価証券届出書を提出すれば、勧誘行為は行えるが、約定行為（受益証券を顧客に取得させる行為）は行えない（金商法4条、15条）。この期間を仮募集と呼び、本募集（募集期間）と区別している。

購入約定金額＝12,000×10＝120,000円

購入時手数料＝120,000×0.033＝3,960円

この両者を合わせた金額を投資家は支払い、このうち120,000円が信託財産に追加され、3,960円は販売会社が収受する手数料となる。

約定日は、当該対象投信の資産が国内資産（国内株式、国内債券、国内REITなど）の場合は購入申込日当日、それ以外はその翌営業日（まれに翌々営業日）とされるのが一般的である。これはブラインド方式が関係している（(5)参照）。

購入時手数料は投信の代表的なコストである（5(1)参照）。多くのファンドにおいては、購入金額によってその料率が低減するよう設計されている。

(4)　換金取引

投信の換金手段としては、解約請求と買取請求がある。後者は保有する投信を販売会社に買い取ってもらうものであるがほとんど利用されておらず、一般に換金といえば解約請求を指す。解約は一部解約と全部解約があるが、全部解約はファンドの償還のことを指すため、投資家の意思で解約する行為はすべて一部解約と呼ばれる（本書ではこれを換金ないし中途換金という）。

【算式】

換金受取金額＝（約定日の基準価額－信託財産留保額）×換金口数－税額

信託財産留保額＝約定日の基準価額×信託財産留保率

信託財産留保額は、換金に伴う資産売却コストを換金者が負担する等の趣旨で設けられたものであり、その金額は文字どおり信託財産に留保され残存する投資家（残存受益者）の所有となる。しかし換金者からみれば換金時に負担するコストの一種にほかならない（信託財産留保額が設けられている目的については第2章5参照）。

換金に際して譲渡益（キャピタルゲイン）が生じた場合には、これに譲渡所得課税が課せられる。この場合、譲渡益は換金価値と当該投資家の取得簿

価（個別元本という）との差額となる。

【算式】

> 税額＝（約定日の基準価額－信託財産留保額－個別元本）×換金口数×税率
>
> 税率＝20.315％（復興特別所得税を含む）

たとえば、1口12,000円の基準価額で信託財産留保率が0.3％のファンドを10口換金した場合、この顧客の個別元本が10,000円とすると、以下のようになる。

> 信託財産留保額＝12,000×0.003＝36
>
> 税額＝（12,000－36－10,000）×10×0.20315＝3,989
>
> 換金受取金額＝（12,000－36）×10－3,989＝115,651円

(5) ブラインド方式

投信を購入・換金する際、投資家は販売会社に締切り時限（午後3時）までにその申込みを行う（申込日または申込受付日という）。

国内資産（国内株式、国内債券、国内REITなど）のみに投資する投信は、この申込日当日の基準価額を使って約定金額を計算する（申込日＝約定日。以下「当日約定」という）。これに対し、海外資産を全部または一部に含む投信は通常、申込日の翌営業日の基準価額を用いて計算する（申込日＋1営業日＝約定日。以下「翌営業日約定」という）。どうしてこのような違いを設けているのか。

まず基準価額は**図表1－8**のとおり直近の時価を反映して計算される。したがってN日の基準価額は当日の東京市場時価（国内資産）と前営業日（N－1日）の海外市場時価（海外資産）を収集して計算されることになる。

投信では取引を行う投資家は自己が取引する際の基準価額が、直近値よりも高いか安いか不明な状態で申込みを行わなければならないというルール（ブラインド方式）がある。これは自己の取引によって、すでにファンドを有

図表１－８　基準価額と評価時価の関係

	N−1日	N日	N+1日
東京市場		●	
海外市場	●		
基準価額		N日の基準価額はN－1日の海外市場時価とN日の東京市場時価を反映	

図表１－９　もし海外資産ファンドを当日約定で売買できたら

	N−1日	N日	N+1日
米国市場	値上り	値下り	
基準価額		N−1日の米国市場を反映した基準価額	N日の米国市場を反映した基準価額
換金投資家		N日の基準価額で換金	
ファンド		N日の米国市場で株式売却	

している他の受益者が損失を被らないようにするために設定されているルールである。つまり、受益者間の公平を保つためのルールである。

　投信の取引は基準価額をもとに行われるが、この基準価額はすでに過去のものであり、これを約定前に知ることができれば、取引者は有利となる一方で、ファンドはその後にこの取引に対応する資産購入（投信購入取引時）または売却（投信換金取引時）を強いられることになるため、その間の乖離が既存受益者の損失につながるからである。このため海外資産を含む投信はすべて翌営業日約定というルールになっている。

　たとえば、米国株式ファンドにおいて換金が当日約定で行えたらどうであろうか（**図表１－９**）。

前日（N−1日）の米国市場で株価の大幅な上昇があったとする。この場合、換金希望者は日本のN日朝時点でN−1日の米国市場をみて、N日の基準価額は前日比大きく値上りすることが容易に予想できる。そこでN日に換金取引を実行する。この換金に対処するため運用会社は（N−1日にさかのぼることはできないため）N日の米国市場で株式を売却することになる。この価格はN−1日の価格とすでに同じではない。

　仮にこのN日の米国市場で株価が大きく値下りした場合、換金した投資家に売り渡した投信の時価（N日基準価額＝N−1日の米国市場時価）と資産売却価格（N日の米国市場時価）の差分はファンドの損失となる。これをファンドの"希薄化（dilution）"と呼んでいる。この損失は残存受益者が負うことになる。つまり換金者が得をした分、残存受益者が損をすることになる。これはいかにも不合理である。こうした事態を防ぐためブラインド方式が採用されている。

　海外資産に投資する投信は日本時間において前営業日の価格は判明しておりこれが当日の基準価額に反映されるため、これを当日約定することはブラインド方式に反することになる。一方で国内資産は午後3時までその終値は判明しないため当日約定にしても問題ないことになる。

　以上が国内資産ファンドは申込当日、海外資産ファンドは申込日翌営業日の基準価額でそれぞれ約定する決まりになっている理由である。

　しかし、このブラインド方式をもってしてもファンドの希薄化は避けられないのが現実である。たとえば、国内株式に投資するファンドを考えた場合、当日の午後3時まで申込みの受付が可能である。そして、この受付数量は販売会社で集計し運用会社宛てには夕方その概算金額が送られる（正確な金額（確定金額）は翌朝となる）。

　この概算金額をもってファンドは市場で株式を売買しようにもすでに証券取引所は終了しているので、当日の基準価額に採用される市場終値で取引することは不可能である。運用会社では夜間取引などを活用してなるべく当日市場終値に近いと思われる価格で取引する努力はするものの、ファンドの希

薄化リスクは避けられない。さらに海外資産では国内資産同様、概算金額は申込日夕方に運用会社に連絡されるが、確定金額は申込日の翌々営業日朝と国内資産よりも1日遅くなる。この点、運用会社によっても、また運用手法（パッシブかアクティブか）によってもその実務上の取扱いには差があると思われる。

　指数との連動性を重視するパッシブ投信についてはファンドの希薄化を避ける必要が特に強い。このため運用会社では、概算金額をもとに極力約定日の基準価額に反映される市場終値（国内資産、海外資産とも顧客申込日当日の市場終値）に近い時間帯で資産売買を行うよう努力する。この場合、後で販売会社から送られてくる確定金額が概算金額と異なる危険性もあるが、これはやむなしと考えられている。一方で指数連動性が求められていないアクティブファンドにおいては、ファンドの希薄化（その逆の濃縮化も含めて）もアクティブリスク（後述）と考え、パッシブファンドほど厳密にズレを最小化することは行っていない。つまり、確定金額の連絡を受けた後、資産の売買を行う場合が多い。

　正確に投信の購入換金取引の価格とこれに伴う信託財産の売買を一致させようとすると、約定日をさらに1日遅らせて国内資産は翌営業日約定、海外資産は翌々営業日約定とする必要があるのだが、取引の利便性を優先してこのような方式はとられていない。

　この意味では「海外休業日」の規定[9]もあまり意味がない。なぜなら実際には多くのアクティブファンドが上記のとおり顧客申込日当日の概算金額をもって海外市場で資産売買をすることはないためである。

(6) 償　　還

　有期限ファンドにおいては、あらかじめ決められた償還日にファンドは償還（定時償還）するのが原則である。この償還に際してファンドは事前に保

---

[9]　海外資産へ投資するファンドにおいて、当該取引所の休業日にはファンドの売買を受け付けない旨の規定のことを指す。

有資産をすべて売却したうえで、償還日当日は現金のみ保有した状態とする。

　償還日よりも前に償還することを繰上償還と呼ぶ。繰上償還の条件はあらかじめ信託約款で規定されており、残高が少なくなった場合等がその主な原因となる。

　一方で償還を延長し信託期間を伸長することも可能である（償還延長）。これは残高も大きく、償還させるよりもそのまま運用を継続したほうが投資家はじめ関係者に有利と考えられる場合にとられる措置である。

　償還時の課税処理は換金時のそれと同様である。個別元本に対して差益が出た場合、譲渡所得としての税金が課せられる。

（7）　個別元本と分配金

　個別元本とは投資家それぞれが有する当該投信の取得価額（簿価）のことである。換金または償還時の価格がこれを超過した部分がキャピタルゲイン（値上り益）として課税される。このことから個別元本は"税法上の元本"とも呼ばれる。

　同じ投信を複数回購入した場合の個別元本はその加重平均簿価となる。では、分配金が出た場合、個別元本はどう変化するか。

　この理解のためには、まず分配金を普通分配金と特別分配金（元本払戻金）とに分けてそれぞれを理解する必要がある。

　追加型株式投資信託の収益分配金は、課税扱いとなる「普通分配金」と非課税扱いとなる「特別分配金」に区別される。普通分配金は当該分配金が投資家にとって純粋な利益であることを指し、特別分配金は利益ではなく単なる自己投資分の返還にすぎないことを意味する。この両者を分けるのに投資家の簿価である個別元本が活用される。

　つまり、普通分配金は、分配金のうち個別元本を上回っている部分を指す。一方、特別分配金は分配金のうち個別元本を下回っている部分を指す（図表 1 −10）。

たとえば、個別元本が10,500円の投資家がいたとする。このファンドで基準価額12,000円の時、2,000円の分配をしたとすると、分配落ち後基準価額は10,000円（＝12,000－2,000）となる。投資家は分配金2,000円を手にするが、基準価額は10,000円に下がるので500円は元本を返還されたにすぎず、残りの1,500円が純粋な利益とみなせる。つまり、以下のようになる。

【算式】

　　　　普通分配金＝分配落ち前基準価額（12,000）－個別元本（10,500）
　　　　（ただし、分配落ち前基準価額は公表されないので実際には）
　　　　普通分配金＝分配金総額（2,000）－特別分配金
　　　　特別分配金＝個別元本（10,500）－分配落ち後基準価額（10,000）

　こうして考えると、投信の特別分配金は一般株式の特別配当とはまったく意味が異なることがわかる。特別分配金はそれが実質的に利益ではなく元本の払戻しであるため課税されないが、"特別"分配金という紛らわしい名前や非課税という点だけで、何か投資家に有利なものであるように誤解されがちである。そのため特別分配金は別名"元本払戻金"と呼ばれるが、こちらの用語のほうが実態を表していてわかりやすい。

図表1－10　分配金と個別元本

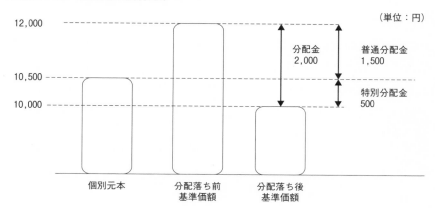

さて、特別分配金が出た場合、元本は払い戻されたのだから投資家の簿価はその分減じられるのが当然である。よって**図表1-10**では、分配後の個別元本は10,000円となる。このように受益者個々の正確な簿価が把握されて課税されるため、投信のような集合運用であっても受益者間の不平等は生じないこととなっている。

　個別元本方式が導入される以前は、受益者それぞれの取得簿価は把握されず、そのかわりに全受益者の加重平均簿価が投信ごとに1つの値として計算されていた。そしてこの値を個々の受益者の換金・償還において、譲渡所得の基準として使用していた。この課税計算上の元本は「平均信託金」と呼ばれている。

　たとえば、あるファンドを基準価額10,000円で1口購入した受益者Aと20,000円で1口購入したBがいたとする。この場合の平均信託金は15,000円（＝（10,000＋20,000）÷2）である。その後ファンドが値下りし基準価額18,000円の時にそれぞれ換金した場合、値上り益は本来A8,000円、B－2,000円（キャピタルロス）のはずであるが、どちらも平均信託金との差額である3,000円と把握される。これは課税上、Aに有利、Bに不利な状態である。特にBにとっては損失が発生しているにもかかわらず課税されるという不合理な状態となる。

　特に目先のきいた投資家はこの平均信託金が高いファンドをねらって購入し、譲渡所得を逃れようとした。こうした投資家間の不公平は長らく問題視されてきたが、ようやくこれを解消すべく2000年4月から現在のような個別元本方式が導入された。

5　投信に係るコスト

投信が長期資産形成手段となりつつある昨今、これに応じて投信に関する

費用（コスト）が注目されるようになってきている。ここでは投信の主要な
コストを把握するとともに、明示的なコストとは別に外部からはみえにくい
コストについても説明する。

（1） 募集販売手数料

投資家が投信を購入する際に、販売会社に支払うコストである。当初募集
期間中に購入した場合を募集手数料、継続募集期間（追加設定期間）中に支
払う場合を販売手数料という場合があるが、総称して募集販売手数料または
購入時手数料という。

その料率は株式に投資する投信で3.0%（税別）程度、債券に投資するも
のは1.0%（同）を下回る水準とされることが多いが、基本的にはその投信
の目指すリターンの大小によって変化する。

米国ではsales charge、front end loadないし（upfront）commissionなどと
呼ばれており、この手数料がかからない投信のことをノーロードファンド
（no-load fund）と呼ぶ。

購入時手数料は、以前はファンドによって決まっており、各販売会社で一
律であったが、自由競争促進の観点から自由化され現在に至っている。よっ
てファンドごとに決められるのはその上限（上限手数料）のみであり、その
範囲のなかで販売会社によって自由に設定することができる。実際これは厄
介な問題をはらんでいる。同じファンドを複数の販売会社で販売する場合、
どうしても手数料率に差が出てきてしまう。

たとえば、銀行や証券会社が顧客対面で販売する場合、その人件費等を勘
案して手数料を決める一方、ネット系証券では低廉ないしノーロードで販売
したい意向がある場合などである。この場合は、運用会社はファンドの供給
者としてなるべく手数料率をそろえてもらうよう調整する場合が出てくる。
特に新商品の場合、そうしないと対面販売会社では取り扱ってもらえなくな
るからである。なかなか完全自由競争とはいかないのが実情である。

日本では長らくこの購入時手数料が投信ビジネスにおける販売会社の大き

な収入源となっていた。販売員のなかにはこの購入時手数料を稼ぐために、短期間で投信を売買することを顧客に推奨する行為（投信の回転売買、チャーニングchurning）もみられた。これは投資家の負担するコストが重くなるばかりか、保有投信のパフォーマンスも下げる結果となるとの指摘が当局からもなされるようになり、販売会社のスタンスも残高維持を重視する方向（資産管理型営業）へ変わりつつある。

インデックスファンドを中心に購入時手数料がかからないノーロードファンドがネット証券経由で数多くラインアップされている。

（2）　信託報酬

信託報酬はその料率が投信の残高（原則として純資産総額）に対して乗じられ、毎日（毎営業日ではなく）日割りで計算され信託財産から控除される。つまり投資家からみると日割りで自己の保有資産からこのコストを支払っているということになる。実際は毎日、「未払信託報酬」としてファンドのバランスシート上に負債計上され、半年に１回関係法人に実払いされる。信託報酬は**図表１−11**のとおりの役務に対する対価である。

契約型投信では上述したとおり、委託会社（運用会社）と受託会社（信託銀行）の間で信託契約が締結され、その受益権を受益者が有する。しかし運用会社が直接受益者の管理（個人情報管理、分配金償還金等の支払等）を行うわけではなく、この業務を販売会社に"代行"してもらっているという形式をとる。販売会社の報酬を代行手数料と呼ぶのはこのためである。

図表１−11　信託報酬の内訳

	収受する関係法人	主たる役務
委託者報酬	委託会社（運用会社）	運用業務
代行手数料	販売会社	受益者管理業務
受託者報酬	受託会社（信託銀行）	信託財産管理業務

なお、この信託報酬以外にも、運用実績（パフォーマンス）に応じて運用会社や販売会社が収受する成功報酬が規定された投信もある。

(3)　換金手数料

　換金時にはすでにみたとおり信託財産留保額がかかる投信がある。これは信託財産に組み入れられ残存受益者に帰属するものであり、関係法人が収受するものではない（信託財産留保額の設定根拠等については第2章5参照）。

　これとは別に中途換金時に投資家が販売会社に支払う手数料のことを換金手数料という。以前は国内投信でもこの換金手数料が設定されたものがあったが最近はなくなっている。

　米国では(1)の募集販売手数料をなくすかわりに換金時に投信保有期間に応じた「後取り手数料」（back-end load）をとる投信（Bシェアクラス）も存在する。

(4)　外国投信のコスト

　外国投信を活用する場合は、これを直接日本市場に持ち込む場合（持ち込み外国投信）と国内籍ファンド・オブ・ファンズの投資先ファンドとして活用する場合がある。それぞれによって関係法人は多少違いがあるが、コスト面に関していえば、国内投信と最も異なる点は、ファンドを新規に設定するためのコスト（セットアップ費用）と、関係法人のとる固定費の問題である。

　すでにみたように、国内投信はファンドの設定に伴うコストは存在しない。これに対し、外国投信は目論見書や関係法人とファンドとの間の契約締結などに関し弁護士が介在するため、そのコストがかかる。またカストディ（資産保管銀行）が初期費用を要求したり、当該国の金融当局への届出費用がかかったりする。このような初期費用は基本的に初年度に当該ファンドで一括償却されるため当初残高が小さい場合、そのコスト負担は重くなる。

　また最低固定費（ミニマムチャージ）は残高とは関係なく課されるコストのことで、たとえば、次のような算式でかかってくる。

【算式】

　　管理会社の報酬＝（残高×一定料率；最低固定費）のいずれか大きい額

　国内投信にはミニマムチャージがないのが一般であるから残高によらず投資家が負担するコストは一定率であるが、外国投信の場合はこの最低固定費があるため、残高が小さいファンドでの投資家負担は非常に重くなる。

　外国投信を活用したファンド・オブ・ファンズの目論見書をみると、国内投信の信託報酬に加えて、外国投信の運用報酬料率等を加算した"実質的な信託報酬"が掲載されているが、このミニマムチャージは考慮されていない。

　それは、残高によって実質的な料率が変わるからであり、その旨が留意事項として記載されているのはこのためである。目論見書に表記された実質的な信託報酬が年間2％程度のファンド・オブ・ファンズでも、残高が小さくなった後の投資家負担はこの固定費の影響で年間5％を超えていた、などということはよくある話であり、投資家は特に注意が必要である。

(5)　隠れコスト

　投信の目論見書や運用報告書といった法定資料は運用会社が作成している。この印刷費は年間数億円に達しており、運用会社の収益を圧迫している。この費用は運用会社が必ず負担しなければならない法的根拠はなく、一部の運用会社はそれぞれのファンド、つまり受益者に負担させている。

　これも固定費であり、あらかじめ料率に換算できない（事後的にはできるが）ものなので、信託報酬の料率には表れない、信託報酬とは別のコストということになる。

　この印刷費をファンド負担とするか、運用会社負担とするかはそれぞれの運用会社によって違っており、特に残高が小さいファンドでの固定費負担は重く、上記外国投信同様留意すべき点である。

6 投資信託の関係者（インベストメントチェーン）

　前節で述べたとおり、投信の関係法人は運用会社、販売会社、受託会社（以下「受託銀行」という）が主なプレーヤーとなるが、これらを総称してインベストメントチェーンと呼ぶことがある。それぞれの役割について以下に説明する。

(1) 運用会社

　運用会社は文字どおり信託財産に対し、有価証券の売買等を通じて運用を行う。新商品の発行にあたっては、金融庁への信託約款届出、関東財務局への有価証券届出書の提出を行う。目論見書、運用報告書の作成といった法的書類の作成も運用会社の業務である。基準価額の計算（計理業務）については、日々これを行いその結果を受託銀行と照合のうえ、投信の時価として対外発表している。なお、受託銀行と信託契約を締結する主体となるので、投資信託（投信）委託会社または投信会社ともいうが、本書では運用会社という。

(2) 販売会社

　投信販売は証券会社や銀行等（登録金融機関）が行う。1998年12月以前は証券会社のみが販売を許されていたが、いわゆる金融ビッグバンで銀行、生命保険会社、ゆうちょ銀行、信用金庫、信用組合等幅広い金融機関で投信の取扱いが可能となった。

　販売会社は顧客との間でさまざまな投信取引（購入、換金、分配、償還等）を行う。このためインベストメントチェーンのなかで投信顧客にいちばん近い存在であり、投資家ニーズを最もよく把握している主体といえる。よって新商品開発、既存商品の仕様変更、手数料水準の決定など投信の重要な決定

に大きな影響力を有する。

投信には販売会社を1社だけに定めて販売する専用ファンドと、複数の販売会社で販売する公開販売ファンド（公販）がある。特に専用ファンドで始めたファンドをその後公開販売に切り替える場合などは当初の販売会社の合意が実質的に必要となる。

(3) 受託銀行

投信の保有資産を信託財産と呼ぶが、この信託財産を管理するのは運用会社と契約を結んだ受託会社（受託銀行）の役割である。

受託銀行は国内で信託業のライセンスを有する信託銀行があたる。信託財産である株式や債券といった有価証券を運用会社の指図によって売買し有価証券現物の受渡し、資金決済などを行う。また株式配当金や債券利子の授受も行う。純資産総額、基準価額を計算し運用会社との間で毎営業日照合を行う。

管理する資産は国内現物の有価証券に限らず、海外株式、海外債券、外国投信や金融派生商品（デリバティブ）など多岐にわたる。特に海外資産については海外の保管銀行（グローバル・カストディアン）との連携業務が必須になる。

投信（信託財産）がなんらかの法的契約の主体となる場合、契約名義人として受託銀行が契約当事者となる。この場合、信託財産は信託法の規定により当該受託銀行が自己で保有する（プロパー）資産とは明確に分離されている（分別管理義務）。したがって信託財産が万が一破綻してもその返済責任が受託銀行固有資産に遡及（recourse）することはない（ノンリコース性）。またその逆に受託銀行が倒産しても信託財産には直接の影響は及ばない（倒産隔離されている）。これはインベストメントチェーン全体にいえる。すなわち、運用会社、販売会社、受託銀行のいずれかあるいは全部が破綻しても受益者の財産たる信託財産には影響がない。

⑷　多様化する投信の販売形態

　⑵に関連するが、最近は投信の販売経路（販売チャネル）も多様化してきている。投信はいまや銀行や証券会社の店頭以外にもさまざまな販売形態で販売されており、投資家との接点も広がりつつある（詳細は第5章5参照）。

1　直　　販

　運用会社は自社の投信を直接顧客に販売することが認められている。これを「直販[10]」と呼んでいる。現在複数の運用会社が直販を行っているが現時点ではその残高は少ない。これは投資家にとって運用会社の認知度が低いこと、直販は自社の商品だけしか販売できないため、ネット証券のようにさまざまな運用会社の商品を一括して販売することができないこと、などがあげられる。

2　ネットチャネル

　SBI証券、楽天証券、マネックス証券などのいわゆるオンライン証券会社は従来の証券会社と異なり、個別商品の推奨販売は行わない。そのかわり数多くの運用会社の商品を幅広く品揃えしており、かつその多くをノーロードで販売している。

　この安価で豊富な品揃えは、しばしばスーパーマーケットにたとえられる。米国のチャールズ・シュワブ社が"ファンドのスーパーマーケット"と呼ばれ成功を収めたように、現在ネットチャネルはその残高を急激に伸ばしている。販売額が大手証券会社並みに多いことに加え、解約率が低いことがこのチャネルの特徴である。その結果投信残高も着実に成長しつつある。一口にネット証券といっても今後はスマホ専業の証券会社など同じネット経由でもデバイスの違いで分類されるようになることも考えられる。

　また米国では、後述のIFAに対してプラットフォームを提供するなどして、ネットとリアル（IFA販売員）を融合した、ハイブリッド型と呼ばれる

10　投資信託の自己募集（金商法2条8項7号）を第二種金融商品取引業者である運用会社は行える（同法28条2項1号）。

形態もネットチャネルの新たな販売形態として認知されつつある。

③ 独立ファイナンシャルアドバイザー（IFA）

　米国ミューチュアルファンドの主要販売チャネルとなっているIFA（Independent Financial Advisors）も日本ではまだ緒に就いたばかりである。このIFAは、特定の金融機関に属さず"独立"して顧客の資産運用をサポートする。IFAと顧客は一般的には投資顧問契約を締結し、IFAは運用サポートの対価として投資顧問報酬を受領する。

　さらにIFAはネット証券などと業務委託契約を締結し、顧客口座をこのネット証券で開設し投信取引を行うことにより、保有投信の残高・パフォーマンス管理、顧客への定期レポーティングなどの業務をネット証券のプラットフォームを活用することで省力化、自らは投資アドバイスに専念することができる。この分業体制（アンバンドリング、unbundling）もIFAを効率よく機能させる秘訣とされている。

④ ファンドラップ

　ファンドラップは顧客と資産運用業者（その多くはファンドラップを提供する証券会社）とが投資一任契約を締結し、顧客の一任を受けて資産運用業者が主としてファンドを組み合わせて運用するものである（詳細は、第5章4(1)参照）。

　最終的な投資対象ファンドの選定は顧客ではなく資産運用業者によって行われる。投資対象ファンドは多くがファンドラップ専用につくられた投信であり、現在約13兆円の公募投信がこのチャネルで活用されている。

⑤ 税制優遇制度

　少額投資非課税制度（NISA）や確定拠出年金（DC）は投資促進のための税制優遇措置である。この制度を通じて投資される公募投信も拡大しつつある。現在NISA経由の公募投信は約5.5兆円（2020年12月末金融庁調べ）、DCは約10.5兆円（うち企業型約8.9兆円、個人型約1.6兆円、2021年3月末時点で金銭信託を含む。運営管理機関連絡協議会調べ）と、ともに増加傾向にある。この残高はその資金性格からいって時間の経過とともに着実に増加することが

見込まれ、今後も公募投信の主要チャネルの一つであり続けるといってよい。

7 運用の外部委託

　インベストメントチェーンのなかでの運用会社の役割を紹介したが、日系運用会社のなかには特定の投資信託財産について、その運用業務の全部または一部を外部の運用会社（ほとんどの場合海外の運用会社）に委託（アウトソース）する場合がある。

　この行為は法律上認められており（投信法2条1項、12条、金商法42条の3）、これを「運用の外部委託」と呼んでいる。特に近年、外国資産とりわけ外国株式が主要な投資対象資産として投資家から選好される傾向が強くなっており外部委託ファンドが増加している。日本株の銘柄選択にはヒトとモノを投入し注力してきた日系の運用会社も、外国株式に至ってはそのノウハウが不足している。これに加えて、海外資産の運用は海外の一流運用会社が運用にあたる、といったほうが投資家の信頼を得やすいといった、一種の舶来主義的思考ともいうべきマーケティング上の理由も見逃せない。ここ数年の米国を中心とした堅調な株式相場も手伝い、海外の運用会社もこのビジネスチャンスを重要視している。

（1）　委託先運用会社（海外の運用会社）の戦略

　海外運用会社にとってゼロ金利の預金に個人金融資産の約半分[11]が滞留している日本は宝の山にみえる。世界最大の運用会社であるブラックロックはじめ著名な運用会社は国内に拠点を設置ずみであり、自社ブランドで国内投

11　日本銀行「資金循環統計」（2022年3月）では、個人が保有する金融資産は2021年12月末時点で2,023兆円、うち現預金は1,092兆円（54％）を占める。

信を設定することはライセンス上可能である。

　しかしながらこうした国内拠点でライセンスを有する海外運用会社も自社では投信を設定せず、運用外部委託を主たるビジネスにしているところが少なくない。こうしたビジネスモデルの背景には、自社で投信をもつことによる非効率性がある。自社で投信を設定すると、基準価額算出や法定帳簿書類整備など法令が要求する法的義務を果たすのはもちろん、販売会社の販売員の教育や問合せ応答、顧客クレーム処理、販促資料の作成など、投信を販売することに伴うさまざまな業務をこなす必要がある。

　こうした業務に応じるための人材を常時確保しておくのは経営上非効率である。それよりは自社の最も強みとする付加価値、つまり運用能力のみを提供し、他の付随業務は人的リソースを十分に備える国内運用会社に任せたほうが効率的ともいえる。このため国内に拠点をもたない海外運用会社のみならず国内拠点があり自社で投信を設定することができる海外運用会社までもが運用の外部委託をビジネスの中心に位置づけるようになっている。なおこのビジネスは、日系運用会社からみれば、運用の外部委託（アウトソース）であるが、受任する外資系運用会社からみれば主たる運用会社（advisor）から再委任されるという意味でサブアドバイザー（subadvisor）との位置づけとなり、このビジネスをサブアドビジネスと呼んだりしている。

(2)　委託元運用会社（日系運用会社）の戦略

　運用会社の提供する付加価値の中心である運用部分を外部に委託し、それ以外の業務を担当する日系運用会社にとって、運用報酬の一定割合（投信にもよるが、外部委託先運用会社の取り分が多い場合がほとんど）が社外流出する外部委託ビジネスはどのように映るか。もちろん社内で海外資産を運用できること、あるいは運用できることを投資家、販売会社に認知してもらうことが最善の策である（これをアウトソース運用に対して、インハウス運用という）。

　しかし、前述したとおり、販売会社の認識が、「外国資産運用は国内よりも海外運用会社のほうが長けている」である以上、なかなかインハウス運用

というわけにはいかない。一方それではこの種のビジネスをしなければいいのかというとそうもいかない。多くの販売会社が外国資産ファンドを扱うなか、その資金をみすみす取り逃がす手はないのである。さらにいえば運用自体に比べればその付随業務は誰がやっても同じ、と考えられているとすると、そのビジネスを渋っていると他社にとられてしまうことになる。

　海外運用会社は販売会社に自社の運用能力の高さを直接アピールする活動もしており、その結果、販売会社が先んじて販売に前向きになるケースも生じる。このような外部委託の場合においても運用の最終責任は国内運用会社にあるため、日系運用会社は当該海外運用会社の運用体制や運用戦略の有効性、運用パフォーマンスの再現性などを中心とするデューデリジェンス（due diligence、精査）を行うことになる。これには委託先運用会社の経営全般や個別商品に関する質問状（RFP、Request For Proposal）のやりとりに加え、実際海外運用会社の所在地まで行き、経営者や運用者、リスク管理者などとの面談を通じてその実態を調査することも含まれる。

　筆者はこの業務に関して50社以上の海外運用会社と面談経験がある。所在地の中心はニューヨーク、ボストン、ロンドンなどであるが、なかにはインドのムンバイやロシアのモスクワ、スウェーデン、オーストラリアなどに所在する会社もあり、所在地は多岐にわたり、それぞれの運用会社がそれぞれの特徴をもった運用を行っている。

　日系運用会社のなかにはより積極的に海外の運用会社を選定する業務（ソーシング）に力を入れているところもある。具体的にはインハウス運用を行うファンドマネージャーとは別の専門部隊を設け、海外のファンドデータベースなどにアクセスし、商品属性やそのパフォーマンスを常時ウォッチするのである。またテーマ型ファンドなどファンドアイデアを日系運用会社が発案し、当該コンセプトの運用ができる海外運用会社をコンペにかける、といった活動も行われている。このように能動的、受動的な外部委託ビジネスに日系運用会社は取り組み、投資家の海外資産選好ニーズをとらえようとしている。

債券時価評価がなかった時代

　投信は信託財産を毎営業日時価評価し、純資産額、基準価額を計算、公表する。この時価評価（mark to market）の方法は、投信協会の計理基準で株式は取引所終値、債券は①日証協が発表する売買参考統計値（平均値）、②金融商品取引業者、銀行等が提示する価額、③価格情報会社が提供する価額の３つのうちから選択して評価することとなっている（図表１−６参照）。

　いまでは当たり前の「債券の時価評価」であるが、実は以前はこれがまったくなされていない時代があった。

　いまのように原則としてすべての債券が時価評価の対象となったのは2001年４月からである。それでは、それ以前はどうしていたかというと、上場国債など一部は上場終値で評価されたが、それ以外の（債券の大部分を占める）非上場債はすべて取得原価、つまり簿価のままで評価され時価評価は行わないというルールであった。これは驚くべきことである。

　つまり、ファンドが保有する国債以外の公社債は、すべて買った時の値段のままで基準価額が算定されるということである。債券は金利の上下によってその値段が上下するのが当然であるが、それがいっさい基準価額に反映されないことになる。つまり当時のファンドの基準価額には"含み損益"が生じているということである。

　この仕組みを巧みに利用した人気商品が当時存在した。このファンドは、３カ月ごとに決算を行い預金金利に比して高水準の分配金を出す。そしてこのタイミングだけ投資家はファンドの売買が許されるのである。基準価額は当初元本の１万円近辺でほとんど変化しない。

　なぜなら保有している公社債が簿価のままで評価されるからである。そして決算日に顧客の売買による資金移動と分配金ねん出のためにファンドは保有公社債を売買する。保有債券を売却すれば含み損益が実現損益となる。

　しかし、当時は趨勢的に国内金利が低下基調であったから、ファンドのもつ公社債は基本的に含み益を有していた。ファンドは分配金をねん出するためにその必要となるキャッシュをつくる分だけ公社債を売却し、実現益を出せばいいのである。そしてこの決算期を過ぎればまたファンドの基準価額は

１万円から動かなくなる。

　基準価額の変動は基本的になく、預金よりも、また３カ月金利よりもはるかに高い分配金が安定的にもらえ、かつ（３カ月に１回と制限されるものの）投資家は自由にこのファンドを売買できる。

　この投信は金利と債券価格の関係に精通した特定の投資家、プロ投資家にとってはまさに夢のような商品であった。要するに金利上昇期にはファンドを売却、金利が低下するとファンドを買うという行為を繰り返せばいいのである。

　つまり、金利上昇があれば保有債券の時価は下がるが基準価額は下がらないので、高値で売り抜けられる。逆に金利が低下した場合には保有債券の時価は上がるが基準価額はそのままなので安値で買うことができる。このような取引を多くの投資家が頻繁に行うと、その分ファンドが有する含み益は枯渇していくが、当時の金利低下基調とこの商品を気に入って長期間保有し続ける投資家が多かったことから、ファンドは十分な含み益と魅力的な分配金を提供し続けることができた。この商品は１つではなく、同様の仕組みをもった商品が各運用会社から出された。その開始時期によっては十分な含み益をもたないまま分配金を出すことが強いられるファンドもあった。この商品は「短期決算型公社債投信」と称された。

　しかし、債券の時価評価がこの商品に終止符を打つ。保有債券の時価評価が全面採用されると、この商品の基準価額は変動を始める。それが１万円以上であればいいが、金利上昇により１万円を割り込むファンドも出てくる。投資家は初めて自分が投資している投資信託は実は価格変動を伴う投資商品（investment product）であることを認識するのである。

　こうして短期決算型投信は終焉を迎えたのである。

第 2 章

投資信託に関する法令・制度・ルール

1 投信に関するルールの全体像

　投資信託に関する法令のうち主なものは投信法と金商法である。投信という金融商品に関し、その内容を定めるものが「投資信託及び投資法人に関する法律」（投信法）である。そしてその細目を定めているのが、「投資信託及び投資法人に関する法律施行令」（投信法施行令）、「投資信託及び投資法人に関する法律施行規則」（投信法施行規則）である。

　一方で投信を取り扱う関係法人を規定するものとして「金融商品取引法」（金商法）があり、その細目としての「金融商品取引法施行令」（金商法施行令）、「金融商品取引業等に関する内閣府令」（金商業等府令）などがある。金商法自体は投資信託のみならず一般の金融商品、とりわけ有価証券全般の取扱いについても定める包括的な法令といえる。

　上記に加えて、販売会社である証券会社や銀行等が加盟する日本証券業協会（日証協）や運用会社が加盟する投資信託協会（投信協会）がそれぞれ独自に定める細かなルールがあり、これら全体として投信に関するルールが構成されている。

　これらのルールを網羅的に細部にわたって解説することは本書の目的ではなく、かつその必要性もないと思われることから、本章では投信という商品を理解するうえで実務上特に重要なルールに絞って説明することとする。

2 特定資産と有価証券

　投資信託は、委託者指図型投信（投信法2条1項）と委託者非指図型投信（投信法2条2項）に分けられる（投信法2条3項）。前者は文字どおり信託財

産の運用を委託者、すなわち運用会社が行うものであり、一般の投信はこれに当たる。この委託者指図型投信は、さらに証券投資信託（投信法2条4項）と非証券投資信託に分けられる。

　前者は主として有価証券に投資する投信のことを指すが、後者は現存しない。つまり、一般にわれわれが投信と呼んでいるのは法律上、委託者指図型の証券投資信託である。以下ではこの一般投信について記載する。

（1）　特定資産

　（委託者指図型）投資信託は「主として有価証券、不動産その他の資産で投資を容易にすることが必要であるものとして政令で定めるもの（以下「特定資産」という）に対する投資として運用することを目的とする信託」（投信法2条1項）とされている。

　したがって、投信の保有資産（以下「信託財産」という）の2分の1超はこの「特定資産」の範囲で構成される必要がある。この「特定資産」の範囲は、投信法施行令3条で詳細に決まっているが、有価証券のほか、不動産、商品（コモディティ）、デリバティブ取引に係る権利、金銭債権（ローン）などが定められている。

（2）　有価証券

　「特定資産」のなかで重要なものは有価証券である。証券投資信託は投信法で次のとおり定義されている（投信法2条4項）。

> この法律において「証券投資信託」とは、委託者指図型投資信託のうち主として有価証券（金融商品取引法（昭和23年法律第25号）第2条第2項の規定により有価証券とみなされる同項各号に掲げる権利を除く。第7条及び第48条において同じ。）に対する投資として運用すること（同法第28条第8項第6号に規定する有価証券関連デリバティブ取引のうち政令で定めるも

のを行うことを含む。第7条及び第48条において同じ。）を目的とするもの
であつて、政令で定めるものをいう。

　ここで重要な点は以下の3点である。
①　投信は「主として有価証券」に投資する必要があること
　この「主として」は信託財産総額の2分の1超とされている（投信法施行
令6条）。したがって、（設定当初や償還間際などの特別な時期を除いて）証券投
資信託は有価証券を半分超保有していなければならないことになる。
②　「みなし有価証券」はカウントされないこと
　有価証券は「金融商品取引法第2条第1項に規定する有価証券又は同条第
2項の規定により有価証券とみなされる権利をいう」（投信法2条5項）と定
められており、前者を1項有価証券、後者を2項有価証券（みなし有価証券）
と呼ぶが、半分超保有しなければならないのは1項有価証券である。
③　「有価証券関連デリバティブ取引」もカウントされること
　「有価証券に対する投資として運用する」ことには、有価証券現物のほか、
先物、スワップやオプションといった金融派生商品（有価証券関連デリバ
ティブ取引）も含まれる。
　金商法2条1項で定義されたいわゆる「1項有価証券」のうち、投信に組
み入れられることが多い、実務上重要なものは次のとおりである（【　】内
は筆者による通称）。

　一　国債証券【国債】
　二　地方債証券【地方債】
　五　社債券【一般事業債】
　九　株券又は新株予約権証券【株式、ワラント】
　十　投資信託及び投資法人に関する法律に規定する投資信託又は外国投

資信託の受益証券【国内籍および外国籍の契約型投信】

十一　投資信託及び投資法人に関する法律に規定する投資証券、新投資
　　口予約権証券若しくは投資法人債券又は外国投資証券【国内籍および
　　外国籍の会社型投信】

十四　信託法に規定する受益証券発行信託の受益証券【信託受益権】

十七　外国又は外国の者の発行する証券又は証書で第1号から第9号ま
　　で又は第12号から前号までに掲げる証券又は証書の性質を有するもの
　　【海外の株式や債券】

十八　外国の者の発行する証券又は証書で銀行業を営む者その他の金銭
　　の貸付けを業として行う者の貸付債権を信託する信託の受益権又はこ
　　れに類する権利を表示するもののうち、内閣府令で定めるもの【海外
　　バンクローン】

十九　金融商品市場において金融商品市場を開設する者の定める基準及
　　び方法に従い行う第21項第3号に掲げる取引に係る権利、外国金融商
　　品市場（第8項第3号ロに規定する外国金融商品市場をいう。以下この号
　　において同じ。）において行う取引であつて第21項第3号に掲げる取引
　　と類似の取引（金融商品（第24項第3号の3に掲げるものに限る。）又は
　　金融指標（当該金融商品の価格及びこれに基づいて算出した数値に限る。）
　　に係るものを除く。）に係る権利又は金融商品市場及び外国金融商品市
　　場によらないで行う第22項第3号若しくは第4号に掲げる取引に係る
　　権利（以下「オプション」という。）を表示する証券又は証書【内外のお
　　ける市場および店頭オプション】

二十　前各号に掲げる証券又は証書の預託を受けた者が当該証券又は証
　　書の発行された国以外の国において発行する証券又は証書で、当該預
　　託を受けた証券又は証書に係る権利を表示するもの【預託証券DR】

(3) 有価証券関連デリバティブ

　(2)でみたとおり、投信の「主たる」投資対象には、１項有価証券のほか１項有価証券についての有価証券関連デリバティブが含まれる（投信法施行令５条）。有価証券関連デリバティブは金商法28条８項６号において、同項３号〜５号に掲げる取引が該当するとされており、それぞれ次のとおりである。

・３号：国内の市場デリバティブ
・４号：国内の店頭デリバティブ
・５号：海外の３号類似取引

　このデリバティブには先物取引（株式先物、債券先物）やスワップ取引（金利、通貨スワップ等）、オプション取引等が含まれる。

　これにより有価証券現物のリスクヘッジのために指数先物を活用することができるほか、先物を買い建てて２倍、３倍のレバレッジをきかせたり、先物を売り建ててベア型ファンドを組成することが可能となる。また一定の条件を満たせば、投資銀行との間でトータルリターンスワップ（金商法28条８項４号ホ。後述）を締結し、損益だけをやりとりすることも可能となる。一方で為替リスクをヘッジするために通常用いられる為替予約（為替フォワード）取引は有価証券関連デリバティブには含まれない。

3 公募と私募

(1) 公募と私募の違い

　すでに前章３(1)でみたとおり、公募投信は「新たに発行される受益証券の取得の申込みの勧誘（中略）のうち、多数の者を相手方として行う場合」で

図表2-1　公募投信と私募投信の整理

	募集人数が多数 （50人以上）	募集人数が少数 （50人未満）
適格機関投資家、 特定投資家のみを対象	適格機関投資家私募等 （プロ私募等）	
それ以外（一般投資家）を対象	公募	一般投資家私募 （少人数私募）

あって「適格機関投資家私募等」以外のものを指す（投信法2条8項）。

　逆に言えば、私募投信には適格機関投資家（金商法2条3項2号イ）や特定投資家（金商法2条3項2号ロ）のみを相手方とする投信（適格機関投資家私募等という。投信法2条9項）と、公募投信でもない適格機関投資家私募等投信でもない、その他の投信（一般投資家私募という。投信法2条10項）がある。つまり一般投資家私募とは、「多数」の者を相手方としない投信のことを指すことになる。この「多数」要件とは50人以上を指す（金商法施行令1条の5、投信法施行令7条）ことから、公募投信と私募投信は**図表2-1**のとおり整理できる。

　適格機関投資家とは主として金融機関を指し、特定投資家とは適格機関投資家に国や日本銀行などを加えた概念である。よって適格機関投資家私募等投信は別名「プロ私募投信」等と呼ばれ、一般投資家私募は募集人数に制限があるため「少人数私募投信」と呼ばれる。

　つまり、公募投信とは、相手方の資格や人数に制限がない募集形態のことであり、一般の投信はこれに当たる。プロ私募投信は主として金融機関向けに設計、販売される。他方、少人数私募は事業法人や富裕層だけに向けた商品を展開する場合に活用されることが多い。

(2)　一人私募問題

　私募投信のうちプロ私募は投資家が金融機関である場合が多いため、当該

投資家の特別な投資ニーズにかなった特殊な商品設計が可能である。いわば
オーダーメイドの商品といえる。

　たとえば、国内社債に投資したいと考える銀行が、すでに与信残高の多い
特定業種について信用リスク管理の観点からこれを除外してポートフォリオ
を組みたいと考えたとする。こうした特殊ニーズには「当ファンドは国内法
人発行の社債に投資する。ただし、その発行体は○○、○○業種に該当しな
いものとする」などとその旨を定めた投資ガイドラインを投資信託約款[1]で
定めて商品を組成することが可能である。公募投信では投資家が不特定多数
であるため同様のことはむずかしいが、私募投信の良さはそうした特定の投
資家ニーズに対応できることである。しかし、ここで問題が生じる。

　この私募投信の特殊な投資ガイドラインに同意する他の投資家が存在する
かという点である。オーダーメイド性が強くなればなるほど、他の投資家が
なかなか投資できない商品内容にならざるをえない。これは言い換えれば、
1人の投資家だけで投資信託が成立するか、という問題である。投信法がそ
の2条1項において「「委託者指図型投資信託」とは、（中略）、その受益権
を分割して複数の者に取得させることを目的とするものをいう」とされてい
るため、受益者が1人の投信は認められないのではないかとの懸念である。

　この点、投信として成立させるためには、複数の者に取得させることを
"目的"とすればよく、必ずしも結果的に複数の者が取得した（受益者が複数
となった）ことまでを要求するものではない、と解釈されている。筆者は私
募投信が解禁された直後の2000年1月にプロ私募投信第1号を企画したが、
これも受益者は金融機関1社であった。上記法解釈はこの1号の設定に際し
て某法律事務所の法律意見書を得たものである。

　その際筆者はこの形態を「結果一人私募」と呼んだが、その後この名称が
投信業界で広く使われるようになった。この場合においても複数の者に取得
させることを目的に勧誘を行うことが必要となる。この証跡を残すため勧誘

1　私募投信では公募投信のような目論見書が作成されない（金商法13条）ため、投信法
　上の投資信託約款（投信法4条1項）のみが商品内容を規定する法的文書となる。

記録の保存は私募投信ビジネスの必須要件となっている。現在、投信業界はこの「結果一人私募」が相当多数存在する。それは機関投資家が私募投信を活用するメリットが、信託報酬等のコストが安いことに加え、このオーダーメイド性にあるからである。

また、小口投資家の損失回避の目的もある。たとえば、大口投資家と小口投資家が私募投信のなかに存在した場合、大口投資家がその保有分をすべて換金した際、ファンドの大幅な希薄化が生じて小口投資家が大きな損失を被るおそれもある。こうした残存受益者のクレームを回避する必要があることも「結果一人私募」が多く組成される理由の一つである。

4 分配金に関するルール

投信は年に数回決算を行い、分配金を出すことができる。この分配を多頻度（たとえば、毎月）で、かつ高水準に出すファンドは2000年代には10年以上にわたって非常に高い人気を博した。ピーク時にはこの多頻度分配型投信が公募投信残高の7割以上を占めるに至った。いわゆる“毎月分配型ファンド”ブームである（詳細は第4章4参照）。

その背景には高齢者を中心とした資産取崩し（Decumulation[2]、デキュムレーション）ニーズがあるといわれている。この時期は各社とも年間分配金総額の対基準価額比率（分配金利回り）の高さを競うかたちとなった。しかし、この分配金も上限規制がある。この分配金の多寡を決めるうえで非常に重要となる上限規制は、日本独特のものである[3]。

---

[2] 資産を積み上げるアキュムレーション（Accumulation）とは逆に、資産を段階的に引き出すことをデキュムレーション（Decumulation）という。「人生100年時代」をふまえ高齢世代において継続的に資産を運用しながら効率的に引き出し、資産を長く持続させられるかが課題となりつつある。

この分配上限規制は集合投資スキームにおける受益者間の平等を保つうえ
で非常によく考えられたものであるが、相場展開によって偶然に多額の分配
を可能とするファンドを生み出し、それがその後の毎月分配型投信ブームに
拍車をかけたといっても過言ではない。投信協会の分配金に関するルール
（追加型株式投信（ETFを除く）の場合）の概要を以下に説明する。

(1) 分配原資

投信協会のルールでは、「分配金は分配原資の範囲内で行わなければなら
ない」と定められている。つまり、分配金の上限金額はこの「分配原資」と
なる。この分配原資は、過去の分配原資残額と当期新たに発生した収益の合
算である。

投信では一定期間（この期間を「計算期間」といい、最長1年間である）を
定め、その間の財務諸表を集計し決算を行う。ある決算日を終点とする計算
期間を当期と呼ぶと、当期の分配原資は次のとおりである。

【算式】

$$当期の分配原資＝当期収益－当期経費（≒信託報酬）－繰越欠損金$$
$$＋分配準備積立金$$

当期収益にはインカムゲインとキャピタルゲインがある（**図表2－2**）。

インカムゲインは定期的に見込める利子配当等の収益であるのに対し、
キャピタルゲインは投資対象有価証券の価格変動によって生じる実現益また
は評価益である。

(2) 分配原資に関する上限規制

(1)の分配原資の計算においては、利益と損失の両方が生じる場合や、過去
の損失をどうするかなどその処理方法に一定のルールが必要となる。投資信

---

3 海外では税法の観点から分配を強制する規制（下限規制）はあるものの、上限規制は
ないと筆者は認識している。

図表2－2　ファンドにおける損益について

	ゲイン（利益）	ロス（損失）
インカム （利息、配当金等）	・債券の利子 ・株式の配当金 ・REITの分配金 ・投資対象ファンドからの分配金（ファンド・オブ・ファンズの場合）	―
キャピタル （価格変動）	・債券、株式、REIT等の売買実現益、評価益 ・為替差益	・債券、株式、REIT等の売買実現損、評価損 ・為替差損

託協会ルールを要約すれば、重要なのは次の4つのルールである。

ルール1	当期に生じたキャピタルゲインとキャピタルロスは相殺する。

　有価証券ごとにキャピタルゲインとキャピタルロスは生じるがこれをファンド全体で集計する。この結果、次の場合がある。
・ゲイン ＞ ロスの場合 → 差分がファンドの収益となる
・ゲイン ＜ ロスの場合 → 差分がファンドの損金となり、翌期に繰り越される（これを繰越欠損金という）

ルール2	インカムゲインはロスがないため、当然にその全額が分配原資となる。この場合、ルール1でキャピタルロスがあってもインカムゲインはこれと相殺しない。

　この結果、インカムゲインと経費の差分は、有価証券の価格変動によらず

に（たとえ大きなキャピタルロスがあったとしても）確実に分配原資になることがわかる。

　たとえば、外国債券に投資するファンドにおいて保有債券の平均クーポン３％、信託報酬率１％の場合、いくら金利が上昇して保有債券のキャピタルロスが生じても、また円高となって為替差損が生じても、年率２％程度は毎期安定的に分配できることになる。これは高い分配金を出すためには、ハイクーポン・ハイプレミアム債、つまり、同じ利回りであればより高いクーポン（したがって、債券単価も高く場合によっては将来償還損が出るような）の債券をファンドが購入するインセンティブとなる（**図表２－３**においては、債券ｂがａよりも選好される）。

ルール３	ルール１で当期のキャピタルゲインが生じた場合、まず前期までの繰越欠損金と相殺する。その結果なお収益が残った場合のみ、これを分配原資に付加する。

　この結果、繰越欠損金が多大なファンドは、その後に値上り益が生じても分配原資が増えないことになる。

ルール４	前期までの分配原資のうち実際に分配しなかった額（これを分配準備積立金という）は、たとえ当期にキャピタルロスが生じてもこれと相殺されず、分配原資となる。

図表２－３　分配原資計算のルール２について

	単価	クーポン	残存期間	最終利回り
債券ａ	100	２％	５年	２％
債券ｂ	110	４％	５年	２％

ルール 3 とは逆に、過去において分配原資が生じてこれを温存したファンドは、その後大きな有価証券値下り損（キャピタルロス）が生じても、この分配原資は引き続き温存されることになる。

(3)　分配金に関するルールをふまえた例

ここで(2)のルールを具体的に応用してみたい。あるファンドが**図表 2 － 4**のとおり変化したとする。

まず第 n 期をみてみる。インカムゲインは生じたものの、キャピタルロスも生じているが、両者は相殺しない（ルール 2）ので経費控除後のインカムゲイン30円が新たに発生した分配原資である。これに前期までの分配準備積立金100円と合わせて130円が当期の分配原資となる。

そしてこの期に分配金を50円拠出したとすると、次期に繰り越される分配準備積立金は80円（＝130－50）となる。一方キャピタルロスである－100円は繰越欠損金として翌期に繰り越される。

次に第 n ＋ 1 期はどうか。この期はキャピタルゲインが130円発生しているが、これはまず繰越欠損金と相殺される（ルール 3）ので、30円が残る。

図表 2 － 4　あるファンドの分配原資の変化

（単位：円／ 1 口当り）

	第 n 期決算	第 n ＋ 1 期決算
当期インカムゲイン	50	50
当期キャピタルゲイン	－100	130
当期信託報酬	－20	－20
繰越欠損金	0	－100
分配準備積立金	100	80
分配原資	130	140
分配金	50	
次期に繰り越す分配準備積立金	80	

経費控除後のインカムゲイン30円と合計すると今期新たに発生した分配原資は60円、分配準備積立金80円と合計し、140円がこの期の分配原資となる。

（4） 基準価額経路依存による分配原資の変化

(2)のルールをもとにすると、収益率は同じファンドでも結果的に分配原資が大きく異なる場合があることがわかる。

図表2-5は3ファンドの基準価額の動きを示したものである。すべてのファンドが基準価額10,000円で始まり、10,000円で終了しているのでこの3ファンドともこの間の期間収益率はゼロとなる。しかし、第3期決算日の分配原資はどうか（経費、インカムゲインは考慮せず、期中分配はなかったものと仮定）。

ファンドAは、第2期決算日でキャピタルゲインが1,000円計上され、それが分配準備積立金として温存されるため、第3期で生じたキャピタルロスにもかかわらず最終的な分配原資は1,000円となる。これに対しファンドBは第2期決算日でキャピタルロス1,000円が計上され、これが翌期に繰り越されるために第3期決算日では新たに生じたキャピタルゲイン1,000円はこれと相殺され、結局分配原資はゼロとなる。ファンドCはキャピタルゲイ

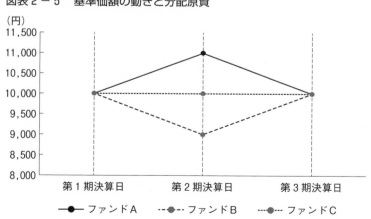

図表2-5　基準価額の動きと分配原資

ン、ロスがないため分配原資はゼロである。つまり分配原資はファンドA
1,000円、ファンドB0円、ファンドC0円となる。

　こうしてみると、収益率が同じ3ファンド、とりわけAとCでは値上り、
値下りの順序が違うだけで大きく分配原資が異なることがわかる。

　現実の相場をこれに当てはめると、2008年の世界金融危機（GFC、Global
Financial Crisis、いわゆるリーマンショック）が第3期決算日に起きたと考え
るとわかりやすい。

　GFC以前の数年間は株式、債券ともに好調であったが、これがGFCで一
気に値下りとなった。これを下記にたとえるとファンドAの経路と同じよう
なことが発生したわけである。この場合基準価額は大きく下がったが、分配
原資はというと、分配準備積立金は温存されるため資産価値下落の影響を受
けない。

　これにより基準価額は5,000円だが分配原資はそれ以上、たとえば8,000円
もあるといったファンドが生じる結果となった。基準価額がマイナスになる
まで分配が可能という、理論上おかしなファンドが多数発生したのである。
つまりこの種のファンドではその後の収益率がいくらマイナスでも基準価額
がゼロ（マイナスはありえないので）になるまで分配金を出し続けられること
になる。この偶然の産物ともいうべき過大な分配原資の存在が、その後の毎
月高分配ファンドを生む要因の一つになった。

　次に、同じ基準価額の動きであっても計算期間の長さで分配原資が異なる
ことを示す。**図表2−6**はまったく同じ基準価額推移をたどった2つのファ
ンドであるが、ファンドAは計算期間が長く、Bはより短い計算期間のもの
である。

　この場合、ファンドAは分配原資が0円であるが、ファンドBは1,000円
となる（ルール1）。これはより短期間で分配原資を確定したほうが有利と
の発想で、短期間の計算期間、つまり毎月決算を行い、毎月分配を行うファ
ンドを組成するインセンティブとなった。

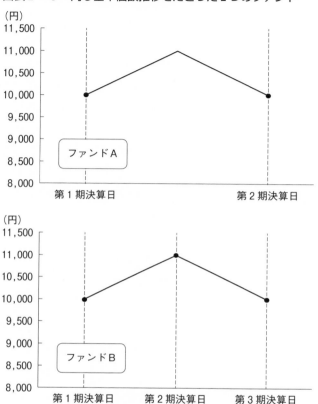

図表2−6　同じ基準価額推移をたどった2つのファンド

（円）

ファンドA

第1期決算日　　　　　　　　　　第2期決算日

（円）

ファンドB

第1期決算日　　　第2期決算日　　　第3期決算日

(5)　分配金利回り競争

　毎月分配型投信が人気となった時代、ファンドの良しあしがファンドのパフォーマンス（総合収益率）で測られるかわりに、その「分配金利回り」で評価されるような風潮があった。分配金利回りが高いファンドほどよいファンドとされ、販売会社のなかにはファンドの分配金利回りランキングを表示するところもあった。

　こうして分配金利回りがファンドの販売動向を大きく左右する時代となっ

ていった。「分配金利回り」というのは資産運用業界の正式な利回り概念ではないが、次のとおり算出された（毎月分配型ファンドの場合）。

【算式】

$$分配金利回り = \frac{年間分配金予想額（＝直近月次分配金額×12）}{基準価額}$$

分配金をいくらにするかということは運用会社が決定することになっているが、これが販売に大きく影響するため各社は相当気を使った。当然ながら分配金を高くすれば販売が伸びるが一方で分配原資がいつまでもつか、その分配水準の継続性も問題となる。この計算は現在の分配原資と将来のインカムゲイン（キャピタルは利益か損失か不明なので計算に入れない）からその分配金がどれぐらいの期間継続できるか（分配継続可能期間）を求めるものである。

【算式】

$$分配可能継続期間（月） = \frac{既存分配原資}{月次分配額－（月次インカムゲイン期待値－信託報酬）}$$

投資家の人気を集めようとして高い分配金を出しても結局分配原資がなくなる（枯渇する）とその後は分配金を下げなければならなくなる。そのため上式に従い、分配原資を多く保有するか、インカムゲインを多く出すようなファンドを組むかが成功へのカギとなる。

しかし、この分配原資はすでにみたとおり過去一時期の利益がその後のパフォーマンスの影響を受けずに温存されたもので、いわば計算上の上限額である。

つまり、ファンドのパフォーマンスとはもはや大きく乖離したものであり、分配金が多いファンドはパフォーマンスもいいというのは大変な誤解である。実際、分配金を多く出せば出すほど（基準価額は下がるため）分配金利回りは上がる。またパフォーマンスが悪ければ悪いほど（基準価額は下が

るため）分配金利回りは上がる。

　こうした誤解を投資家に与えないよう、投信協会では新たな情報開示ルール（「交付目論見書の作成に関する規則に関する細則４条」）を策定した。これによりファンドの目論見書には分配金が基準価額の一部を構成し、分配するとその分基準価額が下落することを注意する文言が、図表付きで記載されるようになった。事実、投信協会の当時のアンケート調査では、分配金が基準価額の一部を構成していることを理解していない投資家が過半数いたのである。

　会社業績が好調な場合などに株主還元策として株式の配当金が引き上がることとの連想で、高い分配金が出続けているファンドは運用成績も好調なのだろうと誤解する投資家はやはり多かったと思われる。こうした投資家は、あるとき大きく目減りした保有ファンドの基準価額をみて、はじめてそれに気が付く場合も少なくなかったと思われる。

（6）　高分配ファンドのつくり方

　すでにみた投資信託協会ルールにおける分配原資のルールを念頭に置いた場合、高分配ファンドのつくり方は次の３通りである。

① 既存分配原資を増やすこと

　当然であるが、分配原資が多ければ多いほど高水準の分配金を長期間継続することができる。このため分配原資を多く保有することがカギとなる。しかし分配原資は、ある時期に株式や債券市場が高騰し保有有価証券のキャピタルゲインが大きく得られ、なおかつこれを分配せずに分配準備積立金に温存することで実現される。

　したがって、これは相場状況に依存するものであり、作為的につくりだすことはできないと考えられた。しかし分配競争が激化するなか、これを作為的につくろうとする試みもあった。これは運用会社が自己資金で公募投信を設定し（これを自己設定という）、投資家への募集を行わず一定期間運用するものである。そしてこの間分配は行わず株式等の値上りを待つ。運よくキャ

ピタルゲインが決算ごとに得られ分配原資が十分たまった段階で高水準の分配金をもとに投資家への販売を行う。

　では、不運にもキャピタルロスとなった場合はどうするか。その後キャピタルゲインが得られても繰越欠損金をまずは処理せねばならないため分配原資の蓄積が困難となる。この場合は繰上償還をすればよい。つまり偶然ともいえる相場上昇に賭けて、そうならなければ世に出さない、実験的なファンドを多くつくる、という作戦である。

② **インカムゲインを増やすこと**

　分配原資がない状態で、高分配を可能とするファンドをつくるためには、高水準のインカムゲインをつくるほかない。しかし株式配当金や公社債のクーポンは限られており、これを作為的に引き上げることはできない。そこで考え出された方法は次のとおりである。

① ファンド・オブ・ファンズを活用する方法

　分配原資となるインカムゲインには、株式や債券の利子配当収入以外にも、投資対象となる投信の分配金がある。つまり外国投信をつくり、これに投資する国内投信（ファンド・オブ・ファンズ）を同時につくる仕組みだ。実質的な投資対象（株式や債券）には外国投信が投資する。国内投信はこの外国投信（の受益証券）に投資する。ポイントはこの外国投信には日本の分配規制が及ばないということである。よって、この外国投信は毎月、国内投信に制限なく分配金を拠出することができる。国内投信はこれを〝インカムゲイン〟として認識することができる。この結果、そのインカムゲインをもとにして高水準の毎月分配型国内投信がつくれるというわけだ。

　当然外国投信が利益（身の丈）以上の分配金を出し続ければ外国投信の受益券価値（NAV）は下落し、これに応じて国内投信の基準価額も下落する。しかし分配金だけは高い水準をいくらでも維持することができる。第4章7、8で紹介する通貨選択型投信やカバードコール型投信などが、例外なくこの外国投信→国内投信という仕組みで組成されているのはこのためである。国内投信が同じ投資対象資産に投資したのでは到底出せない分配金を、

外国投信を経由する迂遠な方法をとることで生み出すことができるというわけである。

② 仕組債を活用する方法

仕組債（structured note）にもさまざまな種類があるが、ここでは高クーポンを出すかわりに償還価額がパー（元本相当額）ではない債券を活用する。

たとえば、ある指数（世界高配当株式指数など）に連動する仕組債（これを特にパフォーマンス連動債券という）を投資銀行が提供する。この仕組債は指数パフォーマンスとは無関係の、毎月高水準のクーポンが出るように設計されている。このうえで運用会社は「世界高配当」投信を設定し、そこでは高配当株式には投資せずそのかわり、この仕組債にほぼ全額を投資する。仕組債から毎月出るクーポンをインカムゲイン認識したこのファンドからは、毎月高水準の分配金が出せるというわけである。

当然指数のパフォーマンスからこのクーポンを差し引いた時価が基準価額に反映されるから、その分基準価額は下がる。たとえば、高配当指数のパフォーマンスがゼロであれば、クーポンを出しただけ債券時価は下がり、これを受けて基準価額も下がる。①における外国投信を仕組債に変えたスキームということができる。第4章16(1)で紹介する「目標払出し型投信」などでこの方式が多用された。

5 ファンドの希薄化と信託財産留保額

第1章4(1)で解説したとおり、投資家が投信を購入したり換金したりする場合、その約定代金は約定日（通常、国内資産のみの投信は申込受付日当日、それ以外は申込受付日翌営業日）の基準価額をもとに決められる。

その一方で、信託財産において資産の取得（投信が購入された場合）や資産の売却（投信が換金された場合）は約定日の基準価額とは異なる価格で行

われ両者は完全には一致しない。したがって、投資家によって投信の売買が行われるとき、必ず信託財産に有利（濃縮化）または不利（希薄化）な影響が生じる。これは複数の投資家の資金を集合して運用する投資信託では避けられない仕組みであるが、ファンドが希薄化する場合は特に残存受益者が不利益を被ることとなるため注意が必要である。

　換金時にかかるコストである「信託財産留保額」の目的は、次の2つといわれている。

① 換金に伴うコストを残存受益者に及ぼさないこと

② 換金行為自体を抑制すること

　そして、①のコストに関しては、主として株式を売却する際に証券会社に支払う「売買委託手数料」を意味するといわれてきた。しかしこの手数料が自由化され極小化された現在、むしろ①のコストは上記希薄化による損失を意味すると理解したほうがよい。

　それでは信託財産留保額の水準は、この希薄化による残存受益者の損失をカバーするのに十分なものであろうか。信託財産留保額の水準は投資対象によって、「債券ファンド＜バランスファンド＜株式ファンド」であり、「国内資産ファンド＜海外資産ファンド」とおおむね決まっているが、個別商品によって違いもある。

　たとえば、指数連動のインデックスファンドでは信託財産留保額がゼロのファンドも多い。インデックスファンドであっても希薄化損失は完全には回避できないので、インデックスファンドで信託財産留保額をゼロとする根拠はない。インデックスファンドは換金に伴うコストがかからないことで、その低コスト性をアピールすることがねらいと考えられる。

　そもそも基準価額採用時価で資産売却することが時間的制約などから実務上不可能である以上、その差分（希薄化の程度）を一律に決定できるわけはなく、①の理由から信託財産留保額の水準を合理的に定めることは不可能である。この結果、同じ資産でも信託財産留保額の水準がまちまちであるのはやむをえないことと思われる。

近年、信託財産留保額を設けている目的は①よりも②の意味が大きくなっている。結局、信託財産留保額をゼロとすることによる利便性をとるか、②の効果を重視するかというファンド設計上の判断で信託財産留保額の水準が決まってくる。アクティブファンドでも近年これをゼロとするものが多くなりつつあるのは、前者を重視する傾向が強くなっていることを表している。

6 ファンド名称と商品性に対する法的保護（商標と特許）

（1） ファンドの名称

ファンドには正式名称と愛称が存在する。初めてファンドに愛称を付与したのは（筆者の記憶では）、ゴールドマン・サックス・アセット・マネジメントが1998年に設定した「ゴールドマン・サックス世界債券ファンド」に愛称"モナリザ"を付したことではなかったかと思う。それ以前は、名は体を表す式に、ファンド名称には投資対象を意味する名称が使われてきた。だが、そうするとどうしても同じような名前が乱立し区別がつきにくいことになる。みんな「世界債券ファンド」になってしまうわけである。

正式名称とは別に、個性的な愛称を付することで、類似ファンドとの差別化が可能となる。ゴールドマンのこの戦略は大当たりし、その後他社も同様に愛称を付するようになった。いまでは差別化の目的で愛称をつけることが販売会社からも求められるようになっている。

正式名称も愛称も差別化のために命名するわけなので、これが他社の商品と重複しては意味がない。しかし横並び意識の強い業界であり、ヒット商品が出るとすぐに類似商品を他社がまねて出すことが常態化している。いきおい名称も似たものになる。そこで商標法に基づき自社商品の名称を商標登録することが必要となった。

商標法では、商品・役務（サービス）を全部で45個に分類しているが、その第36類が投資信託の対象となる。

〈商標法施行令第2条において規定する別表（政令別表）〉

第36類	金融、保険及び不動産の取引

商標法では、「自己の業務に係る商品又は役務について使用をする商標については、次に掲げる商標を除き、商標登録を受けることができる（商標法3条1項）」とされており、「普通に用いられる方法で表示する標章のみからなる商標」や「慣用されている商標」「極めて簡単で、かつ、ありふれた標章のみからなる商標」などでない限り商標登録をすることができる。

商標権はその設定の登録の日から10年間存続することとなり（商標法19条）、その間は当該登録商標を使用する権利を専有する（商標法25条）こととなる。

その効力として、当該商標権または専用使用権を侵害する者または侵害するおそれがある者に対し、その侵害の停止または予防を請求することができ、またその請求を行う際に、侵害の行為を組成した物の廃棄、侵害の行為に供した設備の除却その他の侵害の予防に必要な行為を請求することができる（商標法36条）。また権利侵害によって損害が生じた場合には賠償請求ができる旨定められている（商標法38条）。

実際運用会社で実施される商標登録の手続は以下の手順を踏むことが多い。

・簡易調査[4]を行い、類似する商標が同じ分類ですでに登録されていないかを確認する。

・弁理士に依頼し、審査中案件がないかどうかなどより詳細に調査し、出願可能かを判断する。

4　特許情報プラットフォーム（https://www.j-platpat.inpit.go.jp/）等を活用する。

・弁理士経由で特許庁に商標を出願する。

・（拒絶がなければ）登録を受ける。

　無事に登録できればよいが登録申請が拒絶された場合でもその拒絶理由が、商標法３条１項に定めるような一般的な普通名詞である場合など、他社でも商標登録できないような理由の場合、当該名称を使用する場合がある。これは他社の商標権侵害のおそれがないことが証明されるからである。

　このような手順を踏んでも実務上は商標侵害の可能性が生じることがある。たとえば、この名称は一般用語であるとの思い込みから当然にして使用できると考えファンド名につける場合などである。この場合、商標権を有する運用会社でも他社の新商品情報をよくチェックしており、有価証券届出書が提出された段階で、商標の重複に気づくことがある。この場合は当該運用会社に連絡し、注意を促すことになる。有価証券届出書を提出したら他社からクレームが来て、慌てて名称を変えたという話は投信業界で時々ある話である。

　そのため各運用会社は新ファンドを設定する際、他社の既存ファンドで商標がすでに押さえられていないか念入りに確認を行ったうえで、商標侵害とならないよう工夫して名称をつけることが一般的となっている。とりわけ商品性が似通うことが多いテーマ型ファンドでは、運用会社各社の苦労がみえる事例も多い。

　一例をあげよう。日興アセットはテーマ型ファンドの一つとして近年注目を集める産業用・サービス用ロボット関連銘柄に投資するファンド「グローバル・ロボティクス株式ファンド」を2015年8月に設定した。残高も5,000億円を超えるなど大ヒットした商品である。

　当然他社も同様のコンセプトで商品を出そうとする。このロボティクス（Robotics）は「ロボット工学」の意で普通の英単語であるため商標登録が困難ではないかと思われたが、実は日興アセットの商標登録がされている。したがって、後を追った大和アセットが2015年12月に設定した同様のコンセプトの商品は"ロボティクス"を用いず、「ロボット・テクノロジー関連株

ファンド―ロボテック―」としている。

(2) ファンドの商品性

投信業界では、どこかの運用会社がヒット商品を出すと、すぐに類似商品が出る。ある会社があるテーマ関連ファンドをつくると、他社も同じようなテーマの株式に投資するファンドを企画するのである。

この場合、先行したファンドの販売額が必ずしも増えるとは限らない。後者の販売会社の規模が大きい場合、カテゴリーキラーとなるのは後者である。先行してアイデアを出した運用会社にとっては「他社の模倣を何とか阻止できないか」と考えるのは当然である。

しかしながら特許法が保護の対象とするのは、「発明」であり、この「発明」は「自然法則を利用した技術的思想の創作のうち高度のものをいう」（特許法2条1項）とされている。つまり単なる商品アイデアや投資テーマだけでは発明にはならないため、特許法の保護を受けるためにはこの「発明」に該当させなければならない。

この商品アイデア、つまりどのような投資対象を使ってどのように投資するか、といったものに発明性をもたせるには、一定の工夫が必要である。

たとえば、この運用手法においてコンピュータモデルを使ってシステマチックに実現する、あるいは多段階なシステムフローを組んで、一定の事象をトリガーにこのシステムフローが恣意性を排除したかたちで円滑に実行される、といった具合である。これらの「発明」概念は本来保護対象としたい商品アイデアとはやや異質のものであるが、このあたりの差異は外部からはなかなか判別しづらい。

加えて出願内容は一定期間公表されないので、単に「この商品は現在特許を出願中である」という事実のみが発表されると、その類似商品抑止力は相当程度機能することになる。特許権取得の手続はおおむね以下のとおりである。

まず、特許は発明の内容を明記して特許庁長官に出願（特許法36条）し、

審査に付される。出願日から1年半経過すると、この内容は一般に公開される（出願公開。同法64条）が、それ以前は同業他社からは内容を知ることができない。単に「特許出願中」というステータスであるが、他社が競合商品を企画することへの一定の抑止効果が働くことになる。

　審査が拒絶されなければ特許をすべき査定がなされ（同法51条）、設定の登録がなされることにより、いよいよ特許権が生じる（同法66条1項）。この特許権は存続期間20年という長期にわたり、かつ特許出願の日まで遡及効（同法67条）がある。効果としては、差止請求権（同法100条）、損害額等の推定（同法102条）などがあり、類似ファンドの存続を停止、つまり償還を要求することも可能となる。

第100条　特許権者又は専用実施権者は、自己の特許権又は専用実施権を侵害する者又は侵害するおそれがある者に対し、その侵害の停止又は予防を請求することができる。
2　特許権者又は専用実施権者は、前項の規定による請求をするに際し、侵害の行為を組成した物（物を生産する方法の特許発明にあつては、侵害の行為により生じた物を含む。第102条第1項において同じ。）の廃棄、侵害の行為に供した設備の除却その他の侵害の予防に必要な行為を請求することができる。

　公募投信では現在、運用モデルや事務フローなどで特許を有しているものは多数あるが、商品アイデア自体で有しているものは筆者の知る限り2ファンドのみとなっている。これはアセットマネジメントOneの「ゴールドマン・サックス社債／国際分散投資ファンド（愛称：プライムOne）」（特許6665241）とアムンディの「プロテクト＆スイッチファンド（愛称：あんしんスイッチ）」（特許6719839等）であり、筆者は前者の発明者として登録されている。

7 ファミリーファンドと
ファンド・オブ・ファンズ

　投信は、株式や債券などといった有価証券に直接投資するものもあれば、他の投信（投信自体が有価証券であるので）に投資する場合もある。後者の形態には、ファミリーファンドとファンド・オブ・ファンズ（Fund of Fund、FoFs）がある。ファンドが重層的になるこれらのファンド形式をとる目的は次のようなものがあげられる。

(1) 重層的ファンドの目的

1 運用の効率化

　この形式の最大の目的は実質的に運用するファンド（被投資ファンド）を共有モジュールとして使用することで運用を効率化することにある。

　たとえば、複数のバランスファンドの一部として日本株インデックスファンドを用いるとき、それぞれのバランスファンドで日本株インデックス運用するよりも、日本株インデックス運用する被投資ファンドを1つつくりこれに複数のバランスファンドから投資したほうが運用の効率性が上がる。

2 外国籍投信の輸入

　海外の優良なファンドを日本で販売しようと企画する場合、当該ファンドをそのまま日本に持ち込むこと（外国籍投信の日本持ち込み）もできるが、持ち込み基準のクリアなど煩雑な手続がある。これよりも、もっと手っ取り早いのは当該ファンドに投資するファンドを国内籍投信としてつくることである。販売会社にとっては扱い慣れた国内籍投信のほうが、不慣れな外国籍投信よりも取り扱いやすい。

3 ファンド存続規模の維持

　新ファンドを発行する場合、当初の募集でどの程度の金額が集まるか不明である。またファンドが立ち上がった後も解約などで残高が減少すると運用

が困難となる場合がある。これに対し、すでにあるファンドに投資する場合は他の同様のファンドからの資金も集まることから残高減少によるファンド存続リスクを回避することも可能となる。

（2） 重層的ファンドの種類

次にそれぞれのファンドの仕組みをみてみたい。

① ファミリーファンド

ファミリーファンドは日本にしか存在しない、独特の商品形態である。株式や債券に直接投資して実質的に運用を行うファンドをマザーファンド（みなす信託、親ファンド）と呼び、これに投資するベビーファンド（子ファンド）を投資家に販売する。

マザーファンドには信託報酬はかからず、ベビーファンドだけに信託報酬を課すので、投資家にとって二重のコストが発生するということがないのが、ファンド・オブ・ファンズとの違いである。

この場合、事務的な利便の観点からマザーファンドとベビーファンドは同じ運用会社で運用し、同じ受託銀行とすることが必要となる。またファンド・オブ・ファンズと異なり、ベビーファンドは複数のマザーファンドに投資することまで求められていない。

主な活用法としては、同じ運用会社のなかで運用を効率化するために、バランスファンドの部品としてマザーファンドを用いる場合や、同じ運用手法のものを異なるチャネル（投資家が機関投資家か個人か、販売先が一般個人に直接販売するものか、確定拠出年金（DC）やファンドラップ経由か、など）で販売する際に、商品の外部仕様（信託報酬や購入期間、換金締切り時限の違いなど）が異なる場合などに用いられる。

② ファンド・オブ・ファンズ

ファンド・オブ・ファンズは海外でも一般に用いられるファンド形式である。これは独立した（単独でも販売可能な）投信（被投資ファンド）に投資するファンド（投資ファンド）をつくるものである。それぞれの信託報酬等の

コストがかかるためコスト高になりやすい。

また、国内においては複数のファンドに投資することがファンド・オブ・ファンズの要件とされている。その一方でそれぞれのファンドの運用会社や受託銀行は別であってもかまわないためその活用範囲は広くなる。ファンドの重複は2回までとされている。すなわち、ファンド・オブ・ファンズにさらに投資するファンド、つまりファンド・オブ・ファンド・オブ・ファンズは日本では認められていない[5]。

図表2−7　ファミリーファンドとファンド・オブ・ファンズの相違点

	ファミリーファンド	ファンド・オブ・ファンズ
被投資ファンド	国内籍マザーファンド	内外国籍ファンド
投資ファンド	国内籍（ベビー）ファンド	国内籍ファンド（ファンド・オブ・ファンズ）
投資ファンドにおける被投資ファンド以外の組入れ	制限なし（株式や債券への直接投資が可能）	原則不可（コマーシャルペーパー（CP）や譲渡性預金（CD）、コールローン等に限定され、株式や債券には投資できない）
被投資ファンドの数	制限なし	複数でなければならない
投資ファンドから被投資ファンドへの投資割合	制限なし	制限なし（1ファンドへの投資上限は撤廃済み）
投資ファンドと被投資ファンドの関係	同一の運用会社、受託銀行である必要	制限なし
その他	日本独特のファンドスキーム	海外でも頻繁に活用
活用例	・バランスファンド ・複数チャネルの同一運用	・バランスファンド ・海外ファンドの実質輸入

主な活用例は「運用の外部委託」である。すなわち外国籍のパフォーマンスが良好なファンドがあった場合、これに投資するファンドを国内籍でつくることで実質的に日本に持ち込むこと（ファンドの輸入）が可能となる。この場合、国内籍でつくるファンドに実態的運用はなくその資産のほぼすべてを外国籍投信に投資することになるが、一方で「ファンド・オブ・ファンズは複数のファンドに投資しなければならない」というルール[6]も満たさなければならない。

　このため安全資産（円の短期金融資産）のみに投資するマネー・マザーファンドをつくり、これにごくわずか投資することで条件を形式的に満たすようにする。外国籍投信の良好なパフォーマンスを売り物にするほぼすべてのファンド・オブ・ファンズが「マネーマザーファンド」にごくわずか名目的に投資しているのはこのためである。

　図表2-7はファミリーファンドとファンド・オブ・ファンズの相違点をまとめたものである。

8 複雑な投信

　「複雑な投信」と聞くと、何か難解な商品を思い浮かべる読者も多いかと思うが、これはそういう商品ではない。過去において後述するような日経リンク型ノックイン投信が流行し、それがノックインとなって投資家が予期せぬ損失を被ったことを契機に日証協および投信協会が2011年に定めた規定であり、当該投信に該当する場合は、勧誘開始基準など、販売における規制を通常投信よりも強化することによって、より徹底した投資家保護を図ろうとするものである。

5　投資信託協会「投資信託等の運用に関する規則」12条4(2)。
6　投資信託協会「投資信託等の運用に関する規則」23条。

こうしたルールにのっとれば「複雑な投信」を販売、設定することには問題がないわけであるが、このルール制定以来、「複雑な投信」の設定例はない。

なお「複雑な投信」そのものではないが、これに使われる仕組債の証券会社を通じた顧客への直接販売が近時金融当局の大きな関心事となっている。「資産運用業高度化プログレスレポート2022」でもEB債（Exchangeable Bond、他社株転換可能債）を例に「商品特性上、株式との相関が強い一方でリスク・リターン比は劣後するため、株式に代えてEB債を購入する意義はほとんどない」とかなり厳しく指摘されている。EB債の実質コストは投資元本の5〜6％程度、年率換算すると8〜10％程度と推定されており、このコストを「重要情報シート」で開示するなどの顧客向け情報提供が同レポートで要請されている。

(1) 「複雑な投信」の定義

投信協会「店頭デリバティブ取引に類する複雑な投資信託に関する規則」によれば「複雑な投信」（以下「複雑投信」という）とは、デリバティブ取引（金商法2条20項）等により、償還または利金の条件を定めて組成された一定の仕組債で主として運用するものである。この条件とは仕組債の元利金に関

図表2－8 複雑な投信の類型

	償還金	利金
類型1	額面割れまたは別の有価証券で償還される可能性がある。	—
類型2	払込通貨と別通貨で償還される。	発行時に利金が確定しない。
類型3	—	発行時に利金が確定せず、払込通貨と別通貨で利払いされる。
類型4	—	条件により利金がゼロまたはきわめてそれに近い水準となる。

出所：投資信託協会ルールより筆者作成

し、**図表 2 － 8**のように類型化されている。

　複雑投信は金融デリバティブ取引を内包した、いわゆる仕組債に投資するため、その仕組債の元利金の条件がそのまま投信のリスク・リターンとなる。それでは仕組債ではなくて直接デリバティブ取引を投信に組み込めばよいかというと、その場合も複雑投信になる。形式が問題ではなく、そのデリバティブがもたらす効果が問題なので、スワップ取引などを仕組債のかわりに用いても複雑投信に該当する（投資信託協会見解）。

（2）　複雑投信ルール制定の契機

　複雑投信は2003年から2005年頃に盛んに設定された単位型投信が関係している。当時の典型的な商品内容は以下のとおりである（詳細は第 4 章 9 ⑵参照）。

　・信託期間：短期（2 ～ 3 年程度）

　・投資対象：日経リンク債（日経平均株価を参照し償還条件が変動する仕
　　　　　　　組債）

　・分配金　：仕組債のあらかじめ定められたＸ％のクーポンをもとに、
　　　　　　　支払

　・償還金　：原則として当初元本程度が確保される。例外的に信託期間
　　　　　　　中、日経平均株価が信託期間当初の日経平均株価よりも
　　　　　　　Ｙ％下落すれば、償還金は信託期間における日経平均株価
　　　　　　　の騰落率を反映（償還金≒償還時の日経平均株価÷当初日経
　　　　　　　平均株価×当初元本）するものとなる。

　この場合、日経平均株価がＹ％下落（これを日経平均株価オプションが生じるという意味で、オプションが"ノックインする"という）しなければ、市中金利水準をはるかに超えた水準のＸ％の分配金を得たうえで元本も返還される。いいことずくめである。

一方で信託期間中株価が下落しノックインした場合、分配金Ｘ％は得られるが、元本割れ償還となる可能性が出てくる。この場合、償還金は株価連動となるため、投資家は日経平均株価に投資しているのと同様の効果となる。当然ながらＹ値が大きくなれば元本割れ償還のリスクは小さい反面、Ｘ値は小さくなる。

　この投資においては、投資家は実質的にノックインプットオプションを売る立場であり、その対価としてオプション料（プレミアム）が得られる。その分が仕組債のクーポンとなり分配原資となる。つまり、日経平均株価が大きく下落しない限りオプションは行使されないため、元本を維持したうえでこのプレミアムだけが得られるというわけである。

　実際日経平均株価が下落せずに成功裏に償還したファンドも多くあったが、一部のファンドではノックインし、その後の株価下落により大きな損失となった。この時に販売員の説明不足、目論見書、販売資料等の説明不足などが指摘されたわけである。「多額の資産を有さず、高度な理解力も有していないと思われる高齢者に販売され、想定外の大きな損失を被った、等の苦情が消費者団体に多数寄せられている」（投信協会）とされ、この再発防止として本ルールが制定された。

　投信としては問題なく成立している商品であったが、投資対象が仕組"債"であったこともあり、債券は元本割れしないものと理解していた、との投資家クレームもあった。この業界全体に及んだ顧客クレームなどの再発防止策として考案されたのが、いわゆる複雑投信ルールである。

　日証協および投信協会ルールにより、複雑投信の販売にあたっては独自の取引開始基準を定める必要がある。また、一定の要件を明記した注意喚起文書を投資家に交付する必要があり、そのうえで投資家がその内容を理解し自己の判断と責任において買付けを行う旨の確認書を徴求することが定められている。これ以外にも投信の名称に「元本確保型」や「リスク限定型」といった名称を用いないこと、あらかじめ定めた一定のレベルに（日経平均株価などの）基準指標が達した場合には、元本を大きく下回るリスクがある旨の

表示を行うこと、などが定められている。

 ## 9 外国投信（外国籍投信）

　海外の法令に基づき海外で設立されたファンドを外国投信（外国籍投信）
という。この外国投信は一定の手続を経て日本に持ち込んで販売することが
可能である。この投信のことを「持ち込み外国投信」と呼んでいる。

　日証協によれば、この「持ち込み外国投信」は790本で日本の投資家が投
資している金額は約6.7兆円である（日本証券業協会「外国投信の残高一覧表
2022年4月末」）。なかでも債券型が約4兆円（うちMMFが約1.7兆円）を占め
ており、外国株式中心の国内投信とは異なったシェアとなっている。

図表2－9　外国投信の残高と本数推移

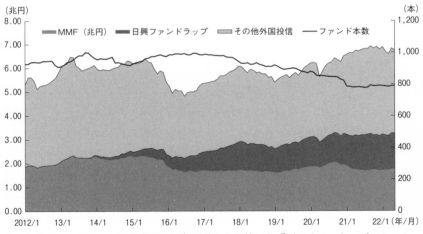

注：日興ファンドラップの対象は2021年10月から開始した「プライベート・プレミアム・
　　セレクション〈ファンドセレクト機能あり〉」を除く日興ファンドラップ専用の投信。
出所：日本証券業協会公表データをもとにQUICK資産運用研究所作成

MMFは微減傾向にあるが、SMBC日興証券で取り扱っているファンドラップ向けの外国投信が増加しており、外国投信全体の残高を押し上げている（図表2－9）。

　ここでは国内販売される外国投信の最も一般的なものである、ケイマン籍投信の仕組み、関係者、そしてこれを国内販売する際の手続等について解説する。

（1）　外国投信持ち込みの目的

　外国籍のファンドを日本に持ち込む最大の理由は当該ファンドが質の高い（良好なパフォーマンスを含む）商品でありこれを日本の投資家に紹介したいからである。しかしこの目的のためには国内籍ファンド・オブ・ファンズから当該ファンドに投資することもできるし、そのファンドの運用会社に運用を再委託をすることでも実現可能である。

　それではなぜ日本持ち込みをするかといえばそれは“外貨建て”の投信を日本で販売したいというニーズに行き着く。投資家のなかには円ではなく外国通貨（多くは米ドル）を保有しており、これを（円貨に変換せずに）そのまま運用に回したいとするニーズがある。

　たとえば、それまで外貨預金や外国債券で運用しておりこれをそのまま投資商品（投信）に回したいというニーズだ。

　国内の法令では国内籍投信で外貨建てのファンドを禁止する規定はない。しかし、現実問題として円貨であることを前提に投信計理システムや販売帳票、法定帳簿などが設計されており、事実上外貨建ての国内投信はつくれない。したがって、外貨建て投信はすべて外国投信を日本に持ち込むかたちでつくられ販売されている。

　これと関係するが、たとえば、新規に米ドル建て元本確保型商品をつくりたいと考えた場合、これもやはり外国投信となる。つまり、既存のパフォーマンスが良好なファンドばかりではなく、外貨建て、という点に着目して国内籍ではつくれない新商品を新たにケイマン籍で設立するということもあ

る。

(2) ケイマン籍投信の関係者

ケイマン籍投信の一般的な関係法人とそれぞれの契約関係を示したのが**図表2－10**である。国内持ち込みの投信は、管理会社と受託会社との二者間で信託証書を締結する。これをもとに目論見書が作成される。ケイマン籍投信ではこれとは別に受託会社が単独で信託証書を発行してファンドを設立する方法（Declaration of Trust、信託宣言方式）があり、私募投信の場合、また国内籍ファンド・オブ・ファンズから投資する際の投資対象としてはこの方式が簡易なのでよく活用される。しかし国内で公募販売しようとする投信は、日証協のルールが管理会社の設置を求めていることから（外国証券の取引に関する規則16条1項1号ロ参照）、**図表2－10**のような管理会社と受託会社の契約を拠り所としている。

管理会社は機能別に関係法人にその業務を委託するかたちをとる。運用会社との間には投資運用契約を、販売会社との間には販売契約をそれぞれ締結し、定期的に報告を受けるかたちにしている。販売会社はこの契約によって国内販売、顧客管理、分配金支払業務などを担う。代行協会員とは日本において外国投信を持ち込む手続などを担う会社である。従来は販売会社が日本証券業協会の会員としてこの機能をあわせて担うことが多かったが、海外との英語の定期報告など煩雑な業務があるため、最近は販売会社以外の会社がこれを担うことも多くなってきている。

一方で受託会社も資産の管理事務や保管等の業務を管理事務代行会社、資産保管会社に委ねる。この両機能は信託機能を有する同じ会社が兼ねる場合がほとんどである。この結果、外国投信の受益証券1口当り純資産価格（NAV、Net Asset Value per unit）はこの管理事務代行会社のみが算出し、国内投信のような運用会社と信託銀行との照合業務は行われない。

図表２−10　ケイマン籍投信の関係法人契約関係スキーム（例）

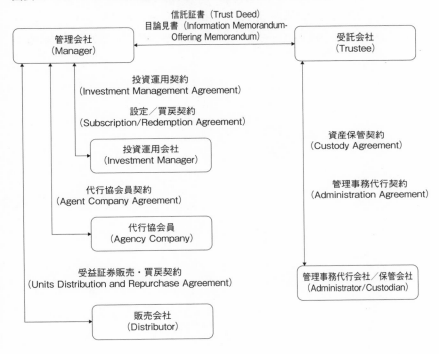

(3)　外国投信の日本持ち込みの手続

　海外で現地の法令に準拠して設立された外国投信を国内で販売する場合、一定の要件を満たすことが日証協のルールによって定められている。

　すなわち「外国証券の取引に関する規則」16条（契約型投信の選別基準）および17条（会社型投信の選別基準）でその要件に関する規定が置かれている。このなかでは国内における代理人の設置（通常法律事務所が指名される。同規則16条１項３号、17条１項３号）、代行協会員の設置（同規則16条１項５号、17条１項５号）のほか、運用内容に関する規制（空売り、借入れ、デリバティブ等がそれぞれ制限されている）が置かれている。代行協会員は外国投信を国

内販売しようとする場合、日証協に対して「外国投資信託証券　取扱届出書」とともに、当該投信が選別基準の要件に抵触しない旨を記載した「確認書」等の書類を提出しなければならない（同規則18条）。この点は外国投信特有の手続である。

外国籍投信のふるさと、ケイマン諸島ってどんなとこ？

　国内籍投信とは別に海外の法令に基づき海外で設定された投信を外国籍（外国）投信ということを紹介した。この外国投信は、"外貨建て"投信として、日本に直接持ち込んで販売されるケースや、国内籍投信をファンド・オブ・ファンズと位置づけ、その投資先として設定される場合などがよく知られている。特に後者は運用の外部委託の一形態として使われるほか、分配金の自由度を確保するためにも頻繁に活用されてきた。

　外国籍投信は通常、資産に対する課税が減免されている地域（tax haven、租税回避地）において設定される。よく目にするのは、ケイマン、ルクセンブルク、ダブリン、アイルランド、ガーンジー、ジャージー籍などである。以前は、個人向け公募投信はその規制が厳格なルクセンブルク籍、機関投資家向け私募商品は規制が比較的緩いケイマン籍ファンドといった棲み分けがなされたが、近年は両者ともケイマン籍ファンドの活用が多くなっている。

　ケイマンはファンドに限らずSPC（Special Purpose Company、特別目的会社）の設立地としても名高いので、金融関係者にとってはなじみが深い場所であるが、実際に訪問したことのある人は少ないのではないだろうか。筆者はこのケイマン籍ファンドの登録地であるケイマン諸島グランドケイマン島に過去二度出張し現地の法律事務所、トラスティ、マネージャーといった関係法人と面談したことがあるので、その様子を紹介してみたい。

　グランドケイマン島は、キューバの南、ちょうどキューバ、メキシコ、ジャマイカを結んだ三角形の中心に位置する、カリブ海に浮かぶ島で35km×６km程度の小さな島である。英国領で首都はジョージタウン、人口は約５万人である。日本から直行することはもちろん、ニューヨークからですら直行することもできず、ニューヨークからマイアミまで３時間かけて飛行し、マイアミからさらに780km、約２時間飛んでようやく到着することができた。

　われわれの世界ではケイマンといえばファンドのメッカであるが、一般的には有名なリゾート地であり、スキューバダイビングをはじめとするさまざまなマリンスポーツが盛んである。それゆえ、マイアミからの飛行機のなかでは軽装にサングラスの男性や露出度の高い服を着た女性が多く乗り込んで

おり、筆者のようにスーツにネクタイといったいでたちの乗客は奇異の目にさらされる。

　空港からタクシー（というより普通のワゴン車）に乗って30分、セブンマイルビーチと呼ばれる砂浜を前にして建つ瀟洒なホテルに宿泊した。砂浜はやや湾曲して本当に７マイルも続くと思えるくらいの長いもので、真っ白い砂浜と、青い空、深い緑の海が非常に美しく、海上には豪華クルーザーらしき船が浮かび、そのはるか向こうには水平線がきれいにみえる。

　行く前はペーパーカンパニーの私書箱が多く存在する無味乾燥な孤島のイメージがあったが、実際に行ってみると工場や商店街、リゾートホテル、レストランなどが多く立ち並び、当たり前であるが、現実的な世界が広がっている。筆者の訪問先も比較的近代的なビルにあり、ニューヨークの一般的なオフィスとなんら変わりはない。

　ここまで書くと、ケイマンはいいことずくめのようであるが、現地の人と話してみると少し事情が変わってくる。まず、自然の猛威。ある信託銀行の人は出張中にハリケーンが到来し、帰宅した時には所有する２台の乗用車は廃車にするしかなかったとのこと。前年に到来したハリケーンの痛手は市内に多く残っており、屋根や窓ガラスのない建物も散見された。２つあるゴルフ場はその影響でいまだクローズのままであった。それから閉口したのは物価の高さ。ケイマンの通貨は、ケイマンドルで、１米ドル＝0.8ケイマンドルに固定されている。

　どちらも“ドル”なので時々錯覚を起こし、米ドルのつもりで買ったものは、結局米ドルの1.25倍ということになる。ケイマンドルに換金せず米ドルをそのまま使っていたのだが、最後までケイマンドルを目にすることのなかった私は、ケイマンドルというのは実は架空の通貨で、25％値上げして観光客に品物を売りつける現地の人の考え出した便法ではないかと疑ったぐらいである。

　以上のようにケイマンは、非現実と現実が、自然美と自然被害が、余暇とビジネスがさまざまに混在する不思議な島である。皆さんも仕事ではなくバカンスで行かれたらいかがだろうか。私の３回目はぜひそうしたい。

　最後に笑い話を１つ。ケイマンなど租税回避地を一般にはタックス・ヘイヴン（tax haven：havenは「避難所」の意）と呼ぶが、これを私の同僚は長らくタックス・ヘヴン（tax heaven、租税天国）と思っていたらしい。たしかに現地はある意味で天国のような場所ではあったが……。

第 **3** 章

投資信託の良しあしの
見分け方

約6,000本以上が現存する公募投信のなかで、投資家や販売会社が最も知りたいのはどの商品がよくてどの商品はだめなのか、という点である。本章では、商品性の差異を見極めるポイントなどについて解説する。

 ## 商品性は交付目論見書で把握

(1) 有価証券届出書

運用会社は新商品を募集する際、有価証券届出書（金商法5条1項）を内閣総理大臣（具体的にはその委任先の関東財務局長）に提出し、効力待機期間（届出日と効力発生日を含まず、15日間）を経てその効力が発生する。

有価証券届出書を提出すれば、販売会社による投資家に対する勧誘行為は可能となる（これを仮募集と呼ぶ）が、投信の買付申込みに応じる行為（約定）は効力発生日以降でないとできない（これを募集期間または本募集と呼ぶ）ことになっている（金商法4条、15条）。有価証券届出書の記載事項は法定（特定有価証券開示府令10条、第4号様式）されている。

(2) 交付目論見書と請求目論見書

目論見書は、投信の商品性を投資家に伝える重要な法定文書である。運用会社は受益証券の発行者として有価証券届出書の内容を記載した目論見書を作成しなければならないとされている（金商法13条）。

1998年以前においては、投信は証取法の開示義務の適用除外であったため目論見書は作成されず、そのかわりに投信法上の「受益証券説明書」という文書を作成し、商品内容を説明していた。これが1998年証取法改正により他の有価証券同様に開示規制が適用されることとなり、受益証券説明書は廃止され、現在のような目論見書が作成されることとなったのである。

販売会社は「有価証券を募集又は売出しにより取得させ、又は売り付ける場合には、第13条第2項第1号に定める事項に関する内容を記載した目論見書をあらかじめ又は同時に交付しなければならない」（金商法15条2項）、「相手方から第13条第2項第2号に定める事項に関する内容を記載した目論見書の交付の請求があつたときには、直ちに、当該目論見書を交付しなければならない」（同法15条3項）とされ、目論見書の交付義務が定められている。

　目論見書の内容は投資家に商品内容がわかりやすく理解されるように工夫、改良がなされて現在のかたちとなっている。目論見書が投信に導入された直後、その内容は有価証券届出書の内容の抜粋とされていた。(1)のとおり有価証券届出書の内容は法定されているから、これに基づいた目論見書も大部で非常に読みづらいものであった。

　この批判にこたえるため、2004年12月の証取法[1]改正により記載内容を分け、簡易で商品ポイントを押さえた交付目論見書（金商法13条2項1号イ）と、より詳細な内容を追記した請求目論見書（金商法13条2項2号イ）に分割された。

　交付目論見書は投資家が受益証券を取得する前にあらかじめ交付することが義務づけられている（金商法15条2項）が、請求目論見書は投資家の請求があってはじめて交付義務が生じるものであり（同条3項）、実際には交付請求されていないのが実態である。

　さらに交付目論見書の内容も、有価証券届出書の内容そのままではなく、投信協会ルール（「交付目論見書の作成に関する規則」（**図表3-1**）「交付目論見書の作成に関する規則に関する細則」）によって、よりわかりやすい内容を業界統一ルールで作成することとなっている。なお、同規則によりそれぞれの表紙に「投資信託説明書（交付目論見書）」「投資信託説明書（請求目論見書）」と記載することとされている。

1　証取法は2007年9月30に「証券取引法等の一部を改正する法律」により金融商品取引法に改題された。

図表 3 - 1　交付目論見書の記載項目と主な内容

交付目論見書	主な内容
表紙等	ファンドの名称、商品分類および属性区分 委託会社、受託会社に関する情報
ファンドの目的・特色	ファンドの目的 ファンドの特色
投資リスク	基準価額の変動要因 リスクの管理体制 代表的な資産クラスとの騰落率の比較 ファンドの年間騰落率および分配金再投資基準価額の推移
運用実績	基準価額・純資産の推移 分配の推移 主要な資産の状況 年間収益率の推移
手続・手数料等	お申込メモ ファンドの費用・税金
追記的情報	ファンド・オブ・ファンズにおける投資先ファンドの概要 派生商品取引による運用方法の内容

(3)　押さえておきたい交付目論見書のポイント

ファンドの名称、商品分類および属性区分

「商品分類」では、単位型追加型の別、投資対象資産（収益の源泉）が何かを把握できる。

また「属性区分」で、決算頻度（年何回分配があるか）、投資対象地域、投資形態（ファミリーファンドかファンド・オブ・ファンズなのか）、為替ヘッジの有無などが確認できる。

```
ファンドの目的・特色
    ファンドの目的
    ファンドの特色
    運用プロセス
    ファンドの仕組み
    投資制限
    分配方針
```

　ファンドの商品内容が説明される中核部分である。「ファンドの特色」には、どのような資産に（主要投資対象）どのような方法で（投資方針）投資するかが記載される。

　「ファンドの仕組み」では、ファンド・オブ・ファンズやファミリーファンドなどファンドが重層的となる商品において、概念図を使用して投資家の資金の流れ、投資ファンドと被投資対象ファンドの関係、被投資ファンドの詳しい内容（運用手法など）が説明される。

　一方で、「ファンドの目的」「投資制限」「分配方針」などは定型的な記載文言となる。

```
投資リスク
    基準価額の変動要因
    その他の留意点
リスクの管理体制
代表的な資産クラスとの騰落率の比較
ファンドの年間騰落率および分配金再投資基準価額の推移
```

　「基準価額の変動要因」ではファンドがとっているリスクが把握できるが、リスクの種類が記載されるだけでその表現も定性的である。

よって、ファンドに与える影響度に応じた記載順にすることや文字の大きさや太さを工夫することとはされているものの、リスク量の定量的な把握はできない。また"為替フルヘッジ"型商品でも為替リスクが完全には排除できない、といったやや広範で網羅的表現が多く、かえってリスクの本質をみえにくくしているといった批判もある。

リスク把握の観点からの騰落率や基準価額推移もあるが、次項の「運用実績」で把握したほうがわかりやすい。

運用実績
　基準価額・純資産の推移
　分配の推移
　主要な資産の状況
　年間収益率の推移

過去の運用実績を把握することは重要でその一部が目論見書に記載されている。しかし、直近までの運用実績の把握は、目論見書よりも月次レポートのほうがタイムリーでかつ内容も詳細である。

手続・手数料等
　お申込メモ
　ファンドの費用・税金

ファンドの外部仕様ともいうべき手続面を定める記載であり、「ファンドの特色」と同様、最も重要な部分である。

「お申込メモ」において購入、換金の取引制約や時限、信託期間や決算日を知ることができる。

また、信託報酬総額とその内訳も知ることができる。特にファンド・オブ・ファンズでは、（投資ファンドの）信託報酬とは別に、これに被投資ファ

ンドのコストも加算した「実質的な負担」という欄があり、投資家が実質的に負担する総合コストはどれくらいかを把握できるこの情報はとても重要である。

(4)　実用される販売用資料

　上述のとおり、投信の商品性を説明するために作成、交付義務が法定されているのが目論見書であるが、多くのファンドではこれとは別の資料を運用会社が用意し、販売現場ではこれをもとに勧誘が行われているのが実態である。

　目論見書の多くが白黒印刷されているのとは対照的に、カラーで美しくデザインされたこの資料は販売用資料と呼ばれている。この資料の作成は法定されていないが、法令上「広告等」に該当し、誇大広告の禁止などの規制対象となる（金商法37条、金商業等府令72条）。その記載内容は、法定記載事項も含め投信協会の「広告等に関するガイドライン」で詳細に定められている。

　販売用資料はこうした法令に準拠さえしていれば、目論見書のように有価証券届出書の内容に限定されることもないので、ある程度自由に商品内容を記載できる。こうして販売用資料はいまや投信商品説明の最も中心的な文書となっている。販売用資料の出来不出来が投信の売れ行きを左右するといっても過言ではないため、各運用会社や販売会社は、その内容に非常に労力をかける。近年は動画などデジタルコンテンツの販売用資料も多くみられるようになってきている。

2 運用成果は運用報告書よりも 月次報告書で把握

(1) 運用報告書

　運用会社は、その運用の指図を行う投資信託財産について、計算期間の末日（年1回決算ファンドは1年ごと、年2回以上決算ファンドは半年ごと）に運用報告書を作成し、受益者に交付しなければならないこととされている（投信法14条1項）[2]。

　運用報告書は、交付運用報告書と運用報告書（全体版）とに分けられる。

　交付運用報告書は、「運用報告書に記載すべき事項のうち重要なものとして内閣府令で定めるものを記載した書面」（投信法14条4項）である。

　両運用報告書の内容は、投信協会「投資信託及び投資法人に係る運用報告書等に関する規則」「同規則に関する細則」に記載順序も含めて詳細に定められている。

　しかし、電磁的方法による提供が認められていることに加え、その作成頻度からタイムリーな情報提供がなされないことから、その利用は限られる。(2)にあげる月次報告書が毎月末基準で提供され、その内容も運用実績の把握に必要十分な内容になっていることから、運用報告書よりもはるかに使い勝手がいい資料との位置づけになっている。

(2) 月次報告書

　投信の運用状況経過をタイムリーに開示している資料が、月次報告書（月

---

[2]　適格機関投資家私募の場合は、投資信託約款においてその旨を定めれば、運用報告書の作成および交付をしないこともできる（投信法14条1項1号）。また、ETFおよびMRFは運用報告書の作成および交付が不要となっている（投信法14条1項3号、投信法施行規則25条1号、2号）。

次レポート）であり、各運用会社とも月末基準で毎月作成を行っている。これは投信協会「投資信託及び投資法人に係る運用報告書等に関する規則」第5章により、「適時開示」として各運営会社に毎月作成が義務づけられているものである。

記載内容も株式投信、公社債投信について定められているが、ある程度の自由度がある反面、販売用資料同様に広告規制を受ける。各運用会社のホームページで公開されており、受益者でなくても誰でもファンドの運用状況を把握することができる。

主な内容は、基準価額と純資産の推移、過去の期間別収益率、ベンチマークとの比較、分配実績、各種リスクの量（デュレーション、格付や国別、通貨別分布）、上位保有銘柄、ファンドマネージャーコメントなどである。目論見書と違い、リスクの定量的な把握が可能であり、また過去の定性的な振り返りをファンドマネージャーコメントで知ることができるなど、多くの情報を得ることができる。

3 運用戦略の種類と目標

すでにみたように、投信の商品性は、何を目的として（投資目的）、何を対象に（主要投資対象）どのように投資するか（投資手法）によって規定される。

(1) 投資目的

一定の指数を基準（benchmark、ベンチマーク）と定め、これに連動する運用成果を目指すものをパッシブ（passive）ファンド[3]と呼ぶ。これはインデックスファンドや取引所に上場されているETF（Exchange Traded Funds、上場投資信託）の総称である。また指数に正の連動（ブル型ファンド）をする

もののほか、負の連動（逆連動）をするもの（ベア型ファンド）がある。

　また、有価証券指数先物やオプション取引などの金融デリバティブを活用することで、連動倍率を2倍、3倍と増幅したレバレッジ（leverage）型ファンドも広義のパッシブファンドの一種といえる。パッシブファンドとしての品質の良しあしは、いかに指数に連動するか、言い換えれば指数に対する超過収益のぶれ（tracking error、トラッキングエラー）をいかに小さくするかにかかっている。

　これに対して、ベンチマークを上回る運用成果を目指すものをアクティブ（active）ファンドと呼んでいる。ベンチマークとなる指数に採用された銘柄とは異なる銘柄構成と構成比率にすることにより、ベンチマークのパフォーマンスを凌駕することが目的となる。アクティブファンドにおけるベンチマークとの差分収益を超過収益またはアルファと呼んでいる。このアルファは正の場合もあれば当然負の場合もある。アクティブファンドの品質の良しあしは、この超過収益の大小とその安定性で決まる。

　上記パッシブファンドおよびアクティブファンドは、ベンチマークという基準指標に対する相対的なパフォーマンスを競うものであり、相対リターン型（relative return）ファンドということができる。これに対して、特定の指標に連動あるいは凌駕することを目的とせず、投資対象資産の相場変動にかかわらず、一定の成果を目指すのが、絶対リターン（absolute return）ファンドである。この種のファンドは株式や債券相場の変動とは独立して収益をあげることを目指すため、ベンチマークを特段定めないか、安全資産利子率（risk free rate、リスクフリーレート）をベンチマークとする場合がある。代表的な絶対リターンファンドとしては、マルチアセット型商品（バランスファンド）やヘッジファンドなどがあげられる。以上をまとめると**図表**

3　もともとは市場ポートフォリオ（市場の全銘柄をそれぞれの時価総額加重比率で保有したポートフォリオ）が最も効率的なポートフォリオであるとする資本資産価格モデル（CAPM、ウィリアム・シャープ提唱）を理論的背景としている。現在さまざまな市場ポートフォリオ代替が指数として開発され、これに連動するファンドが商品化されている。

図表３－２　投資目的によるファンドの類型

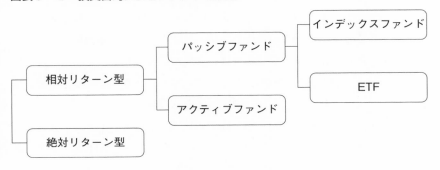

図表３－３　投資目的の定型記載文言

ファンドの類型	交付目論見書の「投資目的」文言
株式アクティブファンド	「信託財産の成長を図ることを目的に、積極的な運用を行う」
バランスファンド	「信託財産の成長を図ることを目的に、運用を行う」
公社債アクティブファンド	「信託財産の着実な成長と安定した収益の確保を目指して運用を行う」
マネーリザーブファンド（MRF）	「日々の元本の安定性に配慮し、安定した収益の確保を目指す」

３－２のとおりである。

　交付目論見書には投資目的が記載されているが、パッシブファンドはその連動対象指数と連動比率を記載している。アクティブファンドはそのリスクの量から**図表３－３**のように定型記載文言を少しずつ変化させている。

（2）　投資手法（パッシブファンド）

　パッシブファンドは、ベンチマーク指数と連動することが目的であり、そのための一般的な運用手法は次の３通りである。

1 完 全 法

　パッシブファンドで最も単純な手法はベンチマークと同じ銘柄を同じ比率で保有することである。この手法を完全法と呼んでいる。連動精度も高くなるため銘柄数がさほど多くない場合は完全法が用いられる。

　たとえば、日経225に連動するインデックスファンドでは、ほとんどの場合完全法が用いられる。しかし、指数の構成銘柄数が多くなってくると完全法で運用するのは困難となるうえ、個々の銘柄の指数構成比率も小さくなってくるので完全法をとる意味が乏しくなる。また完全法ではファンドの購入、換金に伴い投資対象を売買する場合の取引コストが多くかかるというデメリットもある。加えてファンド残高が小さい場合、銘柄によっては売買単位に達しないため保有できない場合も考えられる。特に債券インデックスは銘柄当りの売買単位が大きいことに加え、流動性が乏しいため、ほとんど用いられない。

2 層化抽出法

　層化抽出法は、指数を構成する銘柄を一定の基準に基づいていくつかの階層にグループ分け（層化）を行い、その各グループから銘柄を選定する方法である。株式ならば、時価総額や業種など価格変動が類似すると思われる階層ごとにグループ分けを行い、同様にベンチマークを構成する各銘柄グループの比率と等しくなるよう個別銘柄を選定することで、全銘柄を購入することなくベンチマークに近い値動きを再現する。

　層化抽出法は一部の銘柄を売買して構成内容を調整するため、全銘柄を保有する完全法と比較して売買が容易であり、取引銘柄数が少ない分、売買コストも低く抑えられることがメリットである。

3 最適化法

　最適化法は、統計学などを用いた計量モデルによって最適化計算を行い、ベンチマークとの連動を目指す手法である。

　この計量モデルでは各証券の価格変動に影響を与える要因（risk factor、リスクファクター）を抽出、定義する。そして、ベンチマークのリスクファ

クターを計測し、銘柄数などの一定の制約条件下でこれと最も近似する銘柄と構成比率を導くものである。

最適化法も層化抽出法と同じく、ベンチマークに組み入れられている全銘柄を購入することなくファンドを構成することが可能であるため、東証株価指数（TOPIX）のように構成銘柄数が多い株式指数や、内外債券指数を対象としたパッシブファンドに用いられる。

(3)　投資手法（アクティブファンド）

アクティブファンドはベンチマークの収益率を上回る運用成果をあげることを目的に運用する手法である。その手法にはさまざまな種類があるが、目論見書などに記載されている代表的なものは以下のとおりである。

1　トップダウンアプローチとボトムアップアプローチ

トップダウンアプローチとは、一般的に「経済・金利・為替」といったマクロの経済予測を重視する運用手法であり、個別銘柄を選択することによる超過収益の獲得（銘柄選択効果）よりも資産配分比率の調整による収益（資産配分効果）をより重視する傾向がある。

経済動向、市場動向などマクロ経済的な投資環境の予測を行い、今後有望な資産や業種を選択したうえで、個別の銘柄選別を行うものである。複数資産を投資対象とする国際分散投資ファンドなどでよく用いられるほか、日本株を主要投資対象とするファンドにおいても、TOPIXなどベンチマークとなる指数の業種別時価総額構成比率を基準として、投資見通しの判断によって業種別配分を変化させたうえで、個別銘柄を選択する場合などに用いられる。

これに対してボトムアップアプローチとは、運用担当者（ファンドマネージャー）やアナリストの個別企業に対する調査・分析に基づき投資価値を判断し、市場価格との相対的な比較に基づいて銘柄を選択していく手法である。

特に企業調査が十分にいきわたっている大型株（時価総額の大きい銘柄、大

企業の株式）に投資するファンドよりも、十分な調査がなされていない（ア
ナリストカバレッジが不十分な）中小型株式に投資する場合に有効と考えら
れ、中小型ファンドはほとんどの場合、このボトムアップアプローチを採用
している。

　企業調査は証券会社のアナリスト（sell side analyst、セルサイドアナリス
ト）が行うほか、運用会社にも業種別にアナリスト（buy side analyst、バイ
サイドアナリスト）を配置しており、ファンドマネージャーは通常両アナリ
ストの意見も参考にしつつ銘柄選択を行う。

　株式ファンドの目論見書をみると、一般的には上記トップダウンアプロー
チとボトムアップアプローチが併用されることが多く、業種配分をトップダ
ウンアプローチで行い、その後の個別銘柄選定をボトムアップアプローチで
行う、といったかたちがよくみられる。

② グロース投資とバリュー投資

　ボトムアップアプローチの具体的な手法としてグロース投資とバリュー投
資がある。この違いは、"運用スタイル"と表現される。グロース投資（成
長株投資）は、将来の企業収益の成長性等に主眼を置いて銘柄を選定する投
資手法である。

　これに対してバリュー投資（割安株投資）は、企業の利益や資産額などの
一定の基準に対して割安な（過小評価されている）株式に投資する手法であ
る。割安性を測る株価指標は多々あるが代表的なものとしては、PER[4]
（Price-to-Earnings Ratio、株価収益率）やPBR[5]（Price-to-Book Ratio、株価純資
産倍率）、配当利回りなどが用いられる。

　バリュー投資は、さまざまな株価指標で割安と判断される銘柄が、その後

4　PER＝株価÷1株当り利益（EPS）
　　一般にPERが大きければその株は割高、小さければ割安となる。なお、EPS（Earn-
ings Per Share）は当期純利益を発行済株式総数で除して求めることができる。
5　PBR＝株価÷1株当り純資産（BPS）
　　一般にPBRが小さいほどその株価は割安とされる。なお、BPS（Book-value Per
Share）は純資産を発行済株式総数で除して求めることができる。

株価上昇によって水準訂正されることを期待するものであるが、この割安な株価には原因があり、その原因が解消されず、割安な銘柄がいつまで経っても割安なまま放置されることも考えられる。この状態をバリュートラップ（Value Trap）といい、割安株投資で注意が必要とされる。

③ 大型株投資と中小型株投資

時価総額の大きい株式（large cap、大型株）は流動性も高く投資には適しているが、ベンチマークである指数構成比率も高いことから、ベンチマークに対する超過収益を得にくいという側面がある。一方で中小型株式（small-mid cap）はその流動性が大型株に劣る反面、超過収益を得る機会を提供してくれる。この両者をどのように組み合わせて超過収益をねらうかも投資の一手法といえる。中小型株式に特化したファンドも多くみられるが、一般に変動性も市場全体のベンチマーク指数に比べると大きくなる傾向にある。

④ スタイルボックス

多くの株式ファンドが②および③の手法を併用している。そこで、ボトムアップアプローチの代表的な運用スタイルと時価総額をそれぞれ横軸、縦軸に配置し、その株式ファンドの特徴を一目で理解できるように開発されたのが、米国モーニングスター社のスタイルボックス（**図表3－4**）である。

この表現方法は画期的なアイデアで、現時点での運用手法が一目で直感的に把握できるほか、1つのファンドについて時系列でこのスタイルボックスを観測することで変化（スタイルを変えることをスタイルドリフトと呼んでいる）していないか、一貫して同じ運用手法をとり続けているかをみることができる。

⑤ ジャッジメンタル運用とクオンツ運用

銘柄選択や資産配分比率の決定を、ファンドマネージャーが自らの判断で行う手法をジャッジメンタル（judgmental）運用と呼んでいる。これに対して、計量モデル等を開発し、ファンドマネージャーやアナリストなどの人間の恣意的な判断を排除し、このモデルの決定したとおりの資産配分、銘柄選択を行うのがクオンツ（quantitative）運用またはシステム運用、モデル運用

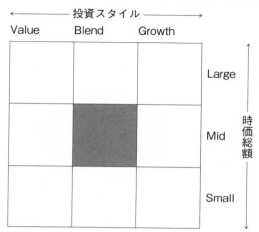

図表３－４　モーニングスター社のスタイルボックス

出所：モーニングスター

などという。

　ジャッジメンタル運用というと、花形ファンドマネージャーが１人いて、彼がすべての銘柄選択等の運用を行うイメージがあるが、実際の運用では担当ファンドマネージャーのほか、彼に投資判断の材料を提供するアナリストや、投資方針を協議する運用会議体などさまざまな人間がかかわって運用がなされている場合が多い。

　前者のようなシステムをスターシステム、後者をチーム運用と呼んでいるが、現在の多くの運用会社が多くのファンドにおいてチーム運用を採用している。これはスターシステムをとる場合、担当ファンドマネージャーがなんらかの原因で欠けた場合、当該ファンドの存続がむずかしくなる（と思われている）からである。

　こうした担当ファンドマネージャーに依存するリスクをキーマンリスク（key man risk）と呼ぶが、このキーマンリスクをファンドは有していないことをアピールするためにもチーム運用であることが必要である。これは継続性という観点からはよい面もあるが、反面「ファンドマネージャーの顔がみ

えない」との批判を招く場合もある。

　クオンツ運用にはさまざまな運用モデルが存在する。その代表的なものに
ファクターモデル（Factor Model）がある。これは、任意のリスク資産（た
とえば株式個別銘柄）のリターンは、多くの資産に共通するいくつかのリ
ターン生成要因（ファクター）によって決まるとするモデルである。銘柄に
よってそれぞれのファクターに対する感応度は異なるから、次のとおり表現
できる。

【算式】

　　個別銘柄(i)のリターン　$Ri = f_0 + \beta_{i,1} \times f_1 + \beta_{i,2} \times f_2 + \cdots\cdots + \beta_{i,n} \times f_n + e_i$

　　f_0：定数項
　　f_k：ファクター k のリターン（$k=1, 2, \cdots, n$）
　　$\beta_{i,k}$：i 証券のファクター k に対するエクスポージャー（感応度）
　　e_i：i 証券の誤差項

　ここでファクターリターンとはファクター生成要因の値、ファクターエク
スポージャ（factor exposureまたはfactor beta）とは当該証券の当該ファク
ター変化に対する感応度である。

　ファクターとしては、「マーケット全体のリターンや企業の時価総額に応
じたリターンなど市場の情報を集約したもの」「国内外の経済成長率、内外
金利、為替、物価等のマクロ経済指標」などが考えられる。

　ファクターの数が1つの場合、シングルファクターモデルと呼ばれ、2つ
以上の場合はマルチファクターモデルと呼ばれる。

　日本の運用業界では旧バーラ社（現MSCI社）が開発したバーラ（Barra）
モデルがマルチファクターモデルとして広く使われている。バーラモデルを
使えばベンチマークのポートフォリオと比較して特定のファクターに加重し
たアクティブファンドを容易に構築できるほか、自己のポートフォリオがベ
ンチマークのそれと比してどのようなリスクをどの程度多く（少なく）とっ
ているかといったリスク分析も可能となる。このようにバーラモデルはクオ

ンツ運用に限らず、アクティブ運用でも活用されており、ファンドが目指す
リスクファクターがとれているか、また意図しないリスクをとっていないか
等の確認に有用である。

6 スマートベータ

スマートベータ投資（smart beta investment）またはファクター投資（factor investment）と呼ばれる手法は、2010年初頭あたりから内外の著名な年金
基金で採用されるなど新たな投資手法として脚光を浴びたものである。

スマートベータとは、時価総額加重された従来型指数（従来型ベータ、東
証株価指数など）とは一線を画し、その他のリターン生成要因（ファクター）
をもとに構成された指数に連動するように運用する手法である。従来型指数
は、結果的にさまざまなリスクファクターにまんべんなく投資できる利点が
ある反面、投資家が真に取りたいリスクファクターのみに投資できない。ス
マートベータ投資は財務体質や成長性といったファクター（クオリティファ
クター）や株価が割安（バリューファクター）といったフィルターを用いるこ
とで、より効率的な運用を行うことを目的とするものである。こうした新た
なファクターに基づいた市場感応度（ベータ）を"賢いベータ"と呼んだこ
とが、その名の由来となっている。

スマートベータは、基本的にはスマートベータ指数に連動するパッシブ運
用であるが、その指数自体が従来型指数（日経平均株価やTOPIXなど）より
も効率的な運用を目指すものであり、その意味ではアクティブ投資ともいえ
る。つまり、投資家にとってスマートベータ運用はパッシブ運用の低コスト
を享受しながら、従来型指数をアウトパフォームしようとする試みといえ
る。

スマートベータ運用の主な戦略には「クオリティ型」「モメンタム型」「高
配当型」「低ボラティリティ型」「バリュー型」「グロース型」などがある。
日本株を対象とした指数では、「JPX日経インデックス400」や「日経平均高
配当株50指数」などが開発されており、これに連動する投信も設定されてい
る。

　テーマ投資（thematic investment）とは、ロボットテクノロジー、フィンテック、次世代通信などといった、一定の市場の投資材料に関連する銘柄だけを抽出して投資する運用手法である。この手法は以前より存在しており、特に日本の投信市場では投信販売のしやすさも相まって、よく用いられてきた（具体例は第4章15参照）。

　テーマ投資は特定業種（セクター）のみに投資することとは異なる。たとえば「医薬品」がテーマの場合、これに対応する業種はある程度特定されるが、「ロボットテクノロジー」「次世代通信」などという場合、これに関連する企業は複数の業種にまたがって存在する。また企業サイドも時代の変化にあわせてそのビジネスを多角化しており、あるテーマに関連するといってもそれがどれくらいの比重で当該企業の収益に影響を及ぼすかを分析しないと投資できないことになる。

　このように多義的なテーマに対してそれをどのように解釈、細分化し、これに関連する銘柄を抽出するかがテーマ投資における銘柄選択の要諦となる。したがってその投資手法はジャッジメンタル手法によるアクティブ運用でしか用いられてこなかったが、最近はさまざまなテーマを表章した指数が開発されてきており、これに連動するインデックスファンドも多数発行されている。

　つまり、投資テーマに関連する銘柄を人間の恣意性を排除して機械的に抽出しようとするものである。これらテーマ投資指数を提供する指数情報提供会社（指数ベンダー）の指数開発手順は、おおむね次のとおりである。

| Step1 | 会社の財務諸表などを材料に、その有するビジネスの内容を分析し、一般的な業種分類をさらに細分化した業種小分類に分類する。この際、同一企業が複数の小分類に属することも可とし、それぞれの小分類に対する関連度合いも数値化しておく。 |
| Step2 | 投資テーマを解釈し細分化して、Step1における小項目と紐づけする。 |

| Step3 | 紐づけられた銘柄をその関連度合いなどを加味して投資比率を決定する。加えて流動性、収益モメンタムなどの指標による選別（スクリーニング）を行う場合もある。 |

　上記のような各手順は継続性が求められるため、その詳細が文書化される（インデックスメソトロジー、インデックスルールブックなどと呼ばれる）。そして一定の期間ごとにあらためて当該ステップを経ることで銘柄の入替えが行われる。

　このようなテーマ指数の開発があって、それに連動するテーマ型インデックスファンドも開発されるようになった。これらはスマートベータ投資同様に、従来型指数をアウトパフォームする目的（アクティブ運用）をもちつつ、投資手法はパッシブであるという特徴をもった、いわばハイブリッド型投資といえよう。

(4)　絶対リターンファンドの運用手法

　これまでは主として株式ファンドを念頭にベンチマークに連動（パッシブファンド）または凌駕（アクティブファンド）する運用手法をみてきた。

　しかし、これらはあくまで投資対象市場全体（市場ポートフォリオ）に対して、相対的な投資目的をもったファンドである。しかし一方では、市場の変動によらず（影響を受けずに）一定のリターンを継続的に上げていきたいとのニーズも強い。これに応えようとするのが絶対リターンファンドである。

　絶対リターンファンドの評価尺度（ベンチマーク）としては、これを置かないものや、0％とするもの、安全資産利子率（リスクフリーレート）とするものなどがあるが、投資対象市場のリターン（株価指数収益率など）とはしない点で共通している。

　その投資手法はさまざまであるが、代表的な手法を次にあげる。

　以前は"バランス運用"と表現されることが多かったが、いつの頃からか
マルチアセット（複合資産）運用と称されることも多くなった。一説には
2008年の世界金融危機時にそれまでのバランス型ファンドが資産間の相関が
強まったことにより大きな損失を出した、従来バランス運用は市場下落時で
も資産間の相関が働いてその損失は限定的なものにとどまるとされてきただ
けに、投資家の不満の的となった、そこでそれ以降名称を変えた、との説も
あるが定かではない。

　マルチアセット運用はその名のとおり、内外の株式、債券、REIT、コモ
ディティ（commodity、金・原油などの商品）、キャッシュなど複数の資産に
投資するものである。現物資産に限らずこれを代替する金融デリバティブ
（先物、オプション、スワップ等）に投資する場合もある。

　個々の資産のなかでの運用がアクティブ運用かパッシブ運用かという点も
無視しえないが、最も重要なのはこれら複数資産間の配分（asset allocation、
資産配分）をどのように決定するかである。マルチアセットファンドの収益
率の8割以上はこの資産配分の良しあしで決まるとする学説が多く存在する
のは至極当然であろう。この資産配分の方法もさまざま存在するが、以下の
とおり概説する。

①　静的資産配分（SAA、Static Asset Allocation）[6]

　中長期的なシナリオに基づき、最適な資産配分比率を算出し、この比率を
中長期的に維持する資産配分手法である。

　あらかじめ決められた資産配分比率を変えない一方で、資産の時価変化に
応じて増えた資産を売却するなどしてもとの資産配分に定期的に戻す（これ
をリバランス（rebalance）と呼ぶ）ものである。

　静的な資産配分をどのように決定するかについては、過去のデータを用い
て最も効率的な（リスクが小さくてリターンが大きい）資産配分とする方法

6　政策的資産配分（Policy Asset Allocation）、戦略的資産配分（Strategic Asset Allo-
cation）などと呼ぶ場合もある。

や、単純に均等とする方法などさまざまである。たとえば、年金積立金管理運用独立行政法人（GRIF）は、2020年4月からの5カ年における基本ポートフォリオを国内債券25％、外国債券25％、国内株式25％、外国株式25％と定めているが、これもSAAの一種といえよう。

　投信業界では日興アセットの「財産3分法ファンド」が著名なファンドであり、これは日本株25％、J-REIT25％、外国債券50％という比率を維持している。こうしたファンドは投資家にとって資産配分が非常にわかりやすいという利点がある。さらに短期的には配分比率の多い資産の下落がファンドのパフォーマンスに大きく響くものの、中長期的にはその影響は緩和され、②の動的資産配分のパフォーマンスを凌駕できるはずである、との考え方がある。

②　動的資産配分（DAA、Dynamic Asset AllocationおよびTAA、Tactical Asset Allocation）[7]

　運用期間途中で資産配分そのものを機動的に変化させることにより、相場変動の影響を回避し安定したパフォーマンスを獲得しようとするものである。

　資産配分の決め方はさまざまで、ジャッジメンタルで決める方法（多くはマクロ経済分析によるトップダウンアプローチにより資産配分を決める方法）とクオンツモデルを使って人間の判断を排除して決定する方法およびこれらを組み合わせた方法などがある。代表的なものは以下のとおり。

・平均分散法（MV法、Mean-Variance）[8]

　各投資対象資産の期待収益率とリスク（分散＝収益率の標準偏差の2乗）、資産間の相関係数によって、最も効率的な資産配分を決定するもの。通常、期待収益率やリスクは過去データも参考に先行きを見据えて（フォワードルッキングな方法で）与えられる。そしてこの3要素をもとに最も効率的な

7　DAAはポートフォリオインシュアランスのようなフォーミュラ運用を、またTAAは短期的な相場予想で資産配分を機動的に変化させる運用を指す。
8　静的資産配分の決定にも平均分散法が用いられることも多い。

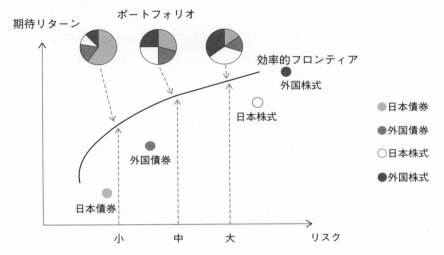

図表3－5　効率的フロンティア（イメージ）

凡例:
●日本債券
●外国債券
○日本株式
●外国株式

資産間の組合せ（効率的フロンティア）を求め、リスク量を特定することで最も効率的な資産配分を得るものである。

　図表3－5は内外株式債券を対象に効率的フロンティアを描いたイメージ図である。個々の資産のリスク・リターン属性と効率的フロンティアを比べれば、いずれも効率的フロンティアが上方に来ており、より少ないリスクで高いリターンが期待できる、つまり効率的であるということがわかる（分散投資効果）。そして横軸のリスク値を決めればおのずと最適な資産配分が効率的フロンティア上で1つに決まることが理解できる。

　この手法は1990年、「資産運用の安全性を高めるための一般理論形成」によりノーベル経済学賞を受賞したハリー・マックス・マーコウィッツ（Harry Max Markowitz）により1952年に提唱されたものであり、現代ポートフォリオ理論（MPT、Modern Portfolio Theory）の中核をなす一般的なものである。目論見書などで時々「本ファンドはノーベル賞受賞者によって開発された画期的な理論を使っており……」というのを見かけるが、この理論の中核となるのが平均分散アプローチである。この手法は資産配分の最も一般的か

つ基礎的なものとして活用されている。以下で説明するタクティカル・ア
セット・アロケーションやリスクパリティも平均分散法の一形態と解釈する
ことができる。必ずしも動的資産配分として位置づけられるものとは限ら
ず、前述の静的資産配分（SAA）でもこの考え方が活用される場合がある。

・タクティカル・アセット・アロケーション（TAA、Tactical Asset Alloca-
tion、戦術的アセットアロケーション）

　資産間の一時的なミスプライシングをとらえて定期的に資産配分を変える
方法である。各資産の期待収益率やリスクの推定を行い、機動的に資産配分
の変更を行う。たとえば、株式と債券の利回り格差の計量的な分析をもと
に、割高・割安を判定して両資産の構成割合の変更を行う方法などである。

　これは各資産の価格はその均衡価格や適正価格を中心に上下するという平
均回帰性（mean reversion）と呼ばれる原理を前提としている。このため
TAAの目的はファンドの保有資産を、一時的に適正価格を上回っている資
産から、一時的に適正価格を下回っている資産へ移転し、それぞれが適正価
格へ回帰することで収益をあげようとするものである。

・リスクパリティ（Risk Parity）

　リスクパリティ戦略とは、それぞれの資産がもつリスク（ボラティリティ）
に応じて資産の配分比率を決めることで、各資産のリスク寄与度を均質（パ
リティ）にしようとする考え方である。資産間の相関がゼロまたは十分に低
い環境ではリスクを均等にもつ手法が、最も効率的という学説をその根拠と
している。実際の運用では資産間の相関も考慮してパリティ化されるのが通
常である。

　世界的に有名なヘッジファンドであるブリッジウォーター社が考案したと
され、比較的新しい資産配分方法である。各資産間のボラティリティ寄与を
同じにするため、たとえば、株式のボラティリティが20％、債券のそれが
５％の場合、資産配分は株式20％、債券80％となる（**図表３－６**）。

　このようにリスクパリティはボラティリティが高まった資産の配分を削る
ため危機対応に優れていると評価する意見がある。一方で、どうしても債券

図表3−6　リスクパリティの例

	株式	債券
リスク	20%	5%
資産配分	20%	80%
資産配分後リスク	4%	4%

比率が大きくなってしまうこととなり債券のパフォーマンスにファンドのパフォーマンスが依存することになる点や、目標とするリスクのポートフォリオが構築できない（**図表3−6**では4％のリスクのポートフォリオしかつくれず、たとえば6％のポートフォリオをつくるためにはデリバティブ取引などを用いてレバレッジをかけるなどを行う必要がある）等の批判もある。

・ポートフォリオインシュアランス（PI、Portfolio Insurance）

　ファンド全体の最終価値があらかじめ特定した最低水準（フロアと呼んでいる）を下回らないように、危険資産と安全資産（無リスク資産）の比率を継続的にコントロールする手法である。

　具体的には、ファンドの時価（純資産または基準価額）が減少するときは、それだけ最低水準に近づいていることを意味するので株式などの危険資産の割合を減らし無リスク資産（短期金融資産など）に多く配分する一方、資産価値が上昇し最低水準との乖離が大きくなれば、その分危険資産に多く配分するものである。この手法は、ファンドにプットオプションをつけた、つまりプロテクティブ・プット[9]型の収益を目指すのと類似しているが、実際にはオプションを活用せずに資産配分でその複製を目指すものである。その意

9　プロテクティブ・プット（protective put）戦略とは、原資産の現物保有（デルタワン）と同量のプットオプションの買いを組み合わせた投資戦略のこと。原資産価格上昇時には原資産の利益がそのまま増加する一方、下降局面ではプットオプションの利益と原資産の損失が相殺される。よってこの経済効果はコールオプションの購入と同じとなる戦略で、原資産の価格上昇を期待しつつ、原資産の価格下落リスクを回避する目的で用いられる。

味ではファンドの損失を一定程度までに限定するものであり、下値リスク（ダウンサイドリスク）コントロール型の手法といえる。

　具体的な配分比率を、PIの一種であるCPPI（Constant Proportional Portfolio Insurance）で説明する。

　ファンドの純資産をV、最低水準をFとした場合、危険資産への投資額E は次のように表せる。

【算式】

$$E = m \times \max(V - F, 0)$$

　この場合、mは定数であり、危険資産の変動性（ボラティリティ）の大小によってあらかじめ決定される。mの値が大きいほど危険資産への配分が高まる。つまり純資産とフロアとの差分（V−F）で危険資産比率が決定されるものである。

　この手法は損失を限定的にできるという意味で投資家にとって魅力的である。しかしながら次の点には注意が必要である。

・理論的には損失を限定できるこの手法もフロア以下にファンド価値が下がらないことを保証するものではない。危険資産の急落などにより危険資産投資比率を下げることが間に合わずファンド価値がフロアを割り込んでしまうリスクは存在する。

・危険資産価値が下落する場合、その程度に応じて危険資産割合を下げていき最終的にはその比率はゼロに近づくこととなる。その後相場全体が再上昇（リバウンド）した場合においても、機動的に危険資産比率を引き上げることができなくなってしまい、その機会を逸することとなる。なぜなら危険資産比率をゼロ近辺の状態、つまりフロアとファンド価値が近くなってしまうとファンド価値はもう増加できなくなってしまうからである。実際、公募投信でもフロアを定めて運用する商品が複数存在したが、その一部は相場下落の後のリバウンドをとれないまま繰上償還となってしまった。

② 株式ロングショート

代表的な絶対収益追求型の運用手法として株式のロングショート戦略がある。これはヘッジファンドの典型的な運用戦略の一つである。その名の示すとおり、割安と判断される銘柄群を買い持ち（ロング）し、割高と思われる銘柄群を売り持ち（ショート）するものである。

そして、それぞれの割安割高が是正された段階でその反対売買を行って利益を確定する。しかし実際に国内公募投信でこの戦略を実現するのはハードルが高い。すなわちロングは単に銘柄を保有すればよいが、ショートでは株式の空売りを行うこととなり、これを行える銘柄が限られることに加え投信事務上も困難を伴うからである。よって、個別銘柄をショートするファンドは外国投信で行うことが多い。

また、個別銘柄ではなく株式先物（たとえば東証株価指数先物）を使ってショートポジションをつくることもある。この場合は個別銘柄の空売りに比べるとはるかに事務負担も小さく容易に国内投信で設定できる。この場合の収益はロングした銘柄群の割安感が是正される部分のみとなる。

前者のようにロング、ショートとも個別銘柄をもつ場合を両サイドの超過収益という意味でダブルアルファ型と呼ぶのに対し、後者のようにロングのみ個別銘柄をもつ場合をシングルアルファ型と呼ぶ。

ロングとショートを組み合わせることで、ファンド自体は相場変動に対して理論的には中立となる。完全にこの市場感応度を消去する目的のファンドをマーケットニュートラル（market neutral）戦略と呼ぶ。

一方で、一部に意識的に市場感応度を残す戦略をロングバイアス（long bias）またはショートバイアス（short bias）と呼ぶ。当然ながらロングバイアスではロングの銘柄群の市場感応度がショート銘柄群のそれを上回るように設計される。この結果、ショートサイドがまったくないポートフォリオ（これをロングオンリーと呼ぶ）ほどではないにしても、一部市場感応度が残り、ファンドの収益は相場動向に左右されることとなる。

4 運用実績（トラックレコード）の見方

　かつて日本では新規設定する新ファンドばかりが多く販売され、既存ファンドは残高を途中から伸ばすことがむずかしかった[10]。

　これは運用実績のない新ファンドのほうが運用実績をもつ既存ファンドよりも評価されたということである。しかし、近年は投資家が洗練されてきており、既存ファンドの運用実績を評価してファンドの選別を行おうとする投資家が増えてきている。欧米ではこの傾向はさらに強く、運用実績をもたない新ファンドはなかなか販売しづらい状況である。決まった期間はないが一般には3年程度の運用実績が販売には必要とされるのではないか。ここでは投信の運用実績をどのように評価すればいいかについて説明する。

（1）　リスクとリターン

　一般に投資の原則として、"リスクとリターンはトレードオフの関係にある"といわれる。これはリスクを大きくとればとるほど、それからねらえるリターンも大きくなり、その反対にリスクを低く抑えれば期待されるリターンも小さくなるということを意味する。したがって投信の良しあしは、単にリターンのみに着目するのではなく、同時にリスクにも注意を払う必要がある。

　収益率（リターン）は通常基準価額で測定される。投信の場合、分配の有無により一定期間の収益率に差異を生じるためファンド間比較は"分配金再投資後基準価額"が使用されることが多い。こうすることで分配の有無に関係なくファンドを一律に比較することができるようになる。

10　金融庁の「資産運用業高度化プログレスレポート2020」では、「既存ファンドの残高拡大より、手数料収入を獲得するための新規商品開発に注力してきたとの指摘もなされている」としている。

リスクは一般用語の「危険なこと」「避けるべきこと」という意味ではなく、「リターンの変動性、散らばり度合い」という意味でとらえられる。つまり、「リスクが大きい」とは、リターンの変動性が大きいため、「うまくいけば大きく収益が得られるかもしれないが、反面大きく損失が出るかもしれない」という意味である。したがってリスクが大きいファンドはそれ自体悪いファンドということを意味しない。

　リスクの数値的把握は、月次収益率の標準偏差（standard deviation、σ（シグマ）という単位で表す）で測られる。つまり収益率の平均値からそれぞれの月次収益率がどの程度散らばるか、をリスク指標として活用しようとするものである。事例をあげて説明したい。

　ここに**図表3-7**のリスク・リターン属性を有する4つのファンドがあるとする。

　まずファンドDの属性の意味を考える。年率リターンは過去データからいって平均的に5％のリターンが期待できると考えているとする。

　そして、この平均値をもとにリスクが9％であるから、1標準偏差、つまり年率リターンが-4％（＝5％-9％）から14％（＝5％＋9％）の間に収まる確率（生起確率）が68％ということを意味する。これは月次収益率の現れ方が正規分布[11]に従うとの前提に基づいている。

　同様にファンドAのリターンは0～6％以内に同様の確率で発生することになり、Dと比べるとかなりおとなしいファンドということがわかる。この

図表3-7　リスク・リターン属性の異なるファンド（例）

	年率リターン	年率リスク
ファンドA	3％	3％
ファンドB	3.5％	4％
ファンドC	4％	6％
ファンドD	5％	9％

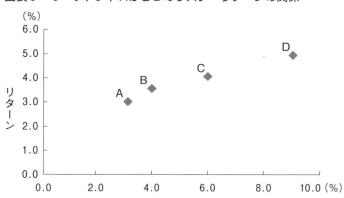

図表3－8　ファンドAからDのリスク・リターンの関係

ように投資の世界ではリターンの発生の仕方が正規分布に基づくとの仮定のもとで統計的な手法でその振れ幅を測定し、これをリスクと称している。

　ファンドのリスク・リターン属性は**図表3－8**のとおり通常縦軸にリターンを横軸にリスクをとってプロットされる。

（2）　運用効率

　それではどのようなファンドが望ましいファンドといえるか。一般にはリスクが小さくてリターンが大きいファンドが、（少ないリターンの振れ幅で相対的に大きなリターンが見込めるという意味で）投資効率が高いとされ、そうした投資効率が高いファンドほどよいファンドとされる。

　言い換えればリスク1単位当りのリターンが高いファンドがよいファンドとされる。これを測る代表的な尺度がシャープレシオ（SR、Sharpe Ratio）

11　正規分布とは、確率論や統計学で用いられる連続的な変数に関する確率分布の一つで、各データが平均値を中心として左右対称に分布している事象を指す。この場合、各データが平均値プラスマイナス1標準偏差（1シグマ）の範囲に収まる確率は68.27%、±2シグマに収まる確率は95.45%とされている。

であり、次式で表現される。

【算式】

　　シャープレシオ(SR) = (年率リターン − 無リスク利子率) ÷ 年率リスク

　無リスク利子率はキャッシュなど安全資産の利子率であるが、国内ではゼロ金利を背景にゼロと置かれることが多い。

　上記ファンドAからDを比較すると、シャープレシオは、ファンドAは1.0なのに対し、ファンドDは0.56であり、はるかにAのほうが運用効率は高いファンドということになる。このシャープレシオはリスク調整後リターンとも呼ばれるが、リスク・リターングラフにおいては原点と結んだ直線の傾きがより大きなファンドほど、効率のよいファンドとして視覚的にとらえられる。

(3)　トラッキングエラー

　相対リターン、つまりベンチマークを定めこれに対する運用の良しあしを測るうえでトラッキングエラー (TE、tracking error) は重要なリスク指標となる。

　トラッキングエラーは、「アクティブリスク」とも呼ばれ、「ファンドのリターン」と「ベンチマークのリターン」との乖離の大きさを示す指標である。具体的には、「ベンチマークのリターン」と「ファンドのリターン」の差 (これを超過収益率、超過リターンないしアルファ (α) と呼ぶ) の標準偏差をとった値となる。

　トラッキングエラーが大きい (超過収益の散らばりが大きい) ほど、ファンドがベンチマークに対してリスクを大きくとっていることを意味する。ベンチマークとの追随を目指すパッシブファンドでは当然このトラッキングエラーは小さければ小さいほど優良なファンドといえる。逆にアクティブファンドはこのトラッキングエラーを一定程度とらないと、超過収益は生まれない[12]。

⑷ インフォメーションレシオ

アクティブファンドはベンチマークのパフォーマンスを凌駕することが目的なのでこの凌駕の度合い、超過収益を効率よく生んだかがその優劣の尺度となる。

そこで、アクティブリスク1単位に対してどの程度の超過収益を生んだかという、アクティブファンドの投資効率をみようとするのがインフォメーションレシオ（IR、information ratio）である。

【算式】

インフォメーションレシオ（IR）

$$= \frac{超過収益の平均値（アクティブリターン）}{トラッキングエラー（アクティブリスク）}$$

すでにみたシャープレシオは、絶対値としての投資効率を表すのに対して、インフォメーションレシオは、ベンチマークとの相対的な投資効率を表す。

たとえば、**図表3－9**のような日本株アクティブファンド2本を比べた場合、シャープレシオでみると、AよりもBのほうが投資効率はよいといえる。

しかし、インフォメーションレシオでみた場合、超過収益に対するトラッキングエラーの小ささからBよりAのほうが効率がよいことがわかる。この場合、対ベンチマークとの振れ幅（アクティブリスク）を小さく抑えながら、ベンチマークを凌駕することができたファンドAの運用のほうが優れていたことを指す。このようにアクティブ運用のファンドマネージャーの優劣は、

12　欧米では近年、このトラッキングエラーが小さすぎるアクティブファンドが問題視されている。このアクティブファンドはクローゼット（closet：空論の、非実際的な）ファンドと呼ばれる。アクティブファンドと称して高い信託報酬をとりながら、その運用はベンチマークと同様の銘柄と構成比率で行い、結果的に信託報酬の低いインデックスファンドと同様の付加価値しか提供されない点が批判されている。

図表 3 - 9　日本株ファンドAとBの比較一覧

	日本株ファンドA	日本株ファンドB
リターン	18%	20%
リスク	20%	20%
シャープレシオ	0.9	1.0
超過収益	6 %	8 %
トラッキングエラー	6 %	10%
インフォメーションレシオ	1.0	0.8

シャープレシオではなくインフォメーションレシオで測定するほうが適しているといえる。

(5)　インベスターリターン

　最近、よく聞かれるようになったのがインベスターリターンという考え方である。ただこの考え方は、「内部収益率」「金額加重収益率」の名前では証券投資の世界ではよく知られており、特に最近開発された指標ではない。金融庁が銀行29行で投信を保有していた顧客の46％が損失を抱えていた（2018年3月末時点）と公表したのがきっかけとなり、その後は各販売会社でこの指標を重視するようになった。インベスターリターンrは次の算式を満たす。

【算式】

$$V_t = V_0 \times (1+r)^t + \sum_{i=1}^{t} Ci \times (1+r)^{t-i}$$

　　V_0：期首の時価総額、V_t：期末時価総額

　　Ci：期中に発生するキャッシュ・フロー（流入はプラス、流出はマイナス）

i：キャッシュ・フロー発生時点の経過年数

t：期首から期末までの長さ

　たとえば、当初100億円でスタートしたファンドがあるとする。このファンドが1年経過したタイミングで追加設定10億円があり、2年後の時価が150億円になったとする。この場合のインベスターリターンrは下記を満たす値ということになる。

$$150 = 100 \times (1+r)^2 + 10 \times (1+r)$$

　上式からもわかるとおり、インベスターリターンは日々のファンドへの資金流出入額と、期首および期末のファンドの純資産総額から求めた内部収益率を年率換算したものである。ファンドに資金が流入した時期の比重を高く、資産が流出した時期の比重を低くしている。

　したがって、インベスターリターンは資金流入後に収益率が上がれば大きくなり、下落すれば小さくなる。

　インベスターリターンは当該ファンドの投資家全員の損益を平均化したものと解され、通常のリターン（トータルリターン）との比較を行うことで、平均的な投資家が効率よく運用したかどうかがわかる。

　トータルリターンよりインベスターリターンの値が大きくなるときは、よいタイミングで売り買いできている投資家が多く効率的に運用できたということになる。逆にトータルリターンよりインベスターリターンが低い場合には、多くの投資家が高値つかみをし、あるいは安い時に売ってしまって、ファンド本来のリターンほどには儲からなかったといえる。

　図表3－10は、月次レポートなどでよく表示される基準価額と残高の推移である。基準価額をみるとファンドAもBもどちらも同じ経路をたどっており、トータルリターンは両者とも同じである。

　しかし、Aは基準価額下落時に資金流入があり、その後の基準価額回復過程を多くの投資家が享受している。これに対し、Bは基準価額下落時に資金も流出し、その後の反転上昇を享受できた投資家は相対的に少ない。この形

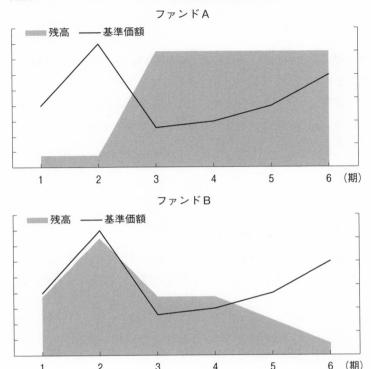

図表 3 −10　ファンドＡとＢの基準価額と残高の推移

ファンドＡ

残高　　基準価額

1　　　2　　　3　　　4　　　5　　　6　（期）

ファンドＢ

残高　　基準価額

1　　　2　　　3　　　4　　　5　　　6　（期）

状からもインベスターリターンはＡがＢよりも高いことがわかる。

　このように、インベスターリターンはそのファンドのリターンそのものというよりも実際にそのファンドからのリターンをどの程度の投資家が享受できたかに力点を置いたものである。いくらリターンが高いといっても、その時点で投資家がいないと意味がないからである。店頭で販売される投信の購入換金動機が販売員のアドバイスに大きく依存していることが各種アンケートからも明らかである現況下では、このインベスターリターン[13]は販売会社

13　公募投信のトータルリターンとインベスターリターンの情報はモーニングスターのサイト等で容易に入手できる。

のファンド分析力、販売態度にも関係しているといえる。

(6) ドローダウン

計測期間内の最大利益（累積利益、過去最高基準価額）からの落込幅（下落率）のことをドローダウンという。そしてファンドのもつドローダウンの最大値を「最大ドローダウン」と呼ぶ。これはファンドの損失がどの程度まで発生するか、といったリスク管理の指標として有効である。

【算式】

$$ファンドのドローダウン = \frac{（現在の基準価額 - 過去最高基準価額）}{過去最高基準価額}$$

たとえば、**図表3−11**の基準価額をもつファンドの場合、1期から2期への下落で基準価額が8,000円となったから、ドローダウンは−20％である。そして第3期には6,000円となっておりこの時点ではドローダウンは−40％となる。

図表3−11　ドローダウン

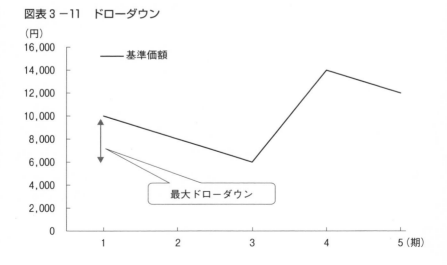

その後 4 期へ至る過程で基準価額は10,000円を上回ったためドローダウンは解消される。その後 4 期から 5 期に至る過程で再びドローダウンが生じているが、この場合は基準価額ピークが14,000円であり、 4 期の12,000円時点ではドローダウンは－14％となる。つまりこのファンドの最大ドローダウンは10,000円から6,000円に至る過程の－40％といえる。

(7)　ソルティノレシオ

　シャープレシオが、リスクを収益率の標準偏差とみるのに対し、リスクを下落損失ととらえて投資効率をみようとするのがソルティノレシオ（Sortino ratio）である。米国の金融理論研究家であるフランク・ソルティノ氏（Frank Sortino）が考案したものであるが、実際にはあまり使用されていない。

【算式】

$$
ソルティノレシオ = \frac{（ファンドのリターン－無リスク資産のリターン）}{収益率の下方標準偏差}
$$

　シャープレシオの改良版として考えられ、シャープレシオだけではわからない下方リスクの抑制度合いを判断する場合に使われる。この数値が大きいほど相場下落局面に強いことを示す。

新商品は誰がつくっているか？

　ロボティクス、AI、フィンテック、５G。こうしたテクノロジー関連の
テーマ型ファンドの販売が好調であった時期の話である。大ヒットとなった
ある新商品を手がけた大手Ｘ証券の商品採用担当者と話をする機会があった。

　そこで「あの大ヒットしている商品、御社系列のＹ投信が提供しています
よね、さすがＹさん、いい商品をつくりますね」とお世辞交じりにいったこ
とがある。

　その答えがふるっていた。「いやいやＹ投信が考えたんじゃないですよ。あ
れは僕が商品コンセプトをゼロから考えて系列のＹにつくらせたんですよ。
売れ筋はこっちじゃないとわかりませんから」

　この答えは実は意外なものではない。新商品を企画するにあたり、販売会
社の意向は商品内容に大きく影響するのが現実だ。さらにいえば上記のとお
り販売会社が運用会社に「こういうのを考えたんで、かたちにしておいて」
となることも珍しくない。

　販売現場の皆さんは、「新商品は運用会社がつくっている」と思われている
が、まあそれは形式的にはそうであるが、実質的には販売会社が商品内容を
決めている場合も多い。特に大手販売会社になると、商品採用セクションに
は運用会社社員よりも商品に精通したベテラン社員がおり、商品の実質的な
開発を行っている。

　長年商品企画のセクションにいた筆者はよく「運用会社内部では新商品は
どうやってつくられるのか」と聞かれることがある。通常次の３つが考えら
れる。

① 　営業セクションからの発想

　常日頃、販売会社と接している営業部から、「販売会社からこういう商品を
ほしいといわれた、販売会社の最近の傾向からこういうものを必要としてい
るに違いない」というもの。

② 　運用セクションからの発想

　常日頃、マーケット（株式市場や債券市場など）と接している運用部から
「こういう投資対象に対してこういう運用手法で運用したらいい商品になる」

というもの。

③　商品セクションからの発想

　「他社で売れているのでこういう商品はどうか」というもの。

　公私募投信を数多く手がけた筆者の感覚からいえば、これらの発生頻度は（もちろん会社によってまちまちであろうが）、感覚的にいって①が５割、②は３割、③は２割くらいであろうか。それほどに営業部発、言い換えれば販売会社発の商品着想が多い。

　大手販売会社のなかには、海外の運用会社の商品までしっかりと評価分析するセクションが存在し、そこが独自に海外運用会社にアクセスして精査（デューデリジェンス）を行っているところも多い。その結果、これを国内投信というかたちで仕立てる、つまり（系列の）日系運用会社がファンドを新設し、そこから当該海外運用会社に運用を外部委託させる、というプロセスで商品ができあがる。こうした経緯を経る商品は何もまれではなく、むしろ頻繁に生じている。

　さて、運用会社のなかでは商品が発想された後はこれを紙に落とす作業、つまり目論見書等のドキュメンテーションとなる。これ自体、法令に基づいた作業であり一定のノウハウが必要となる。

　しかし、たとえば、投資銀行の商品組成部署が理系の精鋭をそろえ金融工学を駆使し、複雑に組み合わせたデリバティブのリスクと期待収益との関係で適正な値決めをする、といった一般的な金融商品開発と投信商品のそれとはかなり違ったものである。投信は顧客がリスクをとって投資する投資商品であり、運用会社自身の資本（キャピタル）を使わないので、投資銀行のような複雑な商品開発工程にはならない。つまり「このファンドはこういう資産にこういう方法で投資します」と文章を書くだけで商品になる。

　もちろん投信商品はつくっておしまいではない。むしろ商品着想は商品の始まりにすぎず、この商品を良質なもの、言い換えれば高いパフォーマンスを出す優れたものになるよう魂を吹き込んでいくのは運用セクションとリスク管理セクションの役割となる。

　その意味では投信の商品開発は運用セクションが担っているという見方もできよう。この点は投資銀行などで、特殊な金融派生商品（エキゾティックデリバティブ）を開発する際、最初に経済計算をしてその仕様を決めればおしまい、というのとはかなり違う。

　残高数兆円となったある大ヒット商品を出した運用会社の友人から聞いた

ことがある。「いやあ、うちにはあの商品は俺がつくった、といっている人が少なく数えても5人以上いるんだよね。残高が大きくなればなるほどその数が増えている気がするんだけど」。これも〝運用会社あるある〟の一つであろう。

第 **4** 章

ヒット商品の栄枯盛衰

筆者は過去30年近く投信の商品企画を担当し公私募投信あわせて1,000本以上の開発に携わってきたが、その経験を活かして本章では過去のヒット商品を振り返り、それぞれの商品がどのような仕組みをもち、どのようなリターンをねらったものであったかを説明したい。

　日本の投資信託は諸外国に類をみないほど豊富な商品バリエーションをもっており、実にさまざまな商品が開発・提供されてきた。そのなかには一気呵成に販売され残高が急増した後に、次の流行商品や相場下落によって残高が急減するなどして廃れていったものも少なくない。

　こうした状況に対して投信先進国である欧米の投信関係者からは「日本は投信後進国」などと揶揄されることもあるが、筆者はそうは思わない。むしろ、わが国の投信商品の豊富さはその時々において、さまざまな金融技術を駆使して投資家利益の極大化のために関係者が知恵を絞った結果であるとさえ考える。

 # ヒット商品とは

　よく「投信のヒット商品とは何を指すのか」と質問される。ヒット商品というくらいだからその残高を基準に判断するほかないが、まずは投信業界の残高構造をみてみたい。

　図表4－1は2020年11月末時点での公募投信（ETFを除く）の残高別本数分布である。これからわかることは、日本の投信は小規模ファンドが大部分を占めるということだ。

　100億円未満の小規模ファンドが全体の8割、さらに10億円未満のきわめて小規模なファンドが2,000本以上存在している。この規模となると、投資対象にもよるがファンドマネージャーが行いたいと考える十分な分散投資が実現できているか心配になる水準である。一方で1,000億円以上のファンド

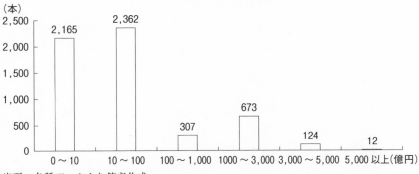

図表 4 - 1　公募投信（ETFを除く）の残高別本数分布

(本)
- 2,165（0〜10）
- 2,362（10〜100）
- 307（100〜1,000）
- 673（1000〜3,000）
- 124（3,000〜5,000）
- 12（5,000 以上（億円））

出所：各種データより筆者作成

は14%しかない。

　こうした分布からいって、1,000億円以上のファンドはヒット商品といってよいのではないかと思う。さらに5,000億円以上のファンドは12本しかなく、これは大ヒット商品といってよい。

　一方で各運用会社は年間どの程度新しいファンドを設定するか。**図表4 - 2**は投信協会のデータによる、契約型公募投信の新設ファンドの推移である。趨勢的には新設ファンドは少なくなっているが、それでも年間300本以上が設定されている。毎日1本以上が設定されている計算である。

　趨勢的にファンド設定数が少なくなっている原因は、粗製乱造批判やファンドの本数が多すぎてインベストメントチェーンの経営効率を害していることなどがあげられる。

　2012年まで設定数は減る傾向にあったが、2013年に一気にファンド数が増加したのは、少額投資非課税制度（NISA）の影響である。2014年1月に開始されたこの制度の税制優遇措置をあてこみ、各運用会社ともファンドを新設しその受け皿となることをねらったため、新設ファンドが急増したのである。また、2021年にも新設ファンドが増加しているが、これはファンドラップやDCに向けた専用ファンドの設定が多かったことが要因としてあげられる。

図表 4 - 2　契約型公募投信の新設本数（年間）

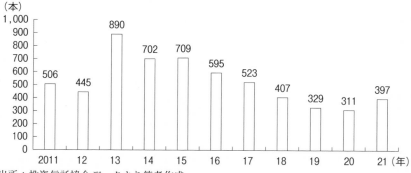

出所：投資信託協会データより筆者作成

2 資産別パフォーマンスと資金流出入動向

　公募投信の売れ行きは販売会社の販売姿勢に依存しており、投資家は主体的な投資行動をとっていない、と指摘されることがある。

　そういった面もないではないが、はたして本当にそうであろうか。この点を確認するために、資産（アセットクラス）別の過去のパフォーマンスとその時々の資金流出入を比較してみたい。

　図表 4 - 3は資産別の代表的な指数の年間収益率の推移である。

　これからもわかるとおり、過去において常に高いパフォーマンスを上げ続ける資産はなく、年ごと資産別のパフォーマンスは大きく変動している。

　それではこのパフォーマンスの変動に対し投資家はどういった商品を選好したであろうか。

図表4-3 資産別年間収益率(指数ベース)

プラスリターン ← → マイナスリターン

年	1位	2位	3位	4位	5位	6位	7位
2004年	国内REIT 32%	海外REIT 21%	世界REIT 10%	海外債券 8%	国内債券 2%	国内株式 2%	
05	海外株式 20%	国内債券 12%	海外REIT 10%	世界REIT 7%	国内REIT 7%	海外債券 2%	国内株式 1%
06	国内REIT 29%	海外株式 9%	海外債券 6%	国内債券 3%	国内株式 -3%	世界REIT -10%	
07	海外株式 5%	海外債券 4%	国内債券 3%	国内株式 -3%	国内REIT -11%	世界REIT -17%	
08	海外債券 4%	海外株式 -41%	国内株式 -49%	海外REIT -53%	世界REIT -56%		
09	海外REIT 38%	世界REIT 37%	国内株式 8%	海外株式 7%	国内債券 6%	国内REIT 1%	
10	国内REIT 34%	世界REIT 7%	国内債券 2%	海外債券 1%	海外株式 -2%	海外REIT -13%	国内株式 -17%
11	国内債券 2%	海外債券 0%	世界REIT -3%	海外株式 -9%	国内株式 -17%	国内REIT -22%	
12	国内REIT 41%	世界REIT 39%	海外株式 32%	国内株式 21%	海外債券 20%	国内債券 2%	
13	海外株式 55%	国内株式 54%	国内REIT 41%	世界REIT 25%	海外REIT 23%	国内債券 2%	
14	世界REIT 41%	国内REIT 30%	海外株式 21%	海外REIT 16%	国内株式 10%	国内債券 5%	
15	国内株式 12%	世界REIT 2%	国内債券 1%	海外REIT -1%	海外債券 -5%	国内REIT -5%	
16	国内REIT 10%	海外REIT 6%	世界REIT 4%	国内債券 3%	海外債券 0%	海外株式 -3%	
17	国内株式 22%	海外株式 19%	海外債券 5%	世界REIT 5%	国内債券 0%	国内REIT -7%	
18	国内REIT 11%	国内債券 1%	海外債券 -5%	世界REIT -7%	海外株式 -10%	国内株式 -16%	
19	海外株式 27%	国内REIT 26%	世界REIT 21%	国内株式 18%	海外REIT 6%	国内債券 3%	
20	海外株式 11%	国内株式 7%	海外REIT 6%	国内債券 -1%	世界REIT -12%	国内REIT -13%	
21	世界REIT 48%	海外株式 39%	国内REIT 20%	国内株式 13%	海外REIT 5%	海外債券 -0%	

注:指数は、国内株式:東証株価指数(TOPIX)、国内債券:NOMURA-BPI総合、国内REIT:東証REIT指数、海外株式:MS-CI-KOKUSAI指数(為替ヘッジなし)、海外債券:FTSE世界国債インデックス(除く日本・為替ヘッジなし)、海外REIT:S&P先進国REIT指数(除く日本・為替ヘッジなし)。
出所:各種データより筆者作成

図表4－4　商品別資金流出入の推移

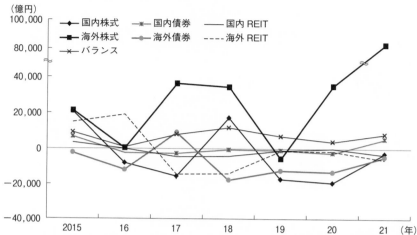

注：対象はETFを除く国内公募追加型株式投資信託。カテゴリーはQUICKの独自の分類。
　　資金流出入額はQUICKの推計値ベース。
出所：QUICK資産運用研究所データより筆者作成

　図表4－4は、2015年から2021年における年間資金流出入額を商品別に示したものである。

　まずは内外株式を比較してみたい。

　この間は海外株式のパフォーマンスが概して好調であり、これを反映してこのカテゴリーは大幅な資金流入となっている。2018年は多くの資産でマイナスリターンとなったが、海外株式もマイナス10％程度を記録している。ここでは逆張り的に資金流入が続き、翌2019年の相場上昇で利益確定のため資金流入幅が一時的に抑制されたと考えられる。しかしその後は引き続き好調なパフォーマンスに支えられ資金流入も大幅回復となっている。

　これに対して国内株式は海外株式同様、2018年こそマイナスリターンとなったがそれ以外はプラスリターンである。しかし海外株式と対照的にほとんどの年で資金流出となっている。これは株式を選好する投資家において、海外株式と国内株式を比較した場合、海外株式のパフォーマンスが大きく凌駕

しており、相対的に国内株式に魅力がなかったことが要因と考えられる。この間、主として海外株式を対象としたテーマ株ファンドが多く出され、販売会社によるいわゆる“テーマ売り”が盛んになされた時期でもある。

次に毎月分配型投信の主要投資対象であった海外債券、海外REITの動向をみてみる。両資産とも2016年あたりから資金流出となっている。どちらも累積パフォーマンスは好調であることを考えると、やはり2016年以前の分配金利回りの多寡を前面に押し出した、いわゆる“分配売り”が批判され、それ以降毎月分配型ファンドの販売自体が大きく抑制されたことが影響していると考えられる。

この間、一度もマイナスの資金流入とならなかった（つまり常に資金純増となった）商品が、バランスファンドである。このカテゴリーは毎年約9,000億円の資金がコンスタントに流入した。

これは図表4−3のとおり、毎年目まぐるしく資産間のパフォーマンスが入れ替わることをふまえ、資産を分散して長期に保有することが最も有効な資産形成手法であるということが徐々に投資家の間に浸透していった証左であるとも考えられる。

3 過去のヒット商品の系譜

筆者が投信業界に入った1994年以降、さまざまなヒット商品が誕生した。それぞれがその時々の経済金融情勢を反映したものであったと振り返ることができる。

図表4−5は、過去にブームとなった代表的な投信商品とそれを生み出した金融経済イベントの系譜を大まかに年表式にまとめたものである。次項以降では、そのうち代表的な商品について、順不同に、ブームの背景、商品の仕組みなどをみていきたい。

図表4−5　投信ヒット商品年表

ブーム、ヒット商品、業界イベント	金融・経済イベント
	1997/11　北海道拓殖銀行経営破綻
	1997/11　山一證券自主廃業
1997/12　国際投信「グローバル・ソブリン・オープン」設定	1998/12　投信の銀行窓販開始
	1999/1　EU加盟の単一通貨「ユーロ」誕生
1999/11　ゴールドマン「netWIN GSテクノロジー株式ファンド」設定	1999-2000　ITバブル
2001〜　国内投信各社のMMFが元本割れ	2001/3　日銀がゼロ金利政策、量的金融緩和政策実施
	2001/4　金融商品取引法施行
	2001/9　日本初のREIT（J-REIT）上場
	2001/9　同時多発テロ
	2001/10　確定拠出型年金開始
	2001/12　米エンロン社経営破綻
2002/4　個別元本方式開始	
2003/8　日興アセット「財産3分法ファンド」設定	2003/1　株式等の譲渡配当所得の軽減税制開始（20%→10%へ）2013/12まで継続。
2003-2005　「リスク限定型商品」ブーム	2003/5　りそな銀行に公的資金2兆円注入
	2003/7　日経平均株価バブル後最安値（7,607円）
2005/2　「ピクテ・グローバル・インカム株式ファンド（毎月分配型)」設定	
2005/12　JPモルガンアセット「JPM・BRICS5・ファンド」設定	
2008/8　「グローバル・ソブリン・オープン」純資産が5.7兆円とピークに	

2008/下期　「ブラジル債券ファンド」ブーム	2008/10　米国リーマンブラザーズ経営破綻
	2009/3　日経平均株価バブル後最安値（7,054円）
	2009/8　民主党、衆院選で圧勝し政権交代
2010-2015　「通貨選択型投信」ブーム	2010/12　日本銀行がETF買入れ開始
2011　「インド債券ファンド」ブーム	2011/3　東日本大震災
2012-2013　「シェール株式ファンド」ブーム	2012/12　第2次安倍政権発足
2013-2015　「インフラMLP」ブーム　多分配型ファンドが公募株式投信残高の76％を占めることに（2013/2末時点）	2013/4　日銀異次元緩和。日経平均株価は60％上昇（2012年末10,395円→2013年末16,291円）
	2014/1　少額投資非課税制度（NISA）開始
2013-2014　NISA向けバランスファンド設定相次ぐ	
2015-2021末現在　テーマ型ファンドブーム	2015　金融庁、毎月分配型投信を批判
	2016/1　日銀マイナス金利導入
2017　「毎月分配型投信」が初の資金流出に	
2017/2　三菱AM「eMAXIS Slim」シリーズ投入	
	2017/3　金融庁「顧客本位の業務運営に関する原則」公表
	2018/1　つみたてNISA開始
2018/7　アセットマネジメントOne「元本確保型投信」設定	
	2020/2　コロナショック
2021　ESGファンド設定ブーム	
	2022/2　ロシア、ウクライナ侵攻
	2022/3　FRB、ゼロ金利政策解除、FF金利引上げ

4 毎月分配型投信

　2000年代から2015年くらいまでの長期間にわたって、日本の投信業界を良くも悪くもリードしてきたヒット商品といえば何といっても「毎月分配型投信」であろう。この毎月決算を行い毎月分配金を拠出する、日本独特の投信は一時その残高が40兆円を超え、日本の公募投信残高（ETFを除く）の実に7割以上を占めるに至った（**図表4－6**）。

　当時は「毎月分配型投信でなければファンドではない」とまでいわれ、各社ともこぞって投資対象の異なる毎月分配型投信を新設した。当初は人気の理由として、定期的に受け取れる分配金が年金受給者の年金補完的役割をもつからなどと説明されることもあったが、徐々にその分配水準の多寡が投信の人気を決定する重要な要素となっていった。

図表4－6　毎月分配型投信の資金流出入と残高（年末）推移

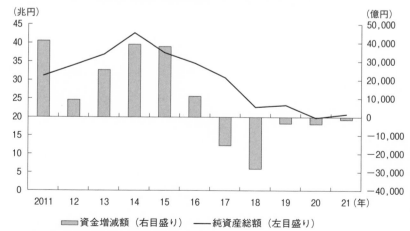

資金増減額（右目盛り）　　純資産総額（左目盛り）

出所：投資信託協会データより筆者作成

これに対応し、当初は先進国債券に投資しその利息収入を分配金の原資としていた商品は、さらなる高分配を求めて、高配当株式、新興国債券、為替プレミアム、オプションプレミアムなど投資対象を変えていった。さらに外国投信を活用して分配原資を自由に裁量することができる（第2章4(6)参照）に至り、分配金利回りが30％を超えるなど、もはやインカムゲインとはいえない水準まで分配するに至った。

　2015年あたりからは、毎月分配型投信は複利利回りを享受できず、長期投資にはそぐわない商品として金融当局、マスコミなどから批判の的となった。2017年に公表された金融庁の「顧客本位の業務運営に関する原則」や2019年公表の「金融庁金融レポート」にて毎月分配型投信の問題点が明確に指摘されるようになると販売会社の毎月分配型投信販売が大きく抑制されるようになった。この結果2017年には初めて資金流出に転じた。しかし、その後は同じ毎月分配型でありながら「予想分配金提示型」という新たな商品が登場することとなり、引き続き毎月分配型投信は根強い人気を保っている。

(1)　毎月分配型投信とは何か

　毎月分配型投信はその名のとおり毎月決算を行い、毎月分配金を拠出することのできる投信である。投信の計算期間（決算期間）は最長1年間とされているが最短期間の定めはない。MRFのように日次決算するファンドも存在するので、1カ月で決算しても問題はない。

　毎月分配型投信登場以前の短期間決算ファンドの代表だったのは「3カ月決算型ファンド」であった。これは基本的には全期間クローズド（信託期間を通じて購入、換金ができない）だが、3カ月ごとの決算日だけファンドの購入、換金ができるようにしたファンドである。主要投資対象は公社債であったが、まだ債券時価評価制度が導入されていなかった時期でもあり、基準価額は当初元本（1万円）で安定して推移し、決算日ごとに分配金が出された（第1章コーヒーブレーク参照）。銀行預金に近い元本安定性と、預金金利よりもはるかに高い分配金が得られるとして人気を博したものであった[1]。

これに対し毎月分配型投信は、保有資産を時価評価するため基準価額は変動する一方、購入、換金はいつでも可能な商品である。そのうえでより高い頻度、つまり毎月分配金が受け取れる商品として投資家の関心を得たものである。毎月分配するかどうかはあらかじめ約束されていないため、毎月"決算"を行う投信として毎月決算型投信と称されることもある。また、2カ月に一度決算を行う隔月決算型（その多くは年金非受給月である奇数月に決算を行う）ファンドもあり、これら半年未満の決算期をもつファンドを総称して多頻度分配型ファンドということもある。

(2)　毎月分配型投信が人気を博した理由

　毎月分配型投信が人気となった理由は次のように説明されることがある。

1　高齢者の資産取崩しニーズ

　投資家には、きたるべき老後に備えてこれから資産をつくろうとする比較的若い投資家層（資産形成層）とは別に、これまでの蓄積した資産を効率的かつ計画的に取り崩したいとする高齢投資家層が存在する。

　個人金融資産約2,000兆円のうち60歳以上が約6割、1,200兆円を保有する資産偏在社会においては、この資産取崩しニーズに対応することは非常に重要なテーマである。資産を低金利の預金に滞留させるのではなく、少しでも有利に運用しながら一部を現金化したいという計画的資産取崩しニーズに毎月分配型投信がマッチしたといえる。

　資産取崩しのためには分配金ではなく、保有している投信を定期的に定額で換金することでも対応できる。実際こうした自動換金サービスを提供している販売会社も多いが実際にはこの機能はあまり活用されていない。

　それでは税制面でも同じ経済効果なのに毎月分配型が圧倒的な人気を博すのはなぜかというと、換金は投資家に資産目減りを強く印象づけるからだという。"分配金"で受け取る、という形態が、（その分配金全額がたとえ投資果

1　この種のファンドにおいて購入、換金ができる決算日のことを"窓開き"と呼んでいた。

実ではなく自己資金の払戻しだと認識していたとしても）資産取崩しの心理的な負担を軽減してくれるのだという。

② 収益実感

日本においてはゼロ金利政策が20年以上にわたって実施されており、預金や国債投資によって利息収入を実感できることはなくなって久しい。しかし高齢者は金利が高かった時代も経験しており、投信の分配金がかつての利息収入と同様の収益実感を呼び覚ますものだと説明される。

実際、毎月分配型投信の分配金はある程度の期間一定水準に維持され変化がない。この確定利付商品に近いと感じられる商品性が、長引く低金利環境では得られなくなってしまった"収益を得る"実感を投資家に与えたことが人気の秘訣とされる。

③ 投信保有の促進

かつての投信の保有目的はキャピタルゲインが主であり、一定の値上り益が得られる場合は換金してその利益を実現した。このような短期回転型の投信保有から脱し、相場状況によらずに一定期間保有を継続してもらうために毎月分配型投信が使われた。

投資家には定期的に分配金を還元することでキャピタルゲイン獲得のための換金を抑制することができる。投資家にとっても投信から定期的な果実が出ている以上、換金動機が抑制され、相場に一喜一憂しない長期投資を促す、といったメリットもあった。

④ 銀行にとって売りやすい商品

2000年代から本格的に開始された銀行の投信販売にとって大きな課題は、販売員をいかに戦力化するかであった。株式や債券といった有価証券市場に日々接してきた証券会社の販売員と比べて、スキルの差は大きく、この差を短期間で縮めることは困難であった。

そうした状況にあって毎月分配型投信は最大の商品アピールポイントがその分配金の水準である。"分配金利回り"（第2章4(5)参照）を他社商品と比較し、これが高いことを魅力的に伝えることが商品説明の中核となり、投資

対象市場の状況など専門的な説明は二の次となった。つまり毎月分配型投信は、特別なスキルがなく、マーケット知識が不足している販売員にとって取扱いやすい商品であった。こうした販売方式は"分配売り"と呼ばれたが、この分配売りは毎月分配型投信の登場によって、銀行、証券を問わず投信の主流な販売方法となっていった。

(3) 毎月分配型投信のデメリット

これまでなされてきた毎月分配型投信に対する主な批判は以下のようなものである。

1 複利効果がないこと

株式や債券などへの投資によって得られた運用益は、それが再度投資に回り利益につながる。これを複利効果と呼ぶが、毎月分配型投信では分配金によって運用益を払い出してしまうため、この複利効果が十分に得られず、長期投資を行う投資家の利益に資さないとの批判[2]がある。

さらに分配金は場合によっては運用益だけではなく元本の一部も払い出すので、ますます投資収益はあがらなくなる。

「平成28事務年度 金融レポート」（2017年10月公表）でも「我が国の投資信託の残高の過半を占めている毎月分配型投資信託については、複利効果が働きにくいことに加えて、元本を取り崩しながら分配される場合には運用原資が大きく目減りして、運用効率を下げてしまうということが問題点」と指摘されている。

2 投資家の誤認

すでにみたとおり、投信では投資家全員に一律の分配金を支払わざるをえない。その分配金はある投資家にとってはその全額が純粋な期間収益である一方、別の投資家にとってはそのすべてを自己が投資した元本である場合も

---

2 複利効果は再投資収益率がプラスの場合に有効であり、マイナスの場合は分配金を払い出したほうがかえって総合収益は高くなる。しかし投資対象市場が不振であった当時でさえ、そのような反論は聞かれなかった。

ありうる。後者の投資家にとってその分配金は運用益でもなんでもなく、単なる元本の払戻しである。

　この分配金は全額が課税対象ではない特別分配金（元本払戻金）となるため課税上の不公平感はないものの、投資家にとっては何の付加価値ももたらしていない。

　ここまでは集合投資スキームである投信における分配金の宿命であるが、問題は投資家がこの事実をどの程度認識しているか、ということである。毎月分配型投信の残高がピークを迎えた頃、金融審議会「市場ワーキンググループ」（第4回）（2016年8月）の事務局説明資料に引用された投信協会アンケート調査[3]結果をみると、投資信託を保有する顧客のうち、「分配金として元本の一部が払い戻されることもある」ことを認識している割合は37％、「支払われた額だけ、基準価額が下がる」ことを認識している割合も37％という結果であった。2020年の同調査では、それぞれ49.9％、42.5％と改善傾向ではあるが、これは分配金に対する誤認が問題となり、目論見書や販売資料で分配金の仕組みを図示（**図表4－7**）して注意を促した結果であり、この誤認がなかなか解消しないことを表している。

　つまり、投資家の半数は分配金が純粋に運用益の結果還元されており、元本は自己が投資した時点のまま維持されている、と誤認していることになる。あるいは投資元本は投資対象市場の時価変動の影響を受けはするもののそれ以上には目減りしていない、と誤認していることになる。

　基準価額で自己の保有時価を評価すればすぐに気づくことであるが、多くの投資家はそれを行っていない可能性がある。実際、毎月支払われる分配金を預貯金利子のように受け取り、一定期間後投信を全額換金してはじめて資産が大きく目減りしたことに気がつく、といった話も多く聞かれた。投信も有価証券投資である以上、元本は相場変動にさらされており、その結果自己資産価値が変動するのはむしろ当然である。問題は投資家がその認識があっ

3　投資信託協会「投資信託に関するアンケート調査」（2015年）の投信保有者の分配金に対する認知度。

図表4－7　目論見書等に記載される分配金と基準価額の関係

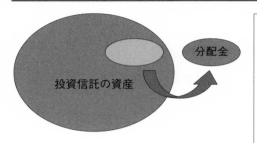

投資信託で分配金が支払われるイメージ

・投資信託の分配金は、預貯金の利息とは異なり、投資信託の純資産のなかから支払われますので、分配金が支払われると、その金額相当分、基準価額は下がります。
・分配金の額は、投資信託の運用状況に応じて変動します。

普通分配金・元本払戻金（特別分配金）のイメージ図

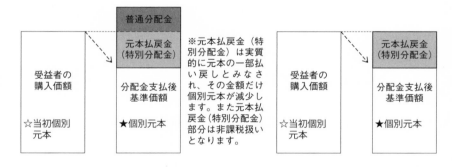

A　分配金の一部が元本の一部払戻しに相当する場合

B　分配金の全部が元本の一部払戻しに相当する場合

普通分配金

元本払戻金（特別分配金）

受益者の購入価額

☆当初個別元本

分配金支払後基準価額

★個別元本

※元本払戻金（特別分配金）は実質的に元本の一部払い戻しとみなされ、その金額だけ個別元本が減少します。また元本払戻金（特別分配金）部分は非課税扱いとなります。

元本払戻金（特別分配金）

受益者の購入価額

☆当初個別元本

分配金支払後基準価額

★個別元本

投資信託の分配金には、以下の2種類があります。

普通分配金：個別元本を上回る部分からの分配金です。普通分配金は投資信託の元本の運用により生じた収益から支払われ、利益として課税対象となります。

元本払戻金（特別分配金）：個別元本を下回る部分からの分配金です。元本払戻金（特別分配金）は、「投資した元本の一部払戻し」に当たるため、非課税となります。また、元本払戻金（特別分配金）の額だけ個別元本は減少します。

たかということであろう。「分配金の水準に目を奪われ、許容できない程度の大きなリスクのある資産に投資することになっていた。」「投資対象は認識していたが、分配金が支払われている状況では運用益も出ているであろうと認識し、実際の市場が大きく下落していても気がつかず損失回避をする機会を失った。」といった投資家の声も聞かれた。実は $\boxed{1}$ の複利利回り云々よりもよほど大きな問題がこの分配金に対する誤認問題なのである。

5 毎月分配型外国債券ブーム

　毎月分配型投信では、分配原資として着実にインカムゲインを生む資産に投資することが必要となる。したがってその資産として候補となるのは、外国債券、不動産投資信託（REIT）、高配当株式あたりであろう。このうち最も早く流行し、また最もポピュラーであったのが外国債券（外債）である。

　この毎月分配型外債投信は、当初先進国投資適格債券が主流であったが、高い分配金が出せるような資産を求め、よりリスクが高い新興国債券、投資不適格債券（ハイイールド債）やハイブリッド証券[4]へ、また分散投資から集中投資（単一国の国債など）へと流行を変えながら2000年代以降次々と新商品が投入されていった。

(1)　先進国投資適格債券を投資対象とするもの

　筆者の記憶によれば、日本で初めて毎月分配型投信を設定したのは、アライアンス・バーンスタイン社であったが、最も残高が大きくなった著名な

4　債券（負債）と株式（資本）の両方の性質を併せもつ（ハイブリッド）証券のことをいう。具体的には、発行体が債務不履行（デフォルト）となった場合、返済順位が劣後する「劣後債」、期限の定めがない「永久債」、議決権のない「優先株」、議決権がないかわりに優先的配当等を受けられる「優先出資証券」などを指す。

ファンドは、国際投信（三菱UFJ国際）の「グローバル・ソブリン・オープン」である。1997年に設定されたこのファンドはその後の毎月分配型ブームに乗り、2008年には5.8兆円と日本最大のファンドに成長した。このファンドの仕組みはいたってシンプルである。

投資対象は、先進国（OECD加盟国）のソブリン債券（国債、政府機関債等）で構成され、先進国ソブリン債の代表的な指数である「FTSE世界国債インデックス（円ベース、日本を含む）」をベンチマークとしたアクティブファンドである。ウエスタン・アセット・マネジメント株式会社の運用助言を受けて運用された一種の外部委託ファンドである。

このファンドが成長した原因は毎月分配ブームにあるといわれるが、それだけではない。むしろ人気を支えた主因は先進国ソブリン債の良好なパフォーマンスであったと考えられる。1997年から2007年までの10年間、外債は常にプラスリターンを確保した。この間の代表的な先進国債券指数であるFTSE世界国債インデックス（円ベース、除く日本）は年平均10％を超えた。「グローバル・ソブリン・オープン」はインカムゲインに加えて、この世界的な金利低下によるキャピタルゲインを分配原資として毎月50〜60円程度の分配金を出すことで残高を増やしたのである。実はこのファンドの基準価額が設定時の1万円を超えていたのは設定当初わずか1年程度の期間である。つまり金利低下で得たキャピタルゲインをそのまま分配金として出すことで投資家の人気を得たということができる。

大きな転機は2008年の世界金融危機である。この年、上記指数はマイナス15％と大きく下落したのと呼応してファンドの基準価額も下落した。そこでファンドは2009年以降徐々に分配水準を切り下げ、その結果残高は減少していった（2022年1月末現在約3,200億円、分配水準5円／月）。このファンドは日本の投信史上最大のヒット商品といえよう。その残高規模もさることながら、銀行等による投信販売解禁の時期とも重なり、日本全国津々浦々で、多くの銀行、証券会社という幅広い販売チャネルを獲得した商品という点でも、過去に類をみないファンドである。

(2) 毎月分配型新興国（エマージング）ソブリンブーム

　「グローバル・ソブリン・オープン」が市場を席巻するなか、各運用会社はこれに対抗すべく、より多くの分配金を出せるファンドの開発に注力した。そこで注目されたのが新興国ソブリン債券である。2003年に多くのファンドが集中的に設定された。「エマージング・ソブリン・オープン」（国際投信、ウエリントンに運用再委託、2003年8月設定）、「日興・ピムコ・ハイインカム・ソブリン・ファンド」（日興アセット、ピムコに再委託、2003年9月設定）、などが毎月分配型として設定された。

　これらはベンチマークを「JPモルガンEMBIグローバル・ダイバーシファイド」としていることからもわかるとおり、新興国のソブリン債券ではあるが、その通貨は米ドル（ハードカレンシー）建てであり、投資家のとる為替リスクは米ドルであった。主な債券の発行国はブラジル、トルコ、南アフリカ、メキシコ、ロシアなどである。このドル建てエマージングソブリン債券は、先進国に比べ高い信用リスクがある新興国の信用スプレッド分だけ金利が高いものの、ドル金利がベースとなっているため金利水準としては物足りないものであった（**図表4-8**）。

　これに対して、より高い金利を求めて4年後の2007年には現地通貨（ローカルカレンシー）建て新興国ソブリンファンドの設定が相次いだ。「三菱UFJ新興国通貨建て債券ファンド」（2007年8月）、「メロン世界新興国ソブリン・ファンド（育ち盛り）」（2007年5月）などである。これらは、「JPモルガ

図表4-8　外国債券ファンドの金利（イメージ）

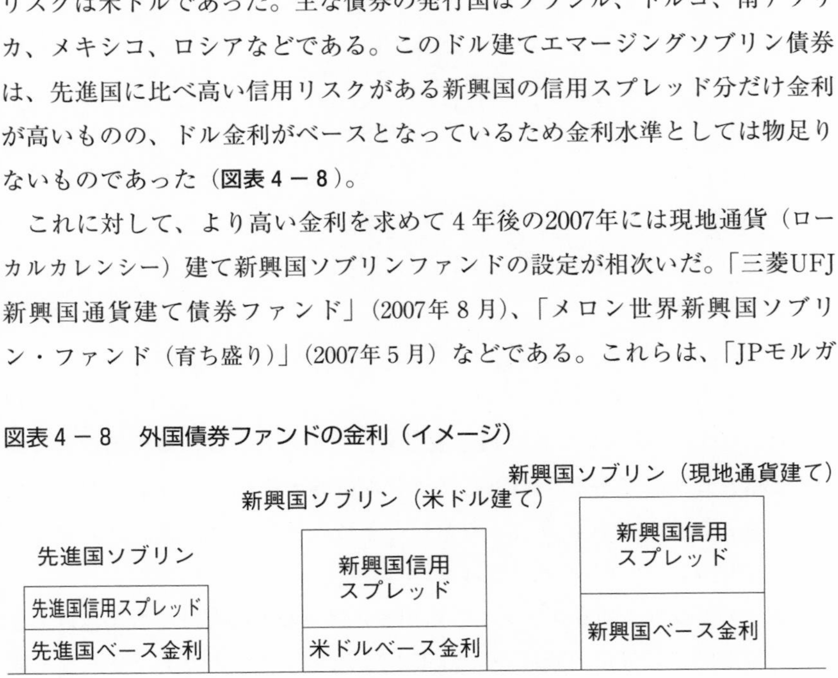

ンGBI-EMグローバル・ダイバーシファイド」をベンチマークとしていることからわかるように、新興国政府が発行する現地通貨建ての債券に投資するものであるため、投資家は現地通貨の対円下落リスクを負うこととなる。残高が1,000億円を超えるヒットとなった「AIG新成長国プラス（愛称：ブルーオーシャン）」（2005年9月設定）はその中間期に出た商品ということもあり、あえてベンチマークを置かず、通貨も米ドル半分、現地通貨半分の構成となっていた。

（3）　ブラジル債券ファンドブーム

　より高い金利を新興国に求める傾向はさらに強くなり、投資手法も複数の新興国への分散投資から新興国単一国に投資するものへと変化した。インド債券、インドネシア債券、ロシア債券など、さまざまな単一国の債券ファンドが設定されたが、なかでも最も人気を集めたのがブラジル債券であった。いわゆるリーマンショックが起きた2008年はブラジル債券ファンドの設定が相次いだ年でもある。

　「UBSブラジル・レアル債券投信」（UBS、2008年7月設定）は野村證券で販売され2,000億円を超えるヒットとなった。また、ブラジルの著名運用会社であるイタウ・アセットマネジメントと組んだ大和投信の「ダイワ・ブラジル債券ファンド」は2008年8月から毎月設定され、半年ごとに分配を出す仕組みでヒットした。

　「新光ブラジル債券ファンド」（新光投信、2008年12月設定）はウニバンコが運用する外国籍投信へ投資するファンド・オブ・ファンズであったが、2013年には2,000億円を突破した。最も販売会社を集めたのは、新興国投資に強いHSBCアセットである。「HSBCブラジル債券オープン（毎月決算型）」は2008年9月に設定され証券会社や銀行を多数販社にもつ公販ファンドで、2,000億円を超すヒット商品となった。

　2008年のブラジル債券ファンドの新規設定は主なものだけでも10本以上を数え、翌2009年には業界残高が5,000億円を超え、1つのカテゴリーを形成

するに至った。ブームの背景となった同国の事情を振り返りたい。

　当時のブラジルは2003年に発足したルーラ政権のもとで急速な経済回復期にあった。1990年に強烈なハイパーインフレを経験した同国だったが、インフレ率はその後低下し４％近辺までに抑制されていた。2007年には債務国から純債権国に転じるなど、その信用力も大幅に改善され、信用格付けもBBB＋（S&P、2009年５月時点）まで向上していた。一方で国債の金利は高く短期（２年）金利で10％近辺（2009年５月時点、米国0.9％、日本0.4％）と非常に魅力的な水準であった。

　こうした高金利を背景に通貨ブラジルレアル（BRL）も順調に切りあがっており、2008年こそ世界金融危機で大きく売られたが、その後は対円、対米ドルで再び上昇する傾向をみせていた。その国債市場は発行残高が約50兆円と先進国並みに大きく流動性も高かった。債券の短期投資から生じる収益について課されていた金融取引税（IOF税）については、2008年10月に免除され、より投資が容易になった時期でもあった。こうした良好な投資環境が一大ブームをつくったのである。

　新興国単一債券ファンドとしては、上述のとおりブラジル債券以外にも広がったが、ブームとまではいかなかった。その一因に投資対象市場の脆弱さがある。毎日換金できることが必須の公募投信にあって、投資対象市場の流動性は最も重要な要素である。

　たとえば、インドネシア国債に関しては、「HSBCインドネシア債券オープン」や「ダイワ・インドネシア・ルピア債券オープン」なども発行されたが、流動性はブラジルの比ではなかった。インドネシア国債は証券会社でも直接販売されており、「わざわざファンドに包む必要があるのか」ともいわれた。

　実際、当時は証券会社の店頭で外国債券の直接販売にも注力しており、債券かファンドか、どちらでも投資家の好むほうを販売するというスタンスであったと推察される。

6 毎月分配型高配当株式ファンドブーム

（1） 高配当株式

　毎月分配の原資を高配当株式に求める動きもあった。この代表格が「ピクテ・グローバル・インカム株式ファンド（毎月分配型）」であろう。2005年2月に設定されたこの投信は、世界の高配当利回りの公益株（電力・ガス・水道・電話・通信・運輸・廃棄物処理・石油供給等）に投資し、高水準のインカムゲイン（予想平均配当利回り2.9％、2022年4月末時点）とキャピタルゲインを原資に分配を行う。

　2007年5月には2.8兆円を超える大ヒット商品となり、2008年の世界金融危機で急落するも2022年4月末時点でも約1兆円の残高をもつ、息の長いロングセラーファンドといえよう。1990年代から趨勢的に下落基調をたどった先進主要国の平均国債金利は、とうとう2008年の株式相場下落によって高配当株式の配当利回りを下回るようになった。このことが毎月分配型投信の投資対象として、高配当株式の魅力を高めるに至った。なかでも、この通称、"グロイン"という商品は、「公益株」という景気に左右されない安定した収益源を有する株式を主要投資対象とすることで、長期投資にかなう商品として認知されていった。

　高金利国オーストラリアの高配当株式に投資する毎月分配型投信としてヒットしたのは「LM・オーストラリア高配当株ファンド（毎月分配型）」（レッグメイソン、2011年9月設定）である。2015年までは残高も200億円前後であったこのファンドは、分配金の引上げなどを背景に2016年から大幅に残高を伸ばし、2017年には6,000億円を超えるに至った。2022年1月時点でも5％を超える配当利回りをもとに月50円の分配を行い、約1,500億円の残高を維持している。

（2） REITファンド

　REIT（不動産投資信託）とは、投資家から集めた資金をもとに、オフィスビルや商業施設、マンションなどの不動産を購入・運用し、そこから得られる賃貸料収入や不動産の譲渡益を投資家へ分配する投信である。REITが実物不動産を保有管理することで、投資家は間接的に不動産投資から得られる収益を享受できるという仕組みである。1960年代に開始された米国市場が世界最大規模であるが、日本では2001年9月に市場が開設された（J-REIT）。

　REITはその多くがクローズドエンド型の会社型投信として構成される。J-REITは会社の株券に当たる「投資証券」を発行してこれを証券取引所に上場することで、投資家から資金を募り、また発生した利益を投資家に分配する。投資家はこの「投資証券」を購入することで、J-REITに出資することができる。

　内外のREITは、細部に差があるものの、なんらかのかたちで収益分配が強制されている。これは税務上、一般の法人と区別するために設けられているもので、この分配規制を順守するかわりに法人税が減免される。日本の場合は、配当可能利益の90％超[5]を分配すれば分配金を税務上の損金として算入することが可能となる。つまり法人税がほぼかからない仕組みとなっている。このように配当が強制されているREITは配当利回りが平均的に普通株式よりも高いため、インカムゲインをねらう投資家にとって魅力的な資産である。債券と違って満期償還がないかわりに株式よりは高いインカムゲインがねらえるREITは、しばしば債券と株式の中間的資産と位置づけられることもある。

　REITファンドはこのREITにさらに投資するオープンエンド型の契約型投信である。複数のREITに分散投資し、そこからあがる収益を分配するものである。上述のとおり投資対象である各REITが分配を強制されるため、

5　租税特別措置法67条の15（投資法人に係る課税の特例）で導管性要件が定められており、本要件はその一つ（同条1項2号ホ）。

REITファンドの平均利回りもおのずと高くなる。このため毎月分配型投信の投資対象として高配当株式同様に注目される資産となった。

　毎月分配型REITファンドとして日本で人気を集めたのは、日本のREITよりも海外のREITを投資対象としたファンドである。

　「フィデリティ・USリート・ファンドB」（フィデリティ投信、2003年12月設定）は、2016年10月頃には1万口当り毎月100円の分配を行い、2016年12月に1.5兆円の残高になるなど巨大なファンドとなった。当時の基準価額が4,500円程度なのでその分配金利回りは25％以上であった。その後分配水準を切り下げ2017年11月からは毎月35円としたが、この影響もあり2018年2月には残高が約7,500億円と半減している。

　同様に「ラサール・グローバルREITファンド（毎月分配型）」（日興アセット、2004年3月設定）も2015年5月に1.3兆円に達するなど大ヒットしたが、その後2018年2月には残高が半減した。このように毎月分配型REITファンドは2000年代初頭に設定され、当初5年程度はあまり注目されず残高も非常に小さかったものの、2009年あたりから残高が増加、その後加速度的に残高が拡大し2015年あたりにピークとなった後、わずか3年程度の2018年頃に残高がピーク時より半減する、というパターンが多い。

　この背景にはREITのパフォーマンスが大きく関係している。まずファンド設定後2005年までの相場上昇で基準価額は上昇したが、この分配原資をファンドに温存（分配準備積立金）、2006年から2008年のパフォーマンス悪化で基準価額が下がったため同じ分配金でも分配金利回りが上がって注目されるに至る。その後高分配金利回りを武器に販売を拡大、2012年から2017年の上昇相場にも支えられ巨大化したのであった。2016年あたりからは高分配型ファンドへの批判が強くなると、分配原資は潤沢に（あるファンドでは基準価額以上に）あるため高分配を継続できたものの、これを断念せざるをえなくなり、多くの運用会社で減配を余儀なくされた結果、残高が減少に転じたという経緯である。現在では分配水準もかなり低くなったものの、こうした毎月分配型REITファンドの人気は根強く、いまでも数千億円の残高をもつ

ファンドが多く残っている。

(3) MLP

　2013年から2015年には、高配当株式とは別資産で高水準のインカムゲイン
をねらった、MLPブームともいうべき現象が起きた。MLPとは、Master
Limited Partnership（マスター・リミテッド・パートナーシップ）の略で、米
国における共同投資事業の一つであるLP（リミテッド・パートナーシップ）
のうち、総所得の90％以上を米国歳入法で定められたエネルギー・天然資源
関連・不動産などの特定の事業から得ており、かつ、その出資持分がニュー
ヨーク証券取引所やナスダック等に上場されているものを指す。MLPは法
人税優遇を受けるために事業運営に必要のない収益をすべて配当とし株主に
還元することが強制されている。

　このため、相対的に高い配当利回りを生む資産として注目されたのであ
る。またちょうど2013年当時は米国のシェールガス、シェールオイルの採掘
が盛んに行われ、いわゆるシェール革命[6]が勃発した時代であった。多くの
MLPはこの高い成長が期待されるエネルギー関連事業を行っていたため、
毎月分配型高配当資産とエネルギー革命という投資ストーリーを兼ね備えた
MLPファンドがブームとなったのである。MLPを組み入れたファンドの総
額は、2015年1月時点で8,000億円超となった。

　「米国エネルギーMLPオープン（毎月決算型)」（国際投信、2013年6月設定）
は2015年1月に約2,000億円に到達し、「米国エネルギー革命関連ファンド」
（野村アセット、2013年5月設定）、「インデックスファンドMLP（毎月分配
型)」（日興アセット、2014年2月設定）もそれぞれ2015年に1,000億円を超え
るヒットとなった。

6　「シェール革命」とは、従来掘削が困難であったシェール（Shale）層（頁岩層：けつ
　がんそう）から天然ガスや原油の採掘が2006年以降可能となったことで、米国を中心に
　エネルギー生産量が増加し、各国の経済構造や世界のエネルギー供給に大きな変化をも
　たらすとされ2013年頃注目された事象。米国では2008年から2013年頃にかけて火力発電
　所のランニングコストが半分程度に低下した。

これら３本はほぼ100％MLPに投資し、その配当利回りは現時点でも５〜７％と非常に高い水準である。しかしながらMLPのパフォーマンスは2015年以降不振となり、残高もこれに呼応し大きく減少することとなった。

7　通貨選択型投信ブーム

　2009年頃から設定され、その人気とともに残高を急増させたのが、通貨選択型投信である。その業界残高はピーク時には12兆円を超えるなど一大ブームとなった（**図表４−９**）。

　そのほとんどは毎月分配型である。むしろ毎月分配型投信の分配水準を高

図表４−９　通貨選択型投信の通貨別純資産総額の推移

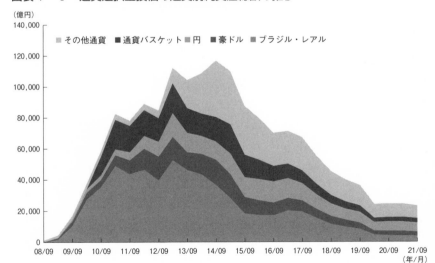

注：対象はETFを除く国内公募追加型株式投資信託のうち通貨選択型。半期末（３月末・
　　９月末）データ。
出所：QUICK資産運用研究所データより筆者作成

水準にするために、このやや複雑な仕組みが考案されたといってよい。

（1）　通貨選択型投信が誕生した背景

　2008年9月に発生したいわゆるリーマンショックにより世界の金融情勢は混乱し、株式のみならず新興国債券（エマージング債券）やハイイールド債券なども"質への逃避（flight to quality）"から一斉に売られることとなった。この結果、これらの債券の市場価格は大きく下落（利回りが上昇）し、投資魅力度が増した。

　また、この世界的金融危機に対して先進国各政府は大規模な金融緩和を実施し金利は低下することとなった。この結果、先進国と新興国の金利差が拡大し、これから生まれる為替ヘッジプレミアム（後述）も投資妙味が増すこととなった。このように原資産（新興国債券やハイイールド債）と、先進国と新興国の金利差（為替ヘッジプレミアム）の両方の投資魅力をあわせて享受するために開発されたのが、通貨選択型投信であった。

　その後は原資産も徐々に落ち着き金利は低下（債券価格は上昇）することとなり、また比較的高金利の新興国通貨価値も高くなる（通貨高）こととなったため、この通貨選択型投信はパフォーマンスが大きく上昇することとなり、さらに人気に拍車をかけることとなったのである。

（2）　通貨選択型投信の仕組みについて

　通貨選択型投信は、株式や債券などといった投資対象資産（これを原資産という）に投資しながら、為替取引の対象となる通貨を投資家が選択すること（これを選択通貨という）ができるように設計された投信である。

　図表4－10は、米国ハイイールド債を原資産とする通貨選択型投信の概略図である。

　まず、投資家が直接投資をする国内投信であるが、通貨選択型投信といっても実は1つのファンドではなく、"コース"と呼ばれる複数のファンドが存在し、各々のファンドがそれぞれファンド・オブ・ファンズとして設計さ

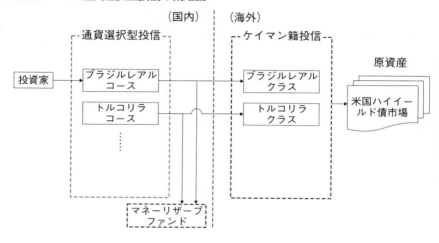

図表4－10　通貨選択型投信の概略図

れている。

　たとえば、**図表4－10**でいえば、ブラジルレアルコースはそれ自体が独立
した1つの投信（ファンド・オブ・ファンズ）であり、通貨選択型投信といっ
ているのは、通貨名をもった各ファンド・オブ・ファンズの集合体の総称で
ある。

　ブラジルレアルコースはファンド・オブ・ファンズなので、マネーリザー
ブファンドにも名目的に投資するが、ほぼ全額を外国籍（ケイマン籍が多い）
投信に投資する。

　この外国籍投信は、その多くがあらかじめ国内通貨選択型ファンドのため
に新設された1個のファンドである。この外国籍投信において、実際に原資
産（この場合は米ドル建ての米国ハイイールド債）に投資することになる。と
ころで外国籍投信は国内投信と異なり、複数の種類株式を発行する、いわゆ
るシェアクラス会計が認められているため、1つのファンドから複数のシェ
ア（株式）を発行することができる。国内のブラジルレアルコース（ファン
ド）は、この外国籍投信のブラジルレアルシェアクラスに投資することにな

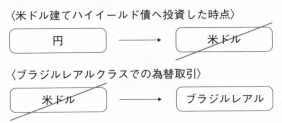

図表4－11　通貨のヘッジ例

〈米ドル建てハイイールド債へ投資した時点〉

円 ⟶ 米ドル

〈ブラジルレアルクラスでの為替取引〉

米ドル ⟶ ブラジルレアル

る。

　外国籍投信の各シェアクラスは、原資産の建値通貨（原資産通貨。この例では、ハイイールド債は米ドル建てなので米ドル）をそれぞれのシェアクラスの通貨（選択通貨）でヘッジしている。

　たとえば、ブラジルレアルクラスは、米ドル売りブラジルレアル買いの為替ヘッジ取引をしている。このような一連の取引を経ると、結局日本の投資家は、本来存在しえない、ブラジルレアル建ての米国ハイイールド債のリスクとそれから得られるリターンをとることになるのである。

　つまり、原資産（米国ハイイールド債）の価格変動リスクを負うことに加え、円とブラジルレアルの為替変動にも影響を受けることとなる。それでは米国ハイイールド債に投資する際に生じる米ドル対円の為替リスクはどうなるか。これは米国ハイイールド債に投資した時点で生じるが、ブラジルレアルシェアクラスで、米ドル売りブラジルレアル買いを行った時点で相殺されており、基本的には消去される（**図表4－11**）。

(3)　通貨選択型投信のねらい

　上記のとおり、本来ならば米国ハイイールド債に投資した場合に内在する米ドルの対円為替リスクを、わざわざブラジルレアルと円の為替リスクに変換する意味は何か。これは米ドルよりも高いブラジルレアルの金利を得ようとすることである。

通貨選択型投信の原資産は、米国ハイイールド債や米ドル建て新興国債券、米ドル建て高配当株式など、比較的高いインカムゲインをもつ資産が選ばれる。こうした資産は米国のベースとなる金利（たとえば、米国国債金利）に原資産特有の信用スプレッドが上乗せされている。このベースとなる米金利をより高い国の金利に代替させて総体としてより高い金利を実現するのが、通貨選択型投信のねらいである（**図表4－12**）。

　図表4－12の場合、投資家が国内投信（ファンド・オブ・ファンズ）に投じた資金は米国ハイイールド債に投資しているため、ブラジルの債券などに投資する資金がない。そこで、このブラジルベース金利を取得するためにオフバランス（資金を基本的に要しない）の為替予約（フォワード）取引[7]を活用し、金利平価（金利裁定）説に基づいたヘッジプレミアムというかたちでブラジル金利を得ようとするのである。

　一般に為替ヘッジを行う場合、ヘッジ対象通貨が相対的に高金利であればヘッジコストがかかり、反対にヘッジ対象通貨が相対的に低金利であれば

図表4－12　通貨選択型投信のヘッジプレミアムの例

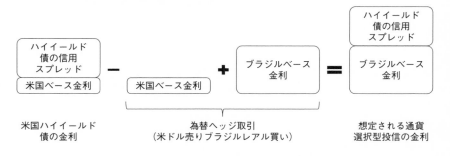

7　「為替先渡取引」とも呼ばれ、通貨を売買することを契約した日（約定日）から2営業日以降（スポットを超える日）に受渡しが行われる外国為替取引をいう。外国為替市場において、将来の特定日または一定期間後に、契約時に定めた条件（外貨種類、金額、レート等）で受渡しを行うもので、将来の為替リスクの回避等に用いられる。これに対して通貨を売買することを契約した日（約定日）から2営業日後に受渡しをする外国為替取引を「直物為替取引（直物取引、スポット取引）」という。

ヘッジプレミアムが得られる。そして、このヘッジコスト（ないしヘッジプレミアム）は二国間金利差に近似する。

　たとえば、日本円で米国債に投資する場合、米ドルの為替リスクをヘッジするために為替予約（ドル売り円買い）を行うが、この場合の為替予約レート（フォワードレート）はスポット為替レートに比べると円高ドル安（ドルディスカウント）の水準に決まる。このフォワードレートの円高分がコストになる。

　この反対にブラジルレアルのような高金利通貨に対して、米ドルのような低金利通貨をヘッジする場合（ドル売りレアル買い）、理論的にはフォワードレートはスポット為替に比べるとブラジルレアル安ドル高（ドルプレミアム）になり、この分がプレミアムとなる。これはもはや為替"ヘッジ"（危険の回避）とはいえない。つまりわれわれ日本人が米ドル資産に投資する際に為替ヘッジ（ドル売り円買い）を用いているのと同様に、ブラジル人が米ドル資産に投資する際に為替ヘッジ（ドル売りレアル買い）を用いる方法をとるのである。これを日本人がやるわけだから、ブラジルレアルの対円リスクは残存するわけであり、為替リスクがなくなるわけではない。そしてこの得られた為替ヘッジプレミアムは"理論的には"米ドルとブラジルレアルの金利差であるから（金利平価説）、これをインカムゲインと認識しようというのが通貨選択型投信の考え方である。

　つまり、**図表 4 − 12**で示したベース金利を米ドルからブラジルレアルに変換することを、為替予約取引を実施することで実現するわけである。

〈金利平価説〉
　金利平価説は銀行や証券会社などの金融機関に入社した時に新人研修で必ず習う理論である。その意味するところは、金利の異なる二国間通貨の為替ヘッジに用いる先物為替レート（フォワードレート）は、それぞれの国の資産収益が同じになるように裁定が働いて決定されるという

ものである。

　実際に為替予約取引を行う際の為替レート（フォワードレート）がどのように決定されるか、下記に例示する。

〈例〉現在日本円を100万円保有しており、日本円または米ドルで1年間運用し、その後日本円に戻す場合。直物為替レート（スポットレート）は1米ドル＝100円とし、1年金利はそれぞれ日本円1％、米ドル2％とする。

(1)　日本円をそのまま運用する場合

　　1年後の元利合計は、100万円×(1＋0.01)＝101万円

(2)　日本円をスポットレートで米ドルに変換し、米ドルで1年間運用する。1年後の為替差損を回避するため同時に為替予約を約定する場合

　　この場合、100万円は1万ドルに変換され、1年後の米ドル元利料金合計は

　　　　1.02万ドル（＝1万ドル×（1＋0.02））

となる。

　金利平価説によれば(1)と(2)の価値が同じになるように(2)のフォワードレートが決まる。つまりフォワードレートは

$$1 \text{米ドル} = \frac{101}{1.02} = 99.02 \text{円}$$

となる。

　フォワードレートは、上記のように基準通貨（日本円）よりもヘッジ対象通貨（米ドル）の金利が高い場合、フォワードレート（1米ドル＝99.02円）はスポットレート（1米ドル＝100円）よりも基準通貨高（円高）となる。

　(2)の場合、スポットレートで日本円を米ドルに換え、1年後にフォワードレートで米ドルを日本円に換えるので、スポットレートとフォワードレートの差（直先スプレッド）は損失（ヘッジコスト）となる。

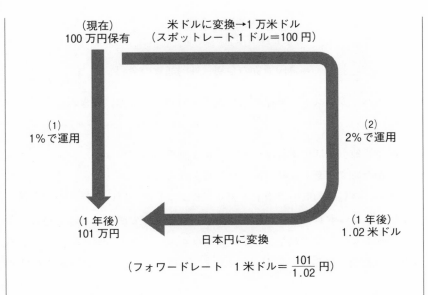

（現在）
100 万円保有

米ドルに変換→1 万米ドル
（スポットレート 1 ドル＝100 円）

(1)
1％で運用

(2)
2％で運用

（1 年後）
101 万円

（1 年後）
1.02 米ドル

日本円に変換

（フォワードレート　1 米ドル＝$\dfrac{101}{1.02}$ 円）

ヘッジコスト＝（フォワードレート－スポットレート）÷スポットレート

$$＝（99.02－100）÷100＝－0.98\%$$

これは両国の金利差（1 ％）に近似する。

上記を一般化すると、

X：当初円元本、S：ドル円のスポットレート、

F：フォワードレート、

rJPY：日本円の金利、rUSD：米ドルの金利、のとき、

日米両国での資産収益が同じになることから

$$X×（1＋rJPY（\%））＝F×\left（\dfrac{X}{S}\right）×（1＋rUSD（\%））$$

この結果、フォワードレート F は

$$F＝S×\dfrac{1＋rJPY（\%）}{1＋rUSD（\%）}$$

ヘッジコスト（率）は（F－S）÷S だから

$$\text{ヘッジコスト} = \frac{(1 + 自国通貨の金利)}{(1 + 外国通貨の金利)} - 1$$

$$\fallingdotseq 自国通貨の金利 - 外国通貨の金利$$

このヘッジコストは上記の通り通貨間の金利差と近似できる。

　為替予約取引を活用すれば、上記の通貨選択型投信ではヘッジプレミアムというかたちでブラジルレアルの高金利が得られる。

　つまり、為替予約取引で米ドル売りブラジルレアル買いを行う際、金利差分だけフォワードレートがブラジルレアル安となっており、これが将来時点のスポット為替対比で収益となる。金利は本来、インカムゲインであるが通貨選択型投信では為替の収益（キャピタルゲイン）として認識されるわけである。

　当時のハイイールド債や新興国債券の金利は6〜7％程度あり、かつヘッジプレミアムはブラジルレアルで11％前後であった。つまり両者あわせると約20％弱の利回りが得られる計算となった。

(4)　通貨選択型投信の収益構造

　通貨選択型投信の収益源としては、以下の3つの要素があげられる。

① 投資対象資産（原資産）による収益

　投資対象資産価格が値上りした場合や利子・配当が支払われた場合は、基準価額の上昇要因となる。逆に、投資対象資産価格が値下りした場合には、基準価額の下落要因となる。

② 為替取引によるプレミアム（金利差相当分の収益）

　「選択通貨」（コース）の短期金利が、「投資対象資産の通貨（原資産通貨）」の短期金利よりも高い場合は、その金利差による「為替取引によるプレミアム（金利差相当分の収益）」が期待できる。逆に、「選択した通貨」（コース）の短期金利が低い場合には、「為替取引によるコスト（金利差相当分の費用）」

が生じる。

③ 為替変動による収益

「選択通貨」の対円レートが上昇（円安）した場合は、為替差益を得ることができる。逆に、「選択した通貨」の対円レートが下落（円高）した場合は、為替差損が発生する。

(5) 通貨選択型投信の留意点

① 金利裁定（金利平価）が働かない市場

これまでは便宜上為替先物予約取引を使って高金利通貨の金利を得る方法を説明してきた。しかし実際の「選択通貨」である新興国通貨は、流動性が低く先進国通貨のようにその為替先物予約取引市場が存在していない。また新興国当局から自国通貨と外国通貨との交換が規制されている国もある。

したがって、これにかわるものとしてノン・デリバラブル・フォワード取引（NDF、Non Deliverable Forward）を使わざるをえない。これは為替先渡取引の一種で、主に金融機関との相対で行われる。当該対象通貨の受渡しが発生せず（ノン・デリバラブル）、為替予約取引と同様の経済効果を、主に米ドルなど主要通貨の差金決済で実現するものである。通常の為替予約取引と比べ、取引参加者が少ないことや、当局による金融・資本市場における制約などから、金利裁定（割高や割安を是正する市場のメカニズム）が働きにくいだけでなく、取引参加者の為替見通しを反映した需給の影響をより強く受けることがある。

そのため、NDFの取引価格から想定される金利（NDFインプライド金利）が、取引時点における当該通貨の短期金利水準から大きく乖離する場合もあり、先進国通貨における為替取引のように対象国間の金利差を反映した水準のヘッジコスト・プレミアムを得られないことも多い。実際、当時筆者が通貨選択型投信で採用したブラジルレアルのNDFでは、理論上のブラジル短期金利よりはるかに低い金利相当のヘッジプレミアムしか得られていなかった。

毎月分配金に対する誤解

通貨選択型投信は例外なく、必ず外国投信を被投資ファンドとするファンド・オブ・ファンズで構成される。この理由は毎月分配の水準を高く維持するためである。

通貨選択型投信は、それまでの毎月分配型外債ファンドと比較して、選択通貨国の高金利を上乗せしている分だけ高い金利が得られるため、理論的には高い分配金を出せる商品である。しかし、すでにみたように、その高金利は為替益（キャピタルゲイン）であり国内投信では分配金の上限規制が課せられ、この部分が分配できない。

また、NDFで得る金利相当分は安定性がなく、必ず金利相当分が得られるとは限らない。そこで外国投信をつくり、そこで"理論的には得られたであろう"金利を国内投信に分配することで、国内投信からみればインカムゲインとして認識することができるようにする。そうすると、もとは金利としてはとれていない金利相当分が、インカムゲインの分配原資として、国内投信で認識することができるようになるのである。つまり、不確かな金利を国内投信で確実な高水準の分配金として配布できるように、外国投信が活用されたわけである。

投資家がこの仕組みを完全に理解していたかといえば、おおいに疑問である。通貨選択型は、原資産の損益（1階部分）と選択通貨の損益（2階部分）があるため、海外からはダブルデッカー（Doble Decker）と形容された。しかし、筆者の海外の友人は二重の危険（Double Jeopardy）と呼んでいたのは言いえて妙であった。

通貨選択型投信は当時大流行したファンドであったため、大手運用会社は各社ともこぞって投資対象資産の品揃えを急ピッチで行った。ただし、当初から7年程度の信託期間を定めて設定されたファンドが多く、現在は徐々に償還されつつある。

8 カバードコール型投信ブーム

　カバードコール型投信は、通貨選択型投信から少し遅れて2011年から2015年あたりに流行し、その残高が3.5兆円を超えた（2015年5月末）ファンド群である（**図表4-13**）。

　このファンドの特徴は、通貨選択型投信同様に分配原資となるポートフォリオの利回りをあげることであるが、その特徴はファンドがオプションを売り、その対価として得られるオプション料（オプションプレミアム）をインカムゲインとみなして利回りの原資としたことである。

　主な商品は、野村アセットで設定し、野村證券が販売した「野村グローバ

図表4-13　カバードコール型投信の通貨別純資産総額の推移

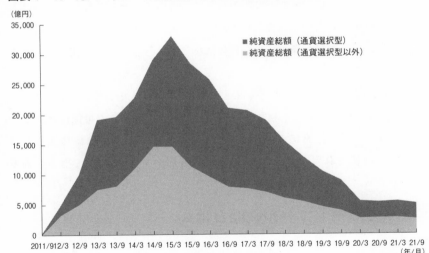

注：対象はETFを除く国内公募追加型株式投資信託のうちカバードコール型。半期末（3月末・9月末）データ。
出所：QUICK資産運用研究所データより筆者作成

ル高配当株プレミアム」(2011年11月設定)、「野村豪ドル債オープンプレミアム」(2012年2月設定)、「野村グローバルREITプレミアム」(2012年4月設定)などで、いずれも数千億円規模の大型ファンドとなった。

　オプションの対象は投資対象資産そのものか、その資産の為替、またはその両方である。基本的にオプション市場が存在している資産しか投資対象とすることはできない。

(1)　オプション取引とは

　オプションとは特定の商品（原資産）をあらかじめ定められた期日に、あらかじめ定められた価格で買う、あるいは売る権利をいう。買う権利のことを「コールオプション」、売る権利のことを「プットオプション」という。

　オプション取引では、その買い手は権利を得る対価として、売り手に対してオプションプレミアム（オプション料）を支払う。オプションの売り手はこのオプションプレミアムを得るかわりに、買い手が権利行使した場合はあらかじめ決められた価格（権利行使価格）で原資産を売買する義務を負う。なお、買い手は権利を行使しても利益にならないときには、権利を放棄することができる。

　つまり、オプションは買い手にとってみれば最大損失はオプションプレミアムに限定される一方で、利益は相場変動で大きく得られる可能性がある。売り手はこの逆で、常にオプションプレミアムという利益は得られるものの、権利行使されれば大きく損失の出る取引ということができる（**図表4-14**）。

(2)　カバードコール戦略とは

　カバードコール（covered call）戦略とは、ある特定の資産（原資産）を保有し、これと同時にその原資産のコールオプション（買う権利）の売りを行う投資戦略である。この戦略をとることで原資産の値上り益は限定されるも

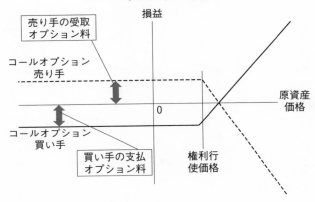

図表 4 － 14　オプションの損益

コールオプションの損益

損益

売り手の受取
オプション料

コールオプション
売り手

原資産
価格

0

コールオプション
買い手

買い手の支払
オプション料

権利行
使価格

プットオプションの損益

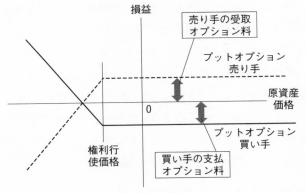

損益

売り手の受取
オプション料

プットオプション
売り手

原資産
価格

0

プットオプション
買い手

権利行
使価格

買い手の支払
オプション料

　　のの、原資産の配当収入とオプションプレミアムの獲得が期待できる。

　　原資産の価格が権利行使価格を下回った場合は、コールオプションの買い
手は権利を行使しない（放棄する）ので、オプションプレミアムを獲得した
分が利益となる。

　　図表 4 －15は、単純に原資産を保有した場合（デルタワン戦略）とコール
オプションの売り手、およびその両者を合成したカバードコール戦略であ

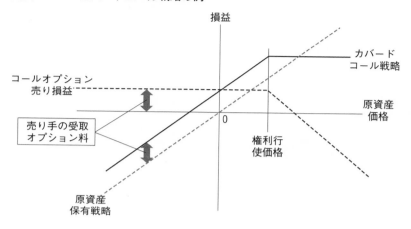

図表 4 −15　カバードコール戦略の例

損益

コールオプション
売り損益

売り手の受取
オプション料

カバード
コール戦略

原資産
価格

0

権利行
使価格

原資産
保有戦略

る。このように比較すると、カバードコール戦略は、原資産価格が売却した
コールオプションの権利行使価格を下回って推移する場合、オプションプレ
ミアムの分だけデルタワン戦略よりも利益が高くなる。

　しかし、権利行使価格を境に、原資産の値上り益をコールオプションの売
りに伴う損失が相殺してしまうので、デルタワン戦略のようにその後の原資
産価格上昇益を得られない。このようにカバードコール戦略は値上り益を放
棄してインカムゲインを得ようとするものであり、原資産の大幅な値上りが
見込めない場面などで使われる戦略である。

（3）　カバードコール戦略型投信のバリエーション

　カバードコール戦略型投信は、原資産に投資しながら、同時に当該原資産
（またはその為替）のコールオプションを売却する戦略をとる投信である。

　原資産だけを対象とするもの、原資産の通貨だけを対象とするもの、その
両方を対象とするものなどのバリエーションがある。たとえば、「野村グ
ローバル高配当株プレミアム」の場合は、世界の高配当株式のみをコールオ
プション売りの対象としているため、これら高配当株式の値上り益は一部得

られないものの、この外国株式の通貨が円に対して値上りすればその果実は完全に得られるというものである。

　また、**図表4-15**は原資産と同量のコールオプションを売っているが、商品のバリエーションとしてはオプションの数量を原資産の半分程度に抑えるものもある（これをカバー率と呼び、カバー率100％のものから50％程度のものまでさまざま存在した）。

　カバー率を50％程度と低く抑えるとその分、得られるオプションプレミアムは減るものの、原資産の値上りの一定程度は得られることになる。

　カバードコール戦略投信は、通貨選択型同様、例外なく外国投信をつくり、これに投資するファンド・オブ・ファンズを国内投信でつくるという仕組みである。外国投信には分配金規制はないので、任意に外国投信→国内投信へ分配金を出せば国内投信はこれをインカムゲインとして認識できる。つまりこのかたちをとることで本来はインカムゲインではないオプションプレミアムを国内投信ではインカムゲイン認識することができ、高分配を出し続けることが可能となった。

　外国投信内で原資産の保有とコールオプションの売り取引をするのが本来のカバードコール戦略ではあるが、商品によってはこのカバードコール戦略から出る損益を表章したパフォーマンスリンク債券を投資銀行から購入するものや、カバードコール戦略の損益だけをトータルリターンスワップのかたちで投資銀行から得るものなど、より簡便な方法で商品をつくる運用会社も存在した。当然こうした仕組みをとると投資銀行が介在する分ファンド全体のコストは上がることになる。

　「日本株アルファ・カルテット」（大和住銀アセット、2014年4月設定）はこのカバードコールと通貨選択型投信をあわせたような商品である。これは日本株に投資し、同時にNDFでブラジルレアル買い円売りのポジションをとる。また日本株のコールオプションを売り（カバードコール戦略）、通貨としてのブラジルレアルのコールオプションも売る（カバードコール戦略）。

　こうして日本株の配当、ブラジルレアル金利、日本株コール売りによるオ

プションプレミアム、ブラジルレアルコール売りによるオプションプレミアムの４つ（だからカルテットなのであろうが）のインカムゲイン相当を獲得しようとするものである。こうなると複雑すぎて、はたして投資家や販売員はどこまで正確に商品性を理解できたのか、疑問をもつ関係者も少なくなかったはずである。日本株とブラジルレアルの値上り益を一部放棄してインカムゲインに変えるこの戦略は業界でも相当話題となった。20社以上の販売会社で取扱いがなされ、2015年にはその残高が約3,000億円近くになるなど大ヒットしたのである。

9 リスク限定型投信ブーム

　毎月分配型投信ではないが、カバードコール戦略と同様、オプションを活用したファンドが流行したことがある。2003年から2005年頃にかけて多くの単位型ファンドが相次いで設定され、2005年９月末にはその本数は230本以上、残高は1.5兆円を超えるブームとなった。これらは「リスク限定型（またはリスク軽減型）ファンド」と呼ばれた。

（1）　リスク限定型投信の誕生の背景

　この時期の時代背景をみてみると、ITバブル崩壊を機に日経平均株価は2000年以降毎年２割を超す下落を続け、2003年４月にはついにバブル後最安値を更新する値（7,607円）を記録した。

　こうしたなかで、投資家は株価が底値に近いと感じつつも、将来の上昇相場を完全には描き切れていない状況があった。今後さすがに大幅な下落はないだろうが、かといって大幅な上昇も期待しづらい、そうした相場の先行きに自信をもてない投資家心理を反映し組成されたのが、リスク限定型投信である。

実際その後の相場はどう展開したか。日経平均株価はその後反転上昇、2003年24％、2004年7％を経て、2005年は40％の大幅上昇に至ったのである。

(2)　リスク限定型投信の仕組み

リスク限定型投信はオプションを内包した仕組債（日経リンク債）を活用したものである。この債券は次のような特徴をもつ。

・償還期間が1.5年から5年程度と比較的短期である。
・クーポンは年1回支払われ、市中金利に比べてはるかに高いレベル（たとえば、5％。1年目は5％、2年目は0.5％といった具合に逓減するものもあった）に設定される。
・満期償還時には原則として元本100％で償還する。ただし、この債券の存続期間（株価観測期間と呼ぶ）に日経平均株価が一度でも当初株価の一定水準（これを「ワンタッチ水準」と呼ぶ）を超えて下落した場合、償還価格は元本×その間の日経平均株価の騰落率（＝満期償還時株価÷当初株価）となる。ワンタッチ水準は当初株価の60％から70％程度に設定されるものが多かった。
・年1回の判定日に、日経平均株価が早期償還水準以上であった場合、満期償還日を待たずに100％の償還金とクーポンが支払われ債券は償還する。この早期償還水準は、固定のものから、たとえば1年目は当初株価の105％、2年目は当初株価の100％、3年目は当初株価95％などと徐々に逓減していくものまであった。

リスク限定型投信は、ほぼすべての資金をこの仕組債に投じるため、ファンド損益は仕組債の損益に依存することになる。つまりファンドは年1回の決算において、仕組債のクーポンをもとにして市中金利よりもはるかに高い分配金を支払った。この点はおおいに投資家に好まれた部分である。

投資家が注意しなければならないのは、その後の株価である。信託期間中、日経平均株価が大きく下がらなかった場合、投資家は元本は毀損せず高い分配金を手にすることができる。さらに1年後の株価水準が当初と同レベル以上であれば、信託期間満了を待たずに1年間で高い分配金と元本が返ってくる（早期償還）。

一方で株価が大きく下落した場合、分配金は高水準で得られるものの、株価下落率そのままに元本が毀損する。

図表4－16は、横軸に時間の経過をとり、縦軸の日経平均株価の動きをとり、3つの経路パターンを例示したものである。

投資家の損益は**図表4－17**のとおりとなる。

ワンタッチ水準に接しなければ投資家損益は分配金の分だけ利益となる。

図表4－16　リスク限定型投信の損益パターン例

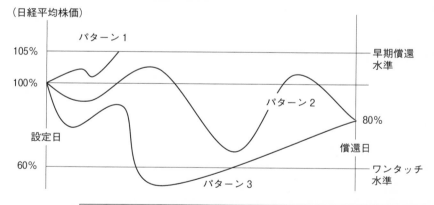

	出来事	クーポン	償還金
パターン1	早期償還水準に到達	受け取れる	投資元本×100%
パターン2	ワンタッチ水準に接触せず償還時は当初株価の80%で終わった	受け取れる	投資元本×100%
パターン3	ワンタッチ水準に接し、償還時は当初株価の80%で終わった	受け取れる	投資元本×80%（元本割れ）

図表 4－17　投資家の損益

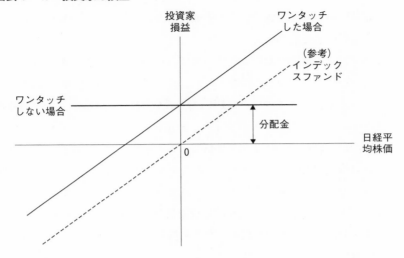

一方でワンタッチすると、当初株価と償還時株価に連動して、償還金額が決
まる。この場合、日経平均株価に投資成果が連動するという意味ではイン
デックスファンドとの比較がわかりやすい。ワンタッチ水準に接した場合は
インデックスファンド同様に株価連動（ワンタッチ水準に接した時点で株価が
30〜40％下がっており、元本割れの可能性が高い）するが、分配金の分だけリ
スク限定型投信のほうが有利となる。

　この点だけをみるとインデックスファンドよりもこのファンドのほうが有
利のようである。しかし、インデックスファンドの投資家は基本的に株価が
上昇すると考えて投資するわけであるから、ワンタッチ水準に接触せずに上
昇した場合に収益が分配金額に限定されるリスク限定型投信は、いかにも期
待外れということになる。

　一方で株価に依存せず安定した収益を得たいと考えるインカムゲイン志向
の投資家にとっては、高水準の分配金と引き換えに、ワンタッチ水準に接触
すると大きな元本割れ（キャピタルロス）が生じるこの商品は割にあわない

とも考えられる。リスク限定型投信は株価変動リスクについてその中庸をねらった商品であったと評価できるものの、どういう投資家層を販売対象とするか悩ましい商品でもある。

　このファンドの投資対象となる仕組債は、市場に流通するものではなく、この投信のためにあらかじめ用意され、発行市場で投信が独占的に投資するものである。発行体（海外の国際機関ないし投資銀行等）はヘッジのため特殊なオプション（エキゾチックオプション）を活用する。原資産価格が一定の価格（ノックイン価格、リスク限定型投信の「ワンタッチ水準」）に到達するとオプションの権利が発生（ノックイン）するものをノックインオプションと呼び、逆に一定の価格に達すると権利が消滅するオプションをノックアウトオプションと呼んでいる。このように原資産価格がある一定の価格（バリア）に到達するか否かで、権利が発生したり消滅したりするオプションのことを総称してバリアオプションと呼んでいる。

　本商品では、信託期間中に一度でも日経平均株価がノックイン価格に到達すると、そこで初めてオプションの権利が発生し償還価格は日経平均株価連動となる。その一方で日経平均株価が当初株価よりも一定水準上昇すればノックアウトし早期償還する。つまり本件の仕組債は理論上ノックインとノックアウトの両オプションを内包しており、そのプレミアムを原資に市中金利を大幅に上回るインカムゲイン（仕組債のクーポンをもとにした投信の分配金）に変えたものといえる。

　リスク限定型投信は欧州ではよく知られた商品であり、日本でも最も設定実績が多かったのはフランス系のクレディ・アグリコルであった。

　2006年まで好調だった日経平均株価はその後下落し、2007年には−11％、2008年には−42％を記録することとなった。多くのファンドがこの過程でノックインする事態となり、元本割れ償還を余儀なくされた。投資家の一部からはリスク限定型投信が正しく説明されていないことを理由にクレームが続出した。これが契機となりリスク限定型投信に対する規制強化の動きにつながる。

この結果、日本証券業協会と投資信託協会で、同種の元本割れを起こす可能性のある仕組債を"複雑な仕組債"、これに投資する投信を"複雑な投信"と称して、その販売方法やリスク表示について新たな規制が導入されることとなったのである（第2章8参照）。

10 新興国株式ファンド

「株価はマクロ経済の成長を反映している。国のGDPとその国の株式市場時価総額との間には強い相関があり、その指標からみると新興国の株式市場は今後大きく上昇する可能性が高い。資源や労働力に恵まれた新興国は成長率が低位安定した先進国に比べれば大きく成長する可能性が高く、その株式市場も大きくアウトパフォームすることが期待される」こうしたストーリーから新興国の株式に投資するファンドはたえずつくられてきた。その代表となったのがBRICsである。

ゴールドマン・サックスのレポート「Building Better Global Economic BRICs」（2001年11月）でBRICs（ブラジル、ロシア、インド、中国）の経済成長ポテンシャルが紹介されると、これに投資するファンドが設定された。その代表格が2005年12月に設定されたJPモルガンアセットの「JPM・BRICS5・ファンド」である。現在も運用を続けるこのファンドは、ブラジル、ロシア、インド、中国に南アフリカを加えた新興国5カ国の株式にアクティブに投資するファンドである。この総合的なブリックスファンドとは別に、これを分解し、それぞれ単一国の株式に投資するファンドもさまざま設定された。

（1） インド株式

インド株式ファンドとしては2004年に、アジア投資に強みをもつ、外資系

運用会社各社から「イーストスプリング・インド株式オープン」（2004年9月設定）、「HSBCインドオープン」（2004年11月）などが設定された。両ファンドとも2007年後半には約2,000億円の残高になるなど大ヒットした。2005年6月には「野村インド株投資」が設定され、野村アセットのシンガポール拠点がその運用を担った。

（2） 中国株式

中国の株式市場はやや特殊で中国本土市場と香港市場（香港証券取引所）の2種類が存在する。本土市場（上海証券取引所と深セン証券取引所）に上場する銘柄は、基本的に中国人投資家向け市場であり、外国人が投資する際には各種の規制を受ける。一方、香港証券取引所は外国人に開かれた市場で自由に売買可能である。

中国本土の上海証券取引所と深セン証券取引所で取引される株式には、それぞれA株とB株の2種類がある。両者は本土企業が発行するまったく同一の権利、同一額面の株式だが、取引される通貨が異なる。すなわちA株の取引は人民元建てであり、B株は外貨（上海証券取引所では米ドル、深セン証券取引所では香港ドル）建てで取引されている。B株市場規模はA株と比べるとかなり小さく、A株市場に上場している会社が資金調達を多様化させるために外貨建てのB株も発行しているという位置づけである。

H株は、中国本土で登記を行い、中国証券監督委員会の承認を得て、香港証券取引所に上場している本土企業の株のことを指す。H株は香港ドルで取引される。一方、中国国外で登記している中国企業の銘柄は「レッドチップ」と呼ばれる。

従来、中国株といえば一般的には取引制限のないH株のことを指していたが、2002年に適格外国機関投資家制度が導入され、海外機関投資家による限定的なA株投資が認められるようになった。

この資格がQFII（Qualified Foreign Institutional Investors、適格外国機関投資家）である。A株に投資するにはまず中国証券監督管理委員会（CSRC）

からQFIIの認定を受け、かつ中国国家外貨管理局（SAFE）から投資限度額（現在は撤廃済み）の認可を取得する必要がある。

　筆者はこの認定を受けるために投資計画書を携えて両当局を訪問し説明を行ったが、その非常に厳しく冷ややかな視線をいまでも鮮明に覚えている。決して歓迎ムードではなかった。この資格は取得すればおしまいというものではなく、さまざまな制約がついて回る。まず資格がとれたら一定期間内にSAFEに出した投資限度額どおりに資金を送金しなければならない。

　ファンドは販売してみないと募集金額がわからないにもかかわらず、である。したがってこれは投資"上限"額ではない。これを一定期間下回ると資格はく奪となる（その場合再取得は事実上不可能とされた）。また送金して一定期間内にA株に一定割合投資する必要がある。さらに一定期間はこの送金した投資元本は回収、回金できないルールもあった。つまり、ファンドの換金に対応できないということである。

　このように制約が非常に多い資格であったが、筆者の会社では結局ハードネゴの末、自社でこのQFIIを取得した。日系運用会社は自社でQFIIを取得する（野村、大和、日興、三井住友）以外にも、系列証券会社のそれを活用する場合（三菱UFJ国際）や外資系運用会社のそれを活用する場合（フォルティス、インベスコ）などもあった。さらにこれらの制約やルールは明文化されておらず不明確な部分も多かった。また突然ルールが変更となることもあった。

　たとえば、2015年には突然それまで課税されていなかったA株売却に伴うキャピタルゲインに対する課税が開始され、かつこれが過去に遡及して課されることになり、各社大慌てとなったものである（多くの運用会社は投資家負担とはせず、自社負担でこの分を納税した）。このような制約にもかかわらずA株ファンドが流行したのは何といってもそのパフォーマンスが魅力的であったからである。

　流動性の高いA株で構成される代表的な株価指数CSI300指数（円換算ベース）は、2006年130％、2007年160％と大幅な上昇となった。さすがに2008年

には−70％と落ち込むものの、翌2009年には再び100％のリターンとなった。こうした投資環境を受け、最も早くＡ株投信を設定したのは日興アセットであった。2005年２月に「日興ＡＭ中国Ａ株ファンド（黄河）」を、2005年６月に黄河Ⅱを連続的に設定した。2007年には「野村中国Ａ株投信」（2007年１月設定）、「UBS中国株式ファンド」（2007年５月設定）などがこれに続く。2009年にはさらに多くのＡ株ファンドの設定が相次ぐ。「日興フォルティス　中国Ａ株ファンド（万里）」（2009年６月）、「野村新中国株投資」（2009年３月）、「日興UBS中国Ａ株ファンド（桃源郷）」（2009年９月）などである。

　このうち、ファンド名に"Ａ株"と入っているものは、ほぼ100％を実質的にＡ株で運用するが、「野村新中国株投資」のように３割程度Ａ株に投資し、残りはＨ株・レッドチップなど、より流動性の高い株式で運用するものや、投資銀行が発行するＡ株の収益率に連動する債券（パフォーマンスリンク債）、Ａ株インデックスに連動するETFに投資することで投資銀行の付与する流動性に依存するものもあった。

　上記QFII規制により、新規設定後３カ月から１年間は換金できない期間（クローズド期間）をおいて換金を制約するファンドもあった（黄河は設定後１年間のクローズド期間を置いた）。一般に公募投信ではクローズド期間を置くとその分売れ行きが悪くなる傾向が以前より知られており、こうした商品の仕組みは特殊なものであるが、中国Ａ株の流動性を鑑みた場合、やむをえないものと判断されたのであろう。

(3)　その他の新興国

　中国とインドが代表的な単一新興国ファンドであるが、それ以外にも多くの新興国ファンドが販売された。ブラジル、ロシア、ベトナム、メキシコ、トルコなどが代表的である。これらの国のなかには中国同様、海外からの投資に規制をかけている国もあり、これを回避する手段がとられた。DR（Depositary Receipt、預託証券）やパフォーマンスリンク債はその代表的な手法である。

また、投資家にとってなじみのない新興国の魅力をいかに伝えるかに運用会社、販売会社は工夫を凝らした。新興国の魅力を伝えようとするあまり、その国の文化、歴史、観光、食事などを記載した販売用資料は、そのまま旅行パンフレットとしても使えるのではないかと思うほどの充実ぶりであった。

11　ESG関連ファンド

　現在"ESG"という文字をメディアで見かけない日はないくらい、ESGに関する世の中の関心は高まっている。これを受けて投信業界にもESG関連ファンドが多く設定されているのが現状である。

　図表4−18はその新規設定本数を、**図表4−19**はその残高を示している。これからもわかるとおり2018年あたりから日本の投信市場でESG関連ファンドは増えてきている。

（1）　ESG投資とは

　ESGとは、環境（Environment）、社会（Social）、ガバナンス（Governance）の頭文字をつないだ用語である。気候変動問題、人権問題、企業統治問題などの世界的な社会課題が顕在化しているなか、企業がサステナブル（sustainable、持続的）な成長を行うためにはこのESGを重視することが不可欠であり、ESGに配慮した取組みを行うことは、長期的な成長を支える経営基盤の強化につながるとされている。こうした考えのもと、投資家サイドからもESGを投資尺度として用いる考え方が浸透しつつある。

　つまり、ESGに配慮した企業を選別して投資を行うというものである。こうしたESG投資が重視されるようになった背景に、国連が2006年に「責任投資原則（PRI、Principles for Responsible Investment）」を提唱したことが

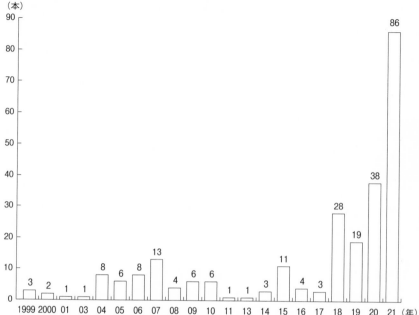

図表 4 −18　ESG関連ファンドの設定本数推移（年間ベース）

注：対象はETFを除く国内公募追加型株式投資信託のうち、ESGに関連するファンド。
出所：QUICK資産運用研究所

あげられる（**図表 4 −20**）。

　2015年には日本の年金積立金管理運用独立行政法人（GPIF）もPRIに署名し、それ以降、国内においても運用会社や機関投資家の間でこのPRI署名が進んだ。

　世界的にはESG投資が急加速している。ESG投資額の統計を集計している国際団体のGSIA（Global Sustainable Investment Alliance）によれば、2020年の世界のESG投資残高は35.3兆ドルとなった（**図表 4 −21**）。

　この統計は 2 年おきに発表されているが、2016年から2020年までの 4 年間で54％増加するなどその成長は加速している。

図表 4−19　ESG関連ファンドの純資産残高の推移

(億円)

注：対象はETF除く国内公募追加型株式投資信託のうち、ESGに関連するファンド。期間は2001年1月末から2021年9月末まで。
出所：QUICK資産運用研究所

図表4－20　PRIの6つの原則

| 1．投資分析と意思決定のプロセスにESGの視点を組み入れる |
| 2．株式の所有方針と所有監修にESGの視点を組み入れる |
| 3．投資対象に対し、ESGに関する情報開示を求める |
| 4．資産運用業界において本原則が広まるよう、働きかけを行う |
| 5．本原則の実施効果を高めるために協働する |
| 6．本原則に関する活動状況や進捗状況を報告する |

図表4－21　世界のESG投資残高

単位：十億ドル

地域	2016年	2018年	2020年
米国	8,723	11,995	12,017
欧州	12,040	14,075	17,081
日本	474	2,180	2,874
カナダ	1,086	1,699	2,423
オーストラリア	516	734	906
合計	22,890	30,683	35,301

出所：GSIA "2020 Global Sustainable Investment Review" より筆者作成
（http://www.gsi-alliance.org/wp-content/uploads/2021/08/GSIR_Review2020/pdf）

（2）　ESG投資手法

　ESG投資、と一口にいってもその内容はさまざまである。その投資手法の定義について最も一般的なものはGSIAがまとめたサステナブル投資（Sustainable investment）手法であり、これは以下の7つと定義される。

> 1．ネガティブスクリーニング（Negative/exclusionary screening）
> 　　武器、ギャンブル、たばこ、アルコール、原子力発電、ポルノなど、倫理的でないと定義される特定セクターの企業を投資先から除外

する戦略。

2．ポジティブスクリーニング（Positive/best-in-class screening）

　　同種の業界でESG関連の評価が最も高い企業に投資する戦略。ESG考慮の高い企業は中長期的に業績が高くなるという発想に基づく。ポジティブスクリーニングをすると、投資ユニバース（投資先企業リスト）が非常に小さくなるので採用されづらいともいわれる。

3．規範に基づくスクリーニング（Norms-based screening）

　　2000年代に北欧で始まった比較的新しい手法。ESG分野での国際基準に照らし合わせ、その基準をクリアしていない企業を投資先リストから除外する手法。ポジティブスクリーニングに比べ投資ユニバースを大きくすることができる。

4．ESGインテグレーション型（ESG integration）

　　最も広く普及しつつある手法。投資先選定の過程で、従来考慮してきた財務情報だけでなく非財務情報も含めて分析をする戦略。特に年金基金など長期投資性向の強い資金を運用するファンドなどが、将来の事業リスクや競争力などを図るうえで積極的に非財務情報（ESG情報）を活用し、超過収益（アルファ）を目指すために用いられることが多い。

5．サステナビリティテーマ投資型（Sustainability-themed investing）

　　サステナビリティを全面に謳った投資対象への投資。サステナビリティ関連企業やプロジェクト（特に再生可能エネルギー、持続可能な農業等）に対する投資が有名。太陽光発電事業への投資ファンド、グリーンボンドなどもこのカテゴリーに属する。

6．インパクト投資型（Impact/community investing）

　　社会・環境に貢献する技術やサービスを提供する企業に対して行う投資。比較的小規模の非上場企業への投資が多いため、このタイプのファンドの運用はベンチャーキャピタルが行っていることも多い。最近では個人投資家からも資金提供を募ることも増えてきた。インパク

ト投資のなかで、社会的弱者や支援の手が行き届いていないコミュニティに対するものは、コミュニティ投資と呼ばれる。

7．エンゲージメント・議決権行使型（Corporate engagement and shareholder action）

　株主として企業に対してESGに関する案件に積極的に働きかける投資手法。株主総会での議決権行使、日常的な経営者へのエンゲージメント、情報開示要求などを通じて投資先企業に対してESGへの配慮を迫る。近年は、気候変動関連や役員報酬に対して声を上げることが多い。このタイプの手法をとる株主は「アクティビスト」「物言う株主」とも呼ばれる。

　これらESG投資のうち歴史のある「ネガティブスクリーニング」が最も多くなっている。次いで急成長している「ESGインテグレーション」、そして組合せで行われることの多い「エンゲージメント・議決権行使型」が3番目となっている（**図表4−22**）。

（3）　国内投信市場のESG投資

　投信業界では実は2007年頃にも似たようなコンセプトの商品が多く設定された時期があった。現在同様、地球温暖化が問題となった時期であり、これらは環境関連ファンドと呼ばれた。「DWS地球温暖化対策関連株投信」（ドイチェアセット、2007年7月設定）、「UBS気候変動関連グローバル成長株式ファンド」（UBS、2007年8月設定）、「ラッセル世界環境テクノロジー・ファンド」（ラッセル投信、2008年5月設定）、「三菱UFJ地球環境ビジネス株ファンド」（三菱UFJ、2008年7月設定）などが設定され、大手証券が販売した。

　これらはESGのうち、特に環境（E）に特化したものである。これに対して2018年以降のESG関連ファンドは以前同様に環境に特化するものもあるが、ESGの3要素すべてに配慮したものも多い。2018年あたりから新規設定されるも残高がさほど大きくならなかったESG関連ファンドであったが、

図表4－22　サステナブル投資戦略の世界的な成長

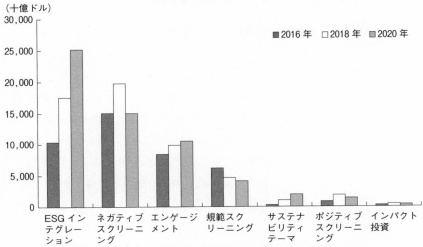

（十億ドル）

■2016年　□2018年　■2020年

ESGインテグレーション／ネガティブスクリーニング／エンゲージメント／規範スクリーニング／サステナビリティテーマ／ポジティブスクリーニング／インパクト投資

出所：GSIA "2020 Global Sustainable Investment Review" より筆者作成
（http://www.gsi-alliance.org/wp-content/uploads/2021/08/GSIR_Review2020/
pdf）

　2020年7月にアセットマネジメントOneが「グローバルESGハイクオリティ成長株式ファンド（愛称：未来の世界（ESG））」を設定し、半年あまりで残高が1兆円を超す大ヒットとなった。ESG関連ファンド全体の残高が2020年以降急速に拡大したのはこのファンドの寄与が大きい（**図表4－19**）。

　ほかにも「ベイリー・ギフォードインパクト投資ファンド（愛称：ポジティブチェンジ）」（三菱UFJ国際、2019年6月設定）、「野村ブラックロック循環経済関連株投信（愛称：ザ・サーキュラー）」（野村アセット、2020年8月設定）、「野村環境リーダーズ戦略ファンド」（野村アセット、2020年10月設定）、「脱炭素関連　世界株式戦略ファンド」（三井住友トラストアセット、2021年5月設定）、「ニッセイSDGsグローバルセレクトファンド」（ニッセイアセット、2018年5月設定）などが残高1,000億円超となっている（2021年12月末時点）。

⑷ ESG関連ファンド特有の課題

ESG関連ファンドが世界的に乱立する昨今、これらファンド特有の以下の課題が浮上している。

① グリーンウォッシング（greenwashing）

グリーンウォッシングとは、実際には行っていないにもかかわらず環境配慮をしているように装いごまかすこと、うわべだけの欺瞞的な環境訴求を指す。もともとはホワイトウォッシュ（whitewash、白く塗装するために水漆喰を塗る、（転じて）うわべだけを飾る、の意）から来た造語である。資産運用業界では、特に運用会社によるサステナビリティに関する業務（エンティティレベル）やサステナビリティ関連商品の特徴（プロダクトレベル）について誤解を招く行為を指す。

ファンドの例でいえば、商品名にESG要素が含まれているが、投資目的には含まれていない、または限定的なネガティブスクリーニングしかしていないもの、商品のサステナビリティに関連した効果（GHG排出量削減効果など）に根拠がないもの、投資戦略や議決権行使、サステナビリティ関連のパフォーマンスについて十分な開示がないものなどを指す。この課題に対しては、内外当局ともその規制に乗り出しつつある。商品レベルの情報開示に関しては、一定要件を満たした商品だけを認証する仕組みの導入や、商品名と商品の投資目的、特性、投資戦略との間で一貫性が保てるように名づけルール（ネーミングルール）をつくるべきとの議論もなされている（証券監督者国際機構（IOSCO）サステナビリティ関連報告書より）。

特に動きが速いのは欧州連合（EU）である。2018年3月に欧州委員会による10個の「アクションプラン：持続可能な成長に向けた金融（EUアクションプラン）」が公表されて10項目の行動計画が公表された。このうちの項番7「機関投資家の開示義務の明確化」を具現化したのが、2021年3月施行されたサステナビリティ関連の開示規制（SFDR、Sustainable Finance Disclosure Regulation）である。この開示規制は金融機関等を対象とし、金融商品

を一定基準で区分するもので、これを「契約前開示」つまり交付目論見書の交付において求めるものである（**図表4－23**）。

SFDRの導入目的は、投資家の保護、持続可能な（金融）商品を求める投資家要求への対応、そしてグリーンウォッシングを防止することであり、金融商品の比較可能性を高めることである。

SFDRは欧州の金融機関を対象としているが、米国や日本の金融当局も、「グリーンウォッシング」防止に向けた規制の導入準備を進めており、今後はグローバル規模でESG関連ファンドの選別が進む可能性がある。

図表4－23　サステナビリティ関連の開示規制（抜粋）

該当条文	要件、投資戦略等
「第6条」商品 （Article6）	下記分類に相当しない、一般的な金融商品でESGファンドではないもの。
「第8条」商品 （Article8）	社会的および／または環境的特性を促進するが、サステナブル投資を中核的な目的としない商品。投資先企業が優れたガバナンス慣行に従っていることが条件。 ESGの評価項目を銘柄選択のなかに加えて投資先の投資判断をする「ESGインテグレーション」などを投資プロセスに加えた商品が一般的。これは外部のESG評価機関から評価情報を購入し、それをポイント化して財務評価などのポイントに加えることで総合的に企業を評価する手法が多い。通称「ライト・グリーン」。
「第9条」商品 （Article9）	投資が環境および社会目的のいずれにも大きな影響を及ぼさず（DNSH、Do No Significant Harm原則）、投資先企業が特に健全な管理構造、従業員関係、管理報酬、税務コンプライアンス等に関して優れたガバナンス慣行に従っていることが条件。 「サステナブルな投資目的をもつ商品」とされ、インパクト投資など社会的な目的に寄与する経済活動への投資などを行う商品が分類される。社会的な効果について数値化して発表するところまで要求されるなど、ESGに最も深く関与している商品群といえる。通称「ダーク・グリーン」。

② ESG投資とパフォーマンスの関係

　投資の究極的な目的をリターンの追求とすると、ESG投資はどう位置づけられるか。この点に関しては国内外にさまざまな論文、主張があり、いまだ通説というものは存在しない。総じていえば、ESG投資パフォーマンスは、どちらかというとポジティブとする研究が多いものの、一方で通常投資と有意な差はない（もしくはネガティブ）として相反する結果を示す研究もある。そもそもESG投資とそれ以外の峻別が規制当局の動きもあり、ようやく始まったばかりなのだから、現時点では明確化できないのも、ある意味当然である。

　ESGスコアが高い企業はそもそも大企業が多く、こうした企業は時価総額も大きいので代表的な株価指数における比重も高い。したがってESG関連投資のパフォーマンスは結局株価指数のそれとさほど変わらなくなる、とする主張がある。

　一方でESGに配慮した経営を行う場合、そうでない場合よりも一般的にはコスト高となるため企業収益を圧迫する、よってESGスコアの高い企業に集中投資してもパフォーマンスは株価指数に勝てない、とする意見もある。また、今後はESGに重きを置いた企業以外は投資資金が集まらないから需給関係からESG関連企業の株価は株価指数をアウトパフォームするという主張もある。いずれもESG関連企業とそうでない企業の区分やその程度、パフォーマンス測定期間、国地域の特殊性などさまざまな要素を加味しないと正確なESG効果は測定できないといえる。

　注目されるのは、米国において、ESGは受託者責任上どのように解釈されるのか、といった動きである。共和党政権下で2020年6月に発表された米国労働省（DOL）のERISA法[8]（Employee Retirement Income Security Act、従業員退職所得保障法）改正案では、年金管理者の受託者責任（フィデューシャリー・デューティー、fiduciary duty）は"金銭的な利益"のみを考慮すべきで、ESGのような非金銭的な利益は考慮すべきではないとするものであった。

この"利益最大化"の解釈には歴史的に変遷があり、政権交代とともに異なる解釈がなされてきた。そして民主党政権下の2021年10月、米国労働省は企業年金の投資先について、投資収益だけでなくESG要因も考慮して投資先を選択できるとする規則案を発表した。

具体的には、気候変動リスクに対する備えや取締役会のガバナンスやコンプライアンスの順守度、従業員の多様性確保などを投資先決定の際の要素とすることや、議決権行使の際にESGを考慮することも認めるものである。このように米国においてはESGと受託者責任との関係が政権によってまったく逆の解釈を生んでいる。この動きが世界的なESG投資ブームの高まりのなかで、どういう展開をみせるか、とりわけ世界最大のファンドビジネス市場である米国における動向が注目されている。

12 ご当地ファンド

2002年から2006年頃に流行したファンドに、通称「ご当地ファンド」と呼ばれるものがある。これは多くの場合地方銀行（地銀）を販売会社とし、主としてその地銀の存する地域に関連した株式に投資する有期限ファンドであり、現在はその多くが償還済みである。

投資対象には"ご当地"色を出すために、当該地域に本店、本社を有する企業の株式、と限定したいものの、それだけでは投資対象の銘柄数がどうしても不足する。そこで多くのファンドが「当該地域に支店、営業所、工場を

8　ERISA法は1974年に制定された、基金運営に係る受託者の責任（フィデューシャリー・デューティー）を規定した法律。その趣旨は年金基金等の受益者（Beneficiary）の利益を保護するためのもので、その根幹となるのが、忠実義務（Loyalty）と慎重義務（Prudence）である。前者は「受託者は、受益者の利益のためにのみ誠実に行動し、自らの利益ないし第三者の利益のために行動してはならない」、後者は「受託者は、相当の注意、スキル、配慮をもって行動し、通常の慎重な者が投資するように投資しなければならない」というもの。

有する企業」も投資対象として投資対象範囲（投資ユニバース）を拡大している。

その結果、当該地域とあまり関係のない全国区の会社も入ってきて、ご当地色が薄れることになった。また投資する株式の銘柄数が少数になるとファンドのボラティリティが上がり投資に不適とされたため、これを緩和するためにご当地とはまったく関係のない外国ソブリン債や、REITを組み入れるなどしたものも少なくなかった。このように投資対象を拡大するか、純粋に地域性を追求するかで、ご当地ファンドはその中身が大きく異なる。

「静岡ベンチマーク・ファンド」（大和投信、静銀ティーエム証券販売）や「東海3県ファンド」（愛知銀行、名古屋銀行、十六銀行、百五銀行などが販売、東京海上アセットが設定）などが2002年に設定されると、2005年には大和投信が神奈川、埼玉、富山、北海道、福島、長野、新潟、京都、栃木などそれぞれの地域を対象としたご当地ファンドを積極的に設定した。

投資対象でご当地色を十分アピールできないと考えるファンドのなかには、これを補足する目的で、運用会社の信託報酬の一部を、当該地域に寄付するなどしたものもあった（例：岡三アセット「三重県応援ファンド」）。

ご当地ファンドにおいて銘柄をアクティブ手法で選択することはリスクが伴う。つまり投資家はファンドの保有銘柄をみて応援したい企業があればいいが、ない場合やその投資比率が小さい場合は失望しかねないからである。そうした課題を回避するため、指数連動のパッシブファンドを設定する動きもあった。野村アセットは関東・甲信、中国・四国、九州などのご当地ファンドを設定したが、いずれもインデックスファンドとして仕立てている。

たとえば、「九州インデックスファンド（愛称：九州に来んしゃい）」では、「わが国の株式のうち、九州7県で重要な活動を行っている企業の株式を主要投資対象とし、野村證券株式会社の金融工学等研究部門の発表する野村日本株地域別インデックスの九州インデックスに連動する成果を目指します」とされており、個別銘柄をアクティブに運用するわけではなく一定のルールに基づいてつくられたインデックスに採用された銘柄にその数量分投資する

パッシブ運用に徹している。

　ご当地ファンドの多くはその残高が数億から十数億円程度のやや小規模のファンドであった。しかもご当地ファンドは一時のブームで終了したというよりも、その後も販売会社の求めに応じて散発的に設定されている。たとえば、2019年3月にはアセットマネジメントOneが「おおさか・かんさいアクティブファンド（愛称：ニコ（25）ッとおおさか）」を設定している。

13　オルタナティブ投資型投信

　オルタナティブ投資（代替投資、Alternative Investment）とは、上場株式や債券といった伝統的資産と呼ばれるもの以外の新しい投資対象や、伝統的資産も含めた投資対象に対する新しい投資手法のことをいう。前者の非伝統的投資対象としては、未上場株式、インフラストラクチャー、農産物・鉱物などのコモディティ、不動産などがあげられる。また後者の非伝統的投資手法としては、空売り（ショート・ポジション）、レバレッジ、成功報酬制などがあげられ、こうした投資手法をとるファンドのことをヘッジファンドと総称している。オルタナティブ投資は伝統的資産との相関が低いことが特徴の一つとなっている。

　すでにみたとおり、ヘッジファンド戦略はその多くが相場変動によらずに一定のリターンをあげることを目的とする、いわゆる絶対リターンの獲得を目指すものである。そのニーズは機関投資家ばかりではなく、個人投資家にも広く存在するものではあるが、なぜか公募投信の世界では活用されないままであった。

　その背景にはヘッジファンド運用戦略のわかりにくさや、説明が困難なために販売員の負担が大きいことなどがあげられるが、最も大きな制約はヘッジファンドの流動性である。

ヘッジファンド戦略の多くは（換金停止や換金予告期間の設置などの）流動性を制約するかわりに、これをリターンの源泉（流動性プレミアム）ととらえるが、公募投信ではこうした取引制約はなじまない。

　しかし、最近はこうしたヘッジファンド戦略を公募投信化する試みが行われ、残高も増えつつある。そのいくつかを紹介したい。

（1）　CTA戦略

　CTA（Commodity Trading Advisor）は商品先物取引業者のことを指す。その名前が示すとおり、もともとは原油や貴金属、穀物などの商品（Commodity）先物を売買して収益をあげる手法を指していたが、徐々に商品先物だけでなく、株式や債券、通貨、短期金利等の金融商品先物まで対象を拡大して投資する手法を指すようになった。

　金融工学や統計学をベースに、独自に開発した先進のコンピュータプログラムを活用して運用することが多く、異なる運用対象の価格差に注目した利鞘稼ぎや相場の流れ（トレンド）に沿った売買（trend follow、トレンドフォロー）など、さまざまな運用手法を活用する。

　このCTAで世界最大級とされるのは、英国の代表株価指数であるFT100にも採用されるマン・グループ（Man Group）であろう。1783年に砂糖を取り扱う商社から発展した同社は、いまやAHLやFRMといった著名ヘッジファンド会社を傘下にもつヘッジファンド業界の雄であり、その運用残高は約1.4兆ドル（2021年9月末）である。

　筆者はマン社がオックスフォード大学と共同研究所を開設した直後にAHLを訪問してCEOと面談したことがある。彼が強調したのは人材の優秀さとそれを支える高度なインフラであった。欧米名門大学で数学、統計学、物理学、コンピュータサイエンスを研究し、博士号を得た研究者が計量モデルを常に開発・改良し、世界中のあらゆる資産（の先物）間のわずかな価格のゆがみから収益を得るモデル構築に余念がなかった。

　さらにそれを実現するために計量モデルが出した最適な資産配分に基づ

き、さまざまな先物を瞬時に取引するため自社と外部の多くの業者（証券会社等）の取引システムを電子的に連結、取引コストを勘案したうえで先物価格の最適な業者を選定して約定するなど、完全に自動化されたインフラを当時からつくりあげていた。

　CTA戦略は現物資産のようなオンバランス資産よりも、流動性の高いオフバランス資産である先物を投資対象とするので、流動性が不可欠な公募投信とは非常に親和性の高いヘッジファンド戦略といえる。365日24時間体制で資産配分変更が実行されるCTA戦略にとっては1日1回しか行われないファンドの換金対応など問題ではないからである。

　取引対象は世界中の先物とはいえ、CTA戦略も一種のマルチアセット戦略であり、平易にいうとバランスファンドということができる。このため「ダブル・ブレイン」（野村アセット、2018年11月設定）、「マンAHLスマート・レバレッジ戦略ファンド」（大和アセット、2019年11月設定）はいずれもマルチアセット商品と分類されている。両ファンドともAHLがCTA運用する外国投信に投資するファンド・オブ・ファンズであり、前者は2,500億円（2021年末時点）を超すヒット作となっている。

(2)　イントラデイ戦略

　イントラデイ（intra-day）とは、「日中の」や「1日の」という意味であり、イントラデイ戦略とは、1日の間で投資ポジションを構築し、その日のうちに反対売買を行ってポジションを閉じることで収益を実現化させる戦略である。

　このため、基本的には1日以上資産を保有しないものである。こうした取引は以前から「日計り商い」という言葉で呼ばれている。イントラデイ戦略ではこの日計り商いをある一定のルールに基づいて機械的に実行する。たとえば、株価指数の値が前日終値を〇％上回ったら株価指数先物を買い建て、逆に〇％下回ったら株価指数先物を売り建てるというものである。両者とも終値近辺で先物を反対売買し実現損益が確定することになる。この戦略は過

去の経験則から、株価が前日終値から一定率以上乖離した場合、その傾向（モメンタム）は当日終値まで持続するとの見通しに立っている。

こうした純粋な日計り商いに加え、戦略のバリエーションとして、株価の前月末値と今月末近辺の値を比べ、一定の乖離がみられれば当該ポジションをつくり、月末にポジションを閉じる、などがある。

これらの戦略は株価トレンドが上昇傾向のときに先物の買い建てポジションをつくる（順張り）ものもあれば、逆に下落トレンドのときに先物の買い建てポジションをつくる（逆張り）ものもある。このルールどおりに先物ポジションをつくれば必ず利益が出るという保証はない。しかし、過去のデータからその傾向が強いとしてこうしたルールがつくられている。

このように証券投資理論やファンダメンタルズにより理論的根拠があるわけではないが、よく当たる経験則のことをアノマリー（anomaly）と呼び、イントラデイ戦略も一種のアノマリーを活用したものといえる。

イントラデイ戦略も投資対象は株価先物であり、流動性が高いため公募投信化するのに問題がない。これを活用した著名なファンドに「テトラ・エクイティ」（三井住友DSアセット、2019年11月設定）がある。このファンドの実質的な収益源泉はJPモルガン・チェースが創出している。すなわちJPモルガン・チェースは自らがつくったイントラデイ戦略に従って、株価指数先物（この場合はS&P 500先物）を売買し、それからあがる損益（利益のみではない）をスワップ契約を通じてケイマン籍投信との間でやりとりする。三井住友DSアセットが設定した国内籍投信「テトラ・エクイティ」は、このケイマン籍投信にほぼ100％投資することでイントラデイ戦略を実施したのと同様の効果を受けるという形式である。

「テトラ・エクイティ」の目論見書ではイントラデイの取引ルールが開示されており、JPモルガン・チェースはこのルールどおりに運用する。つまり、株価が前日終値から一定以上乖離すると瞬間的に先物のポジションをつくる必要がある。

先物は巨大な市場であるためこうした取引は通常は問題とならないが、

ファンド規模が大きくなるとこれに応じた取引量で一時期に先物を売買することになり、市場インパクト[9]が大きくなる。このためこの種のファンドはファンド規模を制限することが必要になる点には留意が必要である。実際「テトラ・エクイティ」は2,000億円程度で販売停止となり適正な規模を確保している。

アノマリーは永続的に有効とは限らない。「テトラ・エクイティ」はコロナショックが発生し大きく株価が下落した2020年2月〜3月にかけて先物売り建てポジションを組み大きなリターンをあげた。しかし、その後はややパフォーマンスが不振で残高も半減している（2021年末時点）。

(3)　未上場株式投資

未上場株式（PE、Private Equity）への投資もオルタナティブ投資の典型的な戦略の一つである。PEファンドは未上場株式に投資し、その経営に関与、企業価値を高めるなどして最終的には上場（IPO）などの出口戦略（exit strategy）を用いて収益を確保するものである。ベンチャーキャピタルもPEファンドの一種である。

このファンドでは投資対象となる未上場株式に投資し、最終的に換価するまで通常5年〜10年程度を要し、その間投資家は基本的に換金することができない。こうした流動性を犠牲にしてまで投資するのは、その高い期待リターンのためである。この流動性の対価としての超過収益を「流動性プレミアム」と呼んでいる。

プライベートエクイティ投資は上記のとおり長期間資金を寝かせる必要があるため、公募投信には不向きで、主として機関投資家や富裕層の投資対象ファンドとして考えられてきた。

たとえば、年金資金や生命保険会社の運用などでは、こうした長期投資が

9　市場インパクト（market impact）とは、市場全体の大きさに対して自身の売買量が比較的大きい場合、自らの売り買いが売り値の下落や買い値の上昇をもたらすことをいう。思惑どおりの売買執行ができない可能性がある。

可能である。一方で公募投信は原則として毎営業日顧客の換金に応じられる程度の流動性が求められる。さもないと販売面で支障が出るからである。このため流動性の乏しい未上場株式に投資することは公募投信では困難であった。ちなみに投信協会ルールでは未上場株式への投資も可能とされ、金商法第24条の規定に基づき適正意見の監査報告書が添付された有価証券報告書を提出している会社であるか、会社法に基づく監査が行われ、適正意見の監査報告書が添付された財務諸表等が入手できる会社であるか、またはこれらに準ずる会社であることがその条件とされている。

しかし、実際にはこうした財務情報の適正な開示よりも未上場株式の流動性が障害となり、これまでは未上場株式への投資は行われてこなかった。

この低流動性を補完する手段としてファンドそのものを上場することがあげられる。つまり未上場株式を含んだ投信を上場させ、投資家の換金要請には取引所における売買で応じようとするものである。

海外では未上場株式に投資するクローズドエンド型の上場投信が多数存在する。しかし、いくらファンドを取引所に上場しても投資家が売りたいときに買い手が、買いたいときに売り手が存在しないと意味がない。これに対しこれら上場投信の売買を促進するマーケットメイカーと呼ばれる専門業者も多数存在している。このため投資家はこのマーケットメイカーを相手方として未上場株式を含んだ投信を取引所で売買することが可能となる。

「ベイリー・ギフォード世界成長企業戦略／SMT. LN外国投資証券ファンド（愛称：クロスオーバー・グロース）」（三菱UFJ国際、2021年9月設定）はまさにこうした上場投信を介して未上場株式投資を公募投信で実現したものである。

このファンドは国内籍ファンド・オブ・ファンズとして設定され、ロンドン株式取引所（LSE）に上場しているスコティッシュ・モーゲージ・インベストメント・トラスト・ピーエルシー（SMT）が発行する上場外国投資証券（SMT.LN）に投資する。そしてこのSMTが未上場株式にその一部を投資するものである。こうして日本の投資家に間接的ながら海外の未上場株式を保

有し、その高い期待リターンを得る機会が開かれることとなった。

(4) 株式ロングショート

株式ロングショート戦略については、代表的な絶対収益追求型の運用手法としてすでに紹介した（第3章3(4)②参照）。割安と判断される銘柄群を買い持ち（ロング）し、割高と思われる銘柄群を売り持ち（ショート）する戦略で、それぞれの割安割高が是正された段階でその反対売買を行って利益を確定するものである。

買い持ち、売り持ちともに個別銘柄を選択し、その両方から利益を得ようとする方式（ダブルアルファ戦略）では、売り持ちで個別株式の空売りを行う必要が出てくるため、これを行える銘柄が限られることに加え投信事務上も困難を伴う。これが障がいとなり、公募投信化されるのは多くが個別銘柄買い持ち、株価指数先物売り持ちのパターン（シングルアルファ）である。この場合の収益はロングした銘柄群の割安感が是正される部分のみとなる。

ロングショート戦略はヘッジファンド戦略の典型であり、かつ個人投資家は本来絶対リターン思考であると考えられることから、これまでも何度となく公募投信化されてきた。しかし、それらの多くはヒットしたとは言いがたい。最近も「UBS環境ロング・ショート・ファンド」（UBS、2021年9月設定）が設定されたが、2021年末時点で残高は20億円に満たない。従来、ロングショート戦略が人気にならない理由はいくつか指摘されてきたが、最も大きいのはその商品性の難易度とされる。

シングルアルファ型においては、株式先物をショートすることでなぜ株式相場全体の動きに対して中立となるのか、という点を投資家に説明することが困難とされる。言い換えれば、株式に投資しながら絶対リターンを得るという投資目的のわかりづらさがある。加えて、相場全体が上昇したときに（当たり前だが）基準価額は上昇しないことへの投資家の不満があげられる。反対に相場下落時において、基準価額が絶対に下がらないかといえばそうでもない。これは買い持ちした株式が市場平均以上に下がる場合や、株式ロン

グと先物ショートが完全に市場中立にならないことなどが原因であるが、投資家にはこれを不満とする者もいる。

　以上をまとめると、やはり株式投資で“絶対リターンを獲得する”という概念が投資家に受け入れづらいという問題に尽きると思われる。

14　フロア確保型ファンドと元本確保型ファンド

　投信協会が実施した直近の「投資信託に関するアンケート調査」（2021年）によれば、投信を購入しない理由としては、「投資の知識がない」「興味がない」（39.9％）に加えて、「損をしそうで怖い」（30.5％）、「元本保証がない」（21.6％）と、その損失面が主な要因になっていることがわかる。こうした投信への参入障壁を解消しようとする試みが、フロア確保型ファンドないし元本確保型ファンドである。

(1)　フロア確保型ファンド

　フロアとは基準価額の最低レベルを指し、この水準以下に基準価額が下がらないような工夫をしたファンドを「フロア確保型ファンド」と呼んでいる。際限なく損失がふくらむことを避け、最大損失をあらかじめ投資家に認識してもらうことがその目的である。

　この仕組みのうち代表的なものが、ポートフォリオインシュアランス（PI）戦略である。すでに第3章3(4)①でみたとおりPIの一手法であるCPPI戦略では、フロアをあらかじめ設定し、これとポートフォリオの時価の差分で危険資産比率が決定される。

　この戦略を用いれば、運用が好調なときにはこの差分（サープラス）が大きいため、より変動性の大きい株式のような危険資産を多く保有することができる。

一方、基準価額が低下しこの差分が小さくなっていくと株式を債券に、債券をキャッシュにと投資比率を変化させ、フロアを割り込まないようにする。このファンドは最大損失があらかじめ設定できるメリットがある反面、次のようなデメリットもある。

① 相場下落で基準価額が下落した後、相場の反転上昇がとれない

特にサープラスが極小となった後は株式などの危険資産はもてず、キャッシュなどの安全資産のみ保有することとなる。この場合、基準価額の上昇は見込めず、信託報酬等のファンドコストのみが負荷される結果、基準価額は最終的にはフロアに接触することになる。

この点、フロアを一段下げ（フロアのリセット）、再度サープラスをつくることで、相場反転をとろうとする商品仕様も考えられる。しかし、こうすると最大損失の予定ができなくなり、本末転倒となる。一方でフロアを見直さない場合は、最終的にはリスクをとれずに信託報酬等のコストだけかかって償還を待つだけとなる。まさに"座して死を待つ"的な運用が行われる結果となる。

② 販売時に十分な説明が必要

通常この種のファンドは投資家の簿価が均一な単位型で設定されることが多いが、これを追加型で設定した場合は、投資家によって最大損失が異なることになる。つまり投資家の簿価がまちまちである一方、フロアはファンドで１つであるため、基準価額が上昇したときに購入した投資家にとっては最大損失が大きくなる。このことは販売上十分な説明が必要となる。

「フロア確保型ファンド」は過去国内投信でもいくつか設定された。その最大のものは「SMBC・アムンディ プロテクト＆スイッチファンド（愛称：あんしんスイッチ）」（アムンディ、2017年７月設定）である。ピーク時は2,000億円を超えるヒットとなったが、フロア（同商品では"プロテクトライン"と称する）である9,000円に基準価額が到達するに至り2021年９月に繰上償還となった。

（2）　元本確保型ファンド

　期待リターンは高くなくてもいいから投資元本はせめて確保したい、というのが投資家の切なる願いではないだろうか。預金を投信に移動しない投資家の心理は、預金が元本保証[10]であるのに対して、投信はそれがないことが大きい障がいとなっている。

　これを解決しようと試みるのが「元本確保型ファンド」である。このタイプのファンドでは投資元本は確保しておきつつ、リターンを生む投資（運用エンジン）に要する資金と投資信託の信託報酬等のコストをまかなう部分を投資元本とは別に確保しなければならない。この部分は現在の国内ゼロ金利を前提にすれば、国債投資ではまかなえない。よってなんらかの信用リスクをとる必要がある。つまり、この信用主体が債務不履行（デフォルト）とならないという条件下で、元本確保するというのがこのファンドの特徴である。これは銀行預金が（預金保険でカバーされる上限金額を超えた部分について）当該預金先銀行がデフォルトしない限り確保される仕組みと似ている。こうしてある特定の信用主体の信用リスクをとった対価として信用リスクプレミアム、つまり信用スプレッドをうまく活用して、運用エンジンと信託報酬等コストを支弁するのがこのファンドの本質である。

　"元本確保" とはファンドの償還時点で実現するものである。つまり、信用スプレッドが上乗せされた金利は信託期間を通じて得られるものであり、このファンドの元本確保性もその期間の保有を前提にしている。したがって、中途換金した場合は（その時点の時価が当初元本を上回る可能性はあるものの）元本確保の対象ではない。

　さて、これで元本が確保される基本的な仕組みは理解されたと思うが、問題はその収益性である。信用主体が信用力の低い先であればデフォルトリスクが高まり意味がない。そこである程度信用力の高い企業が対象となる。と

10　預金保険により投資元本1,000万円までが保証対象であるが、近時はこのペイオフはあまり意識されない。

するとその金利は国債以上ではあるもののあまり大きくはない。よって信託報酬を控除すれば残った運用エンジンに使える部分はあまり大きくはない。この小さな資金で大きな利益を得る手段として活用されるのはデリバティブである。

たとえば、コールオプションはオプションプレミアムの負担だけでオプション対象資産の値上り益を享受することができる。万が一投資対象資産が下落してもオプションプレミアム部分だけの損失に限定される。

アセットマネジメントOneの元本確保型商品「ゴールドマン・サックス社債／国際分散投資戦略ファンド（愛称：プライムOne）」は単位型で2018年7月より設定されたシリーズ商品である（**図表4-24**）。

この商品では信用主体として米国著名金融機関ゴールドマン・サックス・グループ（GSG）を選定しており、その発行する仕組債に投資している。つまりGSGがデフォルトしない限り10年の信託期間満了時に当該債券の満期金で元本を確保する。その一方でこの仕組債は収益機会として、世界先進各国の株式や債券への国際分散投資成果を"実績連動クーポン"のかたちで提供する。この国際分散投資運用がうまくいけば毎年預金金利を上回る分配金が得られる。仮にこれが不振だとしてもPI戦略のように信託期間の途中で繰上償還になるなどのリスクはない。

図表4-24 元本確保型ファンドの概念図

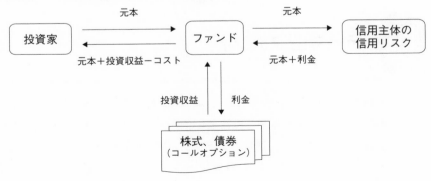

「元本確保型ファンド」に代表されるような、「何かを投資家に約束する
ファンド」は商品設計において最も難易度が高い。リスク限定型、フロア確
保型、元本確保型に共通するのはそれが投資家に「何かを約束するファン
ド」だということである。予見不可能な事態が発生した場合に備えて目論見
書などには「○○を保証します」とせずに、あくまで「○○を目指します」
と表現するなどの免責条項（disclaimer、ディスクレーマー）が記載されてい
るが、こうした文言にかかわらず投資家のこの"約束"に対する期待は大き
いといえる。

特に注意を要するのはコストの管理である。当初想定していないコスト、
たとえば税金などが負荷されるようになった場合、投資家との"約束"を守
ることが困難となる。

また、換金時のファンド希薄化にも留意が必要である。ファンドの中途換
金において、投資家の換金タイミングとファンドの信託財産の処分タイミン
グが異なりその両者の価格差によって信託財産は希薄化、濃縮化が発生して
しまう。これはほぼすべてのファンドで生じているが、「元本確保型ファン
ド」で希薄化は厳禁である。なぜなら、中途換金で希薄化が生じると、残存
受益者の元本を確保する資金が枯渇することになるからである。このように
想定外の約束違反が生じないように細心の注意をもってこの種のファンドは
運営されている。

15 テーマ型ファンド

テーマ型ファンド（thematic fund）とは一般に株式市場においてもてはや
される題材（テーマ）をあらかじめ特定し、当該テーマに関連する株式のみ
に投資するファンドを指す。通常のジャッジメンタルアクティブファンドに
おいては、ファンドマネージャーは投資のテーマをその時々で分析しつつ、

超過収益を生み出す銘柄を選択する。このように投資の題材は時代とともに変化するため、ファンドマネージャーの追い求めるテーマも時期によって変化する（テーマローテーション）のが一般的である。

　しかし、これでは顧客にファンドの特徴を伝えづらくなる。つまり変化するこのテーマは常にファンドマネージャーの"頭のなか"にあるわけで、それが外形的に投資家の目からみえづらいからである。このアクティブファンドにおける特徴の出しづらさ、というデメリットを解消したのがテーマ型ファンドといえる。このファンドでは特徴ある投資テーマを当初決めてファンド名に冠することになる。こうするとそのファンドは常時そのテーマに拘束されて関連銘柄を選定していることになる。投資家がそのテーマが将来有望と考えれば安心してそのファンドに投資することができる。

　投資家がそのテーマに関心をもてなくなったときにはファンドを換金すればよい。このようにテーマ型ファンドは刹那的なファンドと位置づけられることが多い。実際過去においても永続性があると考えられたテーマ型ファンドが短命に終わった例は多い。

　テーマ型ファンドで特に留意が必要なのはそのパフォーマンスである。投資テーマはそれがブームとなった頃には関連株式には多くの資金が投資され値上りしていることが多い。公募投信を設定するには数カ月間を要するが、ひとたび設定されればすでに値上り済みの株式に投資するほかなく、結果的には割高な株式を高値つかみすることになる。公募投信はその設定スケジュールが公開されており、かつその募集状況も市場関係者で共有されるため、大型設定になる見込みのファンドに対して、当該テーマ関連株をあらかじめ保有して高値で売り抜けるといった手法が機関投資家の間でも一時話題となった。特にテーマが狭い範囲に特定されればされるほどファンドの特徴は明確になる反面、投資対象銘柄は限定されることになりファンドが"ねらい撃ち"にあうケースが顕著となる。

　こうした事態を避けるため、なるべく広範で抽象的でかつ永続性のあるテーマが選択されるようになったのが最近の傾向である。

たとえば「テクノロジー」といった場合、それはロボット関連や通信技術関連、バイオ関連などさまざまな"技術"を指しており、投資対象はかなり広範なものになる。このように「ファンドの特徴性」と「投資対象の広汎性、自由性」のバランスをどうとるかがテーマ型ファンド開発の要諦といってよい。

　投資テーマに属する銘柄群のなかで、ファンドマネージャーとしてはパフォーマンス確保のため、なるべく割高な銘柄を避けて投資することになる。この結果、選択した銘柄が当該テーマに合致しているかが問題になることも多い。選択銘柄が投資テーマと関連性がない、または薄い場合には"看板に偽りあり"といわれかねない。パフォーマンスとしてはそのほうがよくても商品として規定された範囲を逸脱するわけにはいかないのである。

　テーマ型ファンドは投信業界の横並び体質を如実に反映するものである。すなわち1社が旬のテーマを冠したファンドを出してそれが募集金額の大きいいわゆる大型設定となると、ライバル他社はすぐにこれに追随する。その結果、同時期に同じようなコンセプトのファンドが運用会社と販売会社を変えて次々に発売されることになる。テーマ型ファンドでは、その運用手法に特段の新規性はないことから、特許権の取得は不可能でありこうした乱立は防ぎようがない。

　図表4-25はそうした過去に流行ったテーマとそれに関連するテーマ型ファンドの例を時系列に並べたものである。おもしろいのは1990年代後半の地球環境保護や社会的責任投資（SRI）といったテーマが2020年頃からESG、SDGs、脱炭素といったテーマに昇華して再び取り上げられるようになったことである。

　また、2000年代初頭のITバブルといわれた時代と2015年以降のテクノロジーブームも同様に類似性がある。つまり洋服ファッション等もそうであるが、かつて流行ったものがその後放置され、再び（多少意味合いは変わるものの）流行るという現象が起きている。その間を生き延びたファンドもあれば、再ブームが起きる前に残高が減少して償還されるファンドも多い。

図表 4 −25 　日本におけるテーマ型ファンドの変遷（例）

時期	主要テーマ
1999年 〜 2005年頃	地球環境保護や地球温暖化対策、社会的責任投資（SRI、Socially Responsible Investment）が話題に。 「日興エコファンド」（日興アセット、1999年 8 月設定） 「地球温暖化防止関連株ファンド」（新光投信、2006年 6 月設定）
1995年 〜 2000年頃	普及するインターネット、IT関連企業等のTMT（テクノロジー・メディア・通信業界）関連株式が相場をけん引。後に「ITバブル」と呼ばれることに。 「netWIN GSテクノロジー株式ファンド」（ゴールドマン、1999年11月設定）
2001年頃	ゴールドマン・サックスのレポート「Building Better Global Economic BRICs」（2001年11月）によりBRICs（ブラジル、ロシア、インド、中国）に投資するファンドがブームに。 「JPM・BRICKS5・ファンド」（JPモルガンアセット、2005年12月設定）
2003年頃	ヒトゲノム解読作業完了（2003年 4 月）などを契機にバイオテクノロジーに関連する期待が盛り上がり。 「ワールド・ゲノムテクノロジー・オープン」（野村アセット、2003年11月設定）
2010年頃	米国でグーグル、アマゾン、マイクロソフトなどがクラウドコンピューティングを活用したサービスを展開。またSNSの飛躍的拡大に伴い、これに関連したサービスが拡充。 「野村クラウド関連株式投信」（野村アセット、2010年 4 月設定） 「野村SNS関連株式投信」（野村アセット、2011年10月設定）
2012年頃	米国でシェールオイル・ガスの採掘が可能となりこれがシェール革命と呼ばれ、世界のエネルギー事情が大きく変わると期待された。背景には原油高騰（ 1 バレル100ドル時代2010年〜2014年）も。 「DIAMシェール株ファンド」（DIAM 、2013年 6 月設定）
2015年頃 〜	人工知能（AI）がビジネスに実際に盛んに利用されるように。また第 5 世代移動通信システム（5G）の登場によって、リアルな世界とサイバー空間が融合する社会（Society 5.0）がイメージされることに。

	「グローバル・ロボティクス株式ファンド」（日興アセット、2015年8月設定） 「グローバルAIファンド」（三井住友DSアセット、2016年9月設定） 「次世代通信関連 世界株式戦略ファンド（THE 5G）」（三井住友トラストアセット、2017年12月設定） 「グローバル・フィンテック株式ファンド（日興アセット、2016年12月設定）」
2020年頃	世界的な地球温暖化への問題意識を背景に、脱炭素社会、ESG、サステナビリティ、インパクト投資などがキーワードに。 「世の中を良くする企業ファンド」（野村アセット、2021年8月設定） 「グローバルESGバランスファンド」（野村アセット、2020年11月設定） 「脱炭素ジャパン」（野村アセット、2021年8月設定） 「チャイナ脱炭素イノベーション株式ファンド」（日興アセット、2021年9月設定）

　こうしたテーマ型ファンドの流行は日本の投信業界において顕著である。もちろん欧米でも同様のテーマ株投信がないわけではないが、その多くは特定の業種（たとえば、医薬品など）に絞り込んで投資するファンドである。

　日本のように業種横断的に1つの題材で関連銘柄に集中投資するファンドがこれほど多く展開する投信市場は世界的にみても大変珍しいともいえる。

　この“業種横断”的に関連銘柄を選択するというテーマ型ファンドの特徴は従来、パッシブファンドを設計する際の妨げになると考えられていたが近年ではこれを克服するパッシブファンドの事例もみられるようになってきた。テーマ型アクティブファンドはそのテーマに関連するとファンドマネージャーが考えた銘柄であれば組み入れることができる。一方でテーマ型ファンドをパッシブファンドでつくろうとする場合、まずはテーマ指数をつくる必要がある。

　インデックス提供会社はファンドマネージャーのように随意に銘柄を選ぶわけにはいかず、当該テーマと、これから導き出される銘柄を機械的に関連

図表 4 −26　主なテーマ型パッシブファンドシリーズ

シリーズ名	運用会社	主なテーマとファンド数	指数提供会社
eMAXIS Neo （2018年 8 月〜）	三菱UFJ国際	自動運転、フィンテック、ナノテクノロジーなど11ファンド	S&P Kensho
SMT MIRAIndex （2018年12月〜）	三井住友トラストアセット	遺伝子工学、eビジネスなど 4 ファンド	Factset
Oneフォーカス （2020年 1 月〜）	アセットマネジメントOne	5G、AI、ロボットテクノロジーなど 5 ファンド	Solactive

づけしなければならない。このインデックスルールと呼ばれる手順は書面に明記されそのとおりの運営がなされることになる（第 3 章 3 ⑶ ⑦ 参照）。

　たとえば、指数提供会社である独ソラクティブ（Solactive）社のように、業種分類をさらに細かく分類し、1 つの企業の事業構成比率までたどって当該テーマに関連する銘柄を選択する手法や、S&P Kensho（ケンショー）のように、AI（人工知能）が企業の開示資料等非財務情報を読み込み、当該テーマに関連する言葉を検索することで関連銘柄を抽出する手法などがある。このようにして指数提供会社は多様なテーマ指数を開発するようになった。

　この結果、従来はアクティブファンドでしか組成できないと考えられていたテーマ型ファンドはパッシブファンドでも組成できるようになり、投資家にとってはよりコストの安い方法でテーマ投資できるようになった（**図表 4 −26**）。

16 目標払出し型と予想分配金提示型投信

　毎月分配型投信が長期にわたって日本で大流行し、一時は投信残高の７割を占めるに至ったものの、投資対象資産のパフォーマンス悪化、当局やマスコミの懐疑的な意見や批判を受けるにつけ、徐々に残高を減らしていった経緯はすでにみたとおりである。

　毎月分配型投信への批判はさまざまあるが、その最たるものは分配金上限規制が有名無実化しており、投信のパフォーマンスに関係なく分配することが可能であること、そしてその結果、高水準の分配金を受け取り続けた投資家がパフォーマンスも順調であると誤認してしまうことである。

　この批判を考慮し、次のような分配方針をもつファンドが企画された。

（1）　目標払出し型投信

　このタイプの投信は、分配水準を“目標払出し”水準としてあらかじめ明示するものである。つまり投信のパフォーマンスに関係なく、分配金を毎月いくら“払い出す”かを投資家に示すことで、元本の払戻しとなる可能性があることを投資家に知らせようとするものである。

　たとえば、「新光・ハイインカム・ポートフォリオ・ファンド（毎月決算／目標払出し型）」（新光投信、2011年10月設定）はコースによって半年、１年、２年といった期間が設定され、この間は毎月同じ額の分配金を支払う商品仕様となっていた。このファンドの実質的な投資対象は新興国債券やハイイールド債などの高金利外債であったが、そのパフォーマンスと分配金は無関係である。

　当然パフォーマンスが悪いときは払い出す分配金はそのまま基準価額の低下につながるが、それを厭わないという宣言をあらかじめ行ったファンドといえる。どうしてこういうことができるのか。これは分配金上限規制が実質

的に機能していないからである。

このファンドは高金利外債に直接には投資しない。かわりに高金利外債の
パフォーマンスを表章する指数を投資銀行がつくり、この指数に連動する仕
組債（パフォーマンス連動債券、パフォーマンスリンクノート）を投資銀行が提
供、ファンドはほぼ全額をこの仕組債に投資するのである。この仕組債の時
価は文字どおり、高金利外債指数の動き（パフォーマンス）に連動（リンク）
して上下する。ここまでは単なる代替投資にすぎない。ポイントはこの仕組
債から指数のパフォーマンスに関係ない固定クーポンが支払われ、これをも
とにファンドの分配金が支払われることである。

換言すれば、分配金をまかなう程度の水準に仕組債のクーポン水準があら
かじめ設定されているのである。当然このクーポンは市中金利からみればは
るかに高く、その分、仕組債時価は確実に下がる。しかし、ファンドの計理
上、投資対象債券（仕組債）のクーポンはインカムゲインとして分配原資に
なるため分配が継続できるという仕組みである。"目標"払出しという名称
であるが、クーポンは決まっているから、分配金は"目標"ではなく労せず
して"必ず"出すことができる。パフォーマンスによらない分配金が出ると
いうことは、元本払戻しもありうることを投資家も認識すべき、と暗示した
商品である。

このタイプはその後2013年あたりまで設定された。商品の仕組みは、パ
フォーマンス連動債券に投資するもののほか、外国投信に投資するファン
ド・オブ・ファンズ仕立てのものもあった。そのどちらもがファンドのパ
フォーマンスに関係なく分配できるものであった。もちろん従来、同様の仕
組み（ファンド・オブ・ファンズやパフォーマンスリンクノート）でパフォーマ
ンスによらない分配金を出すことは可能（第2章4⑹参照）で、そうした
ファンドは多数存在した。これに対して本タイプの新規性は、そのこと（パ
フォーマンスと連動しない分配金を出すこと）を正面から認め、これを投資家
に提示した点であった。

図表4-27 予想分配金提示型ファンドの残高上位20ファンド

No	ファンド名称
1	アライアンス・バーンスタイン・米国成長株投信Dコース毎月決算型（為替ヘッジなし）予想分配金提示型
2	アライアンス・バーンスタイン・米国成長株投信Cコース毎月決算型（為替ヘッジあり）予想分配金提示型
3	グローバルAIファンド（予想分配金提示型）
4	グローバルAIファンド（為替ヘッジあり予想分配金提示型）
5	野村ACI先進医療インパクト投資Dコース（為替ヘッジなし）予想分配金提示型
6	サイバーセキュリティ株式オープン（為替ヘッジなし）予想分配金提示型
7	ダイワSociety 5.0関連株ファンド（予想分配金提示型）
8	グローバルDX関連株式ファンド（予想分配金提示型）
9	ベイリー・ギフォード インパクト投資ファンド（予想分配金提示型）
10	グローバル・ハイクオリティ成長株式ファンド（予想分配金提示型）（為替ヘッジなし）
11	アライアンス・バーンスタイン・世界SDGs株式ファンド（予想分配金提示型）
12	脱炭素関連 世界株式戦略ファンド（予想分配金提示型）
13	野村未来トレンド発見ファンドDコース（為替ヘッジなし）予想分配金提示型
14	野村ACI先進医療インパクト投資Cコース（為替ヘッジあり）予想分配金提示型
15	GSグローバル環境リーダーズ毎月決算コース（分配条件提示型）
16	野村未来トレンド発見ファンドCコース（為替ヘッジあり）予想分配金提示型
17	ベイリー・ギフォード世界長期成長株ファンド（予想分配金提示型）
18	モルガン・スタンレー グローバル・プレミアム株式オープン（為替ヘッジなし）予想分配金提示型
19	次世代REITオープン〈毎月決算型〉（為替ヘッジなし）予想分配金提示型
20	サイバーセキュリティ株式オープン（為替ヘッジあり）予想分配金提示型

注：データは2021年12月末時点。対象はETFを除く国内公募追加型株式投資信託のうち、年
出所：QUICK資産運用研究所

運用会社	純資産総額（億円）	設定日	QUICK投信分類
アライアンス・バーンスタイン	17,368	2014年9月16日	先進国株式
アライアンス・バーンスタイン	6,195	2014年9月16日	先進国株式
三井住友DSアセット	3,110	2019年10月7日	先進国株式
三井住友DSアセット	793	2019年10月7日	先進国株式
野村アセット	660	2018年10月23日	先進国株式
三菱UFJ国際	643	2021年1月21日	先進国株式
大和アセット	530	2020年7月20日	グローバル株式
三井住友DSアセット	466	2020年9月15日	先進国株式
三菱UFJ国際	416	2021年4月6日	先進国株式
アセットマネジメントOne	414	2021年10月25日	グローバル株式
アライアンス・バーンスタイン	400	2021年1月5日	先進国株式
三井住友トラストアセット	353	2021年5月21日	グローバル株式
野村アセット	311	2020年1月31日	先進国株式
野村アセット	301	2018年10月23日	先進国株式
ゴールドマン	214	2021年8月26日	グローバル株式
野村アセット	181	2020年1月31日	先進国株式
三菱UFJ国際	141	2021年1月19日	グローバル株式
三菱UFJ国際	136	2020年10月21日	先進国株式
三菱UFJ国際	132	2020年2月14日	海外REIT
三菱UFJ国際	131	2021年1月21日	先進国株式

決算回数が6回または12回の予想分配金提示型で純資産総額（残高）上位20ファンド。

(2) 予想分配金提示型投信

「予想分配金提示型」投信は「分配条件提示型」投信とも呼ばれるもので、決算日の前営業日の基準価額に応じて、決算日に出す分配金額をあらかじめ目論見書などで明示するものである。従来の毎月分配型投信の分配金の決定方法が不明確であるのと比較すると分配ルールが明確でわかりやすい。

また、目標払出し型投信に比べれば、過去のパフォーマンスを反映した基準価額水準によって分配金を決めることで、その間の関連性を有するという特徴をもつ。分配水準の多寡によって、ファンドのパフォーマンスがどう推移しているか、投資家にその気づきを与えるファンドといえよう。

予想分配金提示型は外国株式に投資する毎月分配型ファンドで、先行する通常決算（年1回ないし2回決算）のファンドの追加商品として設定されるケースがほとんどである。

図表4-27は予想分配金提示型ファンドの残高上位20ファンドを示している。首位の「アライアンス・バーンスタイン・米国成長株投信」は2014年9月に設定されているが、これは2006年5月に設定された年2回決算型の同名ファンドと同じマザーファンドに投資する姉妹ファンドである。したがって、運用内容はまったく同じで、決算回数のみが異なるファンドということになる。

図表4-28 「アライアンス・バーンスタイン・米国成長株投信」の分配方針

毎計算期末の前営業日の基準価額	分配金額（1万口当り、税引前）
11,000円未満	基準価額の水準等を勘案して決定
11,000円以上12,000円未満	200円
12,000円以上13,000円未満	300円
13,000円以上14,000円未満	400円
14,000円以上	500円

残高上位ファンドに共通するのは海外株式上昇トレンドのなかで先行ファンドが人気化した後、これらのファンドでは満たされない定期的な分配ニーズ（毎月分配）を取り込もうとする点である。もちろん明確な分配ルールがある以上、これに反して高い分配金を出し続けることはできない。

　図表4－28は「アライアンス・バーンスタイン・米国成長株投信」の分配方針であるが、その分配水準は0〜500円までの幅がある。

　分配すればその分基準価額は下がるから、これを補うパフォーマンスがない限り、分配水準は健全に下がるという仕組みである。ただ注意が必要なのは、この方式においても投資家の取得簿価（個別元本）は千差万別であるからパフォーマンスと分配金との間でバランスを完全にはとれないということである。

　基準価額が高い時期に購入した顧客は個別元本を割り込んでも高い分配金を受け取り続けることもありうるわけで、その分配金の全部または一部は単

図表4－29　予想分配金提示型ファンドの純資産総額推移

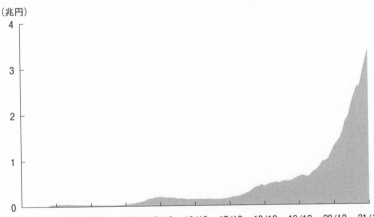

注：対象はETFを除く国内公募追加型株式投資信託のうち、年決算回数が6回か12回の予
　　想分配金提示型ファンド。
出所：QUICK資産運用研究所

なる元本の払戻しであったとしてもそれが純粋な収益と誤認するリスクは完全には回避できない。

「予想分配金提示型投信」は、外国株式の値上り益に期待しつつも、同時に計画的に資産を取り崩したいとするニーズ（ディキュムレーションニーズ）に合致した商品といえる。

加えて、思惑どおり株価が上昇して評価益（含み益）ができたファンドにおいて、これを一定ルールで実現益化するといった"自動利食い"機能を備えたファンドとしても評価されている。この結果、毎月分配型投信全体の残高は減少傾向にある（**図表4－6参照**）が、その内訳としての「予想分配金提示型投信」の残高は急増している（**図表4－29**）。

17 ファンドラップとラップ型ファンド

ファンドラップ（fund wrap）とは、投資家から一任を受けた投資一任業者が、投資家のリスクリターン属性をもとに投信を組み合わせた最適ポートフォリオを提案し、これに基づいて投資家にかわって投資家資金を運用するものである。その内容は第5章4(1)で詳説するが、金融庁が指摘する「顧客本位の業務運営」にのっとった"資産管理型営業"を具現化するビジネスとして近年各販売会社がこぞって強力に推進しているものである。

特に証券会社や信託銀行にとっては、投資信託の代行手数料収入に加えて、自らが行う投資顧問報酬の収益寄与が大きく、このビジネスへ傾倒する強いインセンティブが働いている。一方で銀行にとっては自らがこの投資運用業を営むことができない（金商法33条1項）ため、投資顧問報酬はおろか、投資家と直接投資顧問契約を締結することすらできず、この代理、媒介をできるにすぎない。系列の証券会社等につなぐことで金融グループ全体としての収益確保ができる銀行はよいが、そうでない銀行はファンドラップビジネ

スに参入する動機が不足することになる。

そこでファンドラップにかわるものとして考えられたのが、ラップ型ファンドである。両者の名前は似ているがまったく別のものである。ラップ型ファンドは、リスクリターンの異なる2～5個程度のバランスファンドをそろえて投資家のリスクリターン属性に適合したファンドを選んでもらうという形態である。それぞれのファンドは国際分散投資を行うバランスファンドであり、通常の（ラップ型ファンドと呼ばない）バランスファンドとなんら変わりはない。このバランスファンドを複数取りそろえることで、疑似的にファンドラップと同様の効果を投資家にもたらそうとするのが、このラップ型ファンドである（したがって"疑似ラップ"とも通称された）。

図表4−30は、ファンド名に「ラップ」を冠した、ラップ型ファンドの例である。

これらのラップ型ファンドは、NISA導入（2014年1月）も意識して設定され、NISA資金の受け皿としても機能した。なかでも「のむラップ・ファ

図表4−30　ラップ型ファンドの例

ファンド名 （愛称・運用会社）	設定時期	リスクリターン種類	投資助言会社
のむラップ・ファンド （野村アセット）	2010年3月	保守、やや保守、普通、やや積極、積極型	野村證券
コア投資戦略ファンド （愛称：コアラップ・三井住友トラストアセット）	2012年8月	安定、成長型、積極成長型等	三井住友信託銀行
ラップ・コンシェルジュ （大和アセット）	2014年11月	安定、ミドル、成長	大和ファンドコンサルティング
SBIグローバル・ラップファンド （愛称：My-ラップ・SBIアセットマネジメント）	2014年12月	安定、成長	モーニングスター・アセット・マネジメント

ンド」と「コアラップ」は代表的な商品で2021年末時点でもシリーズ残高は1,000億円を超えるロングセラーのヒット作となっている。

　運用会社と同じ系列の金融機関が主要販売会社として販売するほか、ファンドラップビジネスが直接行えない地方銀行なども販売した。しかし、やはりラップ型ファンドではファンドラップの代替はできないとの評価が一般化しつつあり、現時点では各銀行ともコンサルティング営業の本丸としてのファンドラップビジネスへの取り組みを検討し直している段階といえよう。

運用会社のお仕事

　総務省統計局の労働力調査によれば、金融・保険業に従事する就業者数は172万人（2021年11月末）で、これは過去10年間ほとんど変わっていない。

　かなりの人数に思えるが全就業者数6,650万人に対する割合はわずか2.6%である。それでは運用会社の従業員はどれくらいかというと、約1万人といわれている。

　マイナーな金融業のなかで、さらに超マイナーな職種といえる。販売会社の方からよく、「運用会社っていったいどんな職場なのか想像がつかない」という声をいただくが、それも無理はない。そこで、ここでは運用会社が大雑把にいってどのような職場なのか概観してみたい。

　運用会社の仕事はきわめて単純な構造をしている。銀行では伝統的な受信（預金）・与信（貸金）業務に加え、近年重要性を増している投信・保険などの店頭フィービジネス、国債ディーリングに代表される市場業務、外国為替業務、国際関係業務、プロジェクトファイナンス、M&A仲介業務、などなど収益源をあげればきりがない。

　信託銀行になると、さらに年金やカストディ業務、各種信託業務、不動産関連などが加わる。証券会社は株式、債券、投信に加え、仕組債やデリバティブ、信用取引などさまざまな投資商品を取り扱う。

　こうした他業態と比較すると、運用会社は投信を販売会社に販売してもらい、それを運用して運用報酬をその残高に応じて収受するという、いたってシンプルな収益構造である。したがって組織も非常にシンプルだ。販売会社に自社の投信を取り扱ってもらうべく活動する営業セクションと、これを運用する運用セクション、そして基準価額を計算する事務セクションの3セクションが中心となって機能する。

　運用セクションは運用担当者いわゆるファンドマネージャー（FM、Fund Manager）が中心となる。ファンドマネージャーは基本的に個別ファンドを担当し、その担当ファンドの銘柄選択に自由裁量を有し、その結果責任を負う。運用成績はリスク管理部署から分析され、これが本人や経営層に報告されることになっている。当然ながら運用成績プレッシャーが強くかかる部署

であり、報酬システムもこれにリンクする。

　ファンドマネージャーとは別にマクロ経済分析、個別銘柄調査などを行うアナリスト（証券会社のセルサイドアナリストと区別してバイサイド（buy side）アナリストと呼ぶ）が運用セクションに所属する。会社によってはこのアナリストを将来のファンドマネージャー養成プロセスとみなしているところもある。

　営業セクションは販売会社とコンタクトするリレーションシップマネージャー（RM、Relationship Manager）、販売会社に採用された商品を販売員や販売会社顧客にアピールして、販売を側面支援するプロモーションセクション、販売に必要な資料を作成するセクションなどに分かれる。リレーションシップマネージャーは数字の目標が与えられている。

　聞いた話だが、「この商品が採用されるまでは帰れません」とがんばって販売会社の人を困らせるツワモノRMもいるようである。

　近年重要性を増している仕事がプロモーションセクションである。特にデジタルマーケティングが急速に発展しつつある現代、これをいかにうまく活用し効率的に商品をアピールするかは、それが商品の売れ行きに直結するだけに非常に重要である。また、直接最終顧客（個人投資家）との接点をもたない運用会社にとって、プロモーションセクションが行う商品説明セミナーで出た顧客の反応は非常に有益な情報であり、これは社内の日報や会議体で共有される。

　そして計理（経理ではなく）業務を行う事務セクション。信託財産を時価評価し、販売会社から入ってくる資金フロー（設定・解約）の情報を処理、基準価額を計算、受託銀行と照合する。この照合があわないと残業となる。日本経済新聞に基準価額を発表する締切り時限が午後8時頃であるため、これに近づいても照合が一致しないとだんだん焦りが強くなる。非常に正確な事務能力を要求される部署だが、最近は外部の専門会社にこの業務の一部を委託する運用会社が多くなり、自社内で完全にこの業務を行っている会社はむしろ少数派である。

　以上のほかにも売買執行を行うトレーディング部や商品ドキュメンテーション部署、リスク管理部署、コンプライアンス部署などがある。

　マイナーな業種ゆえ販売会社の皆さんにとってイメージしにくいかもしれないが、実は上記のとおり、ある程度想像に難くない、シンプルな組織体制で動いているのが運用会社なのである。

第 5 章

今後のファンドビジネスを
めぐる動き

資産運用業界に限らず、金融業界は常に変化している。それは株式や債券といった変動性の激しい投資対象商品を相手にするビジネスの必然ではあるが、一方で規制の強化、投資家の洗練、他業態からの参入などさまざまな要素が絡んでいる。

　欧米で起きつつあることがすべて日本で起きるとは限らないが、その兆候がみえだしている分野も多い。かつて英国では最も優秀な学生は運用会社（Asset Management）に、二番目に優秀な学生は投資銀行（Investment Bank）に、その次の学生が商業銀行（Commercial Bank）に就職したと聞いたことがある。その真偽のほどは定かではないが、当時はそれほどに資産運用業界が安定して潤っていたということであろう。

　英国金融行為規制機構（FCA）によれば、世界的金融危機以降の2010年から2015年でさえ英国資産運用業界の売上高利益率（profit margin）は34〜39％で推移していた[1]とのことであった。

　だが世界の資産運用業界は現在、その大きな変革と熾烈な競争の真っただ中にあるといえる。本章では変容しつつある日本のファンドビジネスと予想される変化などについて考えたい。

1 運用エンジンをめぐる三つ巴の戦い

　日本では以前、投信を購入した顧客のなかには、自己の資金が購入した先の銀行や証券会社によって運用されていると思っていた人が少なからずいたようである。それほどに運用会社の存在感は販売会社に比べると小さかった。顧客は販売会社を介してしか運用会社の存在を知らないわけだから、それもやむをえない。

1　"Asset Management Market Study 2017" より。

販売会社の説明努力もあり、今日では徐々に運用会社が投資リターンを創出しているということが正しく認知されてきているはずである。しかし、本当にその運用会社がリターンを創出しているのだろうか。

　アクティブファンドに投資する投資家の期待は，ファンドマネージャーがその独自の銘柄選択能力によって市場を上回る収益（超過収益）をあげてくれることにある。

　米国ではパフォーマンスが高いファンドには資金が集まり、著名なファンドマネージャーがマスコミに登場、伝説化するといったことが起きた。

　たとえば、1980年代に活躍した米フィデリティ・インベスメンツのファンドマネージャー、ピーター・リンチ（Peter Lynch）は、代表的株価指数であるS&P 500指数を2倍以上アウトパフォームし、その運用する「マゼラン・ファンド」を世界最大のファンドに育て上げた。

　債券の世界ではビル・グロース（William Hunt Gross）が最も著名なファンドマネージャーの1人であろう。「債券王」（ボンド・キング）と呼ばれた彼は1971年にPIMCOを共同設立し、自ら1987年から運用を始めた「トータル・リターン・ファンド」の残高を約3,000億ドルとし、当時の世界最大のファンドに押し上げた。

　このように以前はファンドのパフォーマンスを規定するのはファンドマネージャーの腕（能力）であった。運用会社はいかに優秀なファンドマネージャーをスカウトし、つなぎ止めるかが最も重要な戦略であった。このように運用エンジン（ここでは投資家の期待する収益を生み出す力のことをそう呼ぶ）が自社内のファンドマネージャーだけであった時代から現在は大きく変化しつつある。

（1）　運用会社vs.指数提供会社のインデックス

　現在ファンドビジネスで起きている世界的なトレンドといえば、何といっても"パッシブトレンド（パッシブ化）"であろう。

　欧米ではETFやインデックスファンドへの資金流入がすでにアクティブ

ファンドを凌駕しており、残高ベースでもその差は縮小しつつある。国内でもその傾向は、欧米ほど急速ではないものの、着実に起きている。

その背景には投資家のコスト意識の高まりと、金融庁が打ち出した「顧客本位の業務運営（フィデューシャリー・デューティ、FD)」によって、投資家の負担するコストを明確に説明するように指摘されたことが大きい。

マスメディアはコスト負担の重いアクティブファンドは中長期的にみてパッシブファンドに勝てない、とのデータを示し、低コストインデックスファンドを推奨する論調を繰り返す。また「つみたてNISA」ではその適格商品として多くのインデックスファンドにお墨付きが与えられた[2]。まさに金融界の"トクホ"ともいうべきものである。

このような環境を背景にインデックスファンドへの資金流入が続いている。特にネットネイティブの資産形成層にとっては、インターネット証券経由で有望と思える市場を対象としたインデックス商品を購入する動きが加速している。この流れを受け、インターネット証券会社の投信販売額は大手証券を凌駕する勢いが続いている。

さて、日本も含めたこのパッシブトレンドがもたらしたことの一つは、指数提供会社（Index Vender、指数ベンダー）の影響力の拡大があげられる。

インデックスファンドもファンドである以上、運用会社のファンドマネージャーが株式や債券を売買するのだが、その選択銘柄は指数提供会社が実質的に決定しているといえよう。ファンドマネージャーはその銘柄を（銘柄数が少ない場合は特に）完全忠実に再現することが使命となる。そしてファンドは指数との間で乖離（トラッキングエラー）を起こさないように運用することがその巧拙を決めることになる。

つまり、運用エンジンは運用会社ではなく指数提供会社が掌握しているのである。この指数は伝統的な株価指数である S&P 500やニューヨークダウ、東証株価指数、日経平均株価などにとどまらなくなってきている。

2　つみたてNISA適格商品はインデックス投信185本、アクティブ投信23本、ETF 7 本である（2022年 8 月18日現在）。

バリューやグロースといった運用スタイル、大型株、中小型株といった時価総額、地域限定、業種限定などさまざまな指数が指数提供会社によって開発され、これに連動するインデックスファンドが生まれている。ある調査によれば現在世の中に存在する指数の数は約296万個[3]あるといわれている。

　もちろんそのすべてに連動するファンドが存在するわけではないが、指数提供会社がいかに多くの指数を開発しているかがわかる。指数の開発はそれに連動するファンドを想定すれば、それはすなわちファンドの商品開発と同義である。

　特に東証株価指数のような市場全体を反映する伝統的な指数（市場インデックス）ではなく、上述のような市場の一部に集中して投資することで、市場インデックスに対する超過収益をねらうような指数の開発は、アクティブファンドの開発と同じねらいをもつものといえよう。

　第4章15で紹介したとおり、近年ではアクティブファンドの専売特許であったテーマ型ファンドまでインデックス化する動きが出てきている。ここでは特定のテーマに関連する銘柄を選択するのはファンドマネージャーという人間ではなく、あらかじめ指数提供会社によって決められた指数ルールとなる。

　こうなると運用会社の中核ともいうべき運用商品の開発、運用エンジンの提供という機能が、そのまま指数提供会社に移転したということになる。そして運用会社では指数提供会社から送られてくる銘柄を忠実にポートフォリオに組み入れることで、指数とファンドの乖離を最小限とすることに力を注ぐことになる。

　指数提供会社はその提供する指数に関して指数使用料を運用会社から徴収している。あまり知られていないが日経平均株価連動のインデックスファンドについては、日本経済新聞社に運用会社がその使用料としてファンド残高に対する一定料率を支払っているのである。

3　指数産業協会（Index Industry Association）「Third Annual Survey」（2019年10月発表）より。

銘柄選択という実質的な運用エンジンが運用会社から指数提供会社に移転している以上、こうした使用料支払は当然といえば当然であるが、この分を信託報酬に転嫁できない限り運用会社の収益は圧迫される。ただでさえ信託報酬が低いインデックスファンドにおいて、この指数使用料支払は大きな割合を占めつつある。

(2) 運用会社vs.投資銀行のアルゴリズム

指数提供会社とともに運用エンジンを提供する新たな主体として存在感を高めているのが投資銀行である。

具体的には、ゴールドマン・サックス、モルガン・スタンレー、J.P.モルガン、シティといった米系、BNPパリバ、バークレイズ、UBS、クレディ・スイスといった欧州系などの外資系証券会社を指す。投資銀行は運用会社のように資産運用業を営むかわりに株式や債券などを対象としたクオンツモデル（アルゴリズム、algorithm）を社内開発し、これに連動するデリバティブ（スワップ、オプションなど）や連動債券（パフォーマンスリンクノート）を提供している。

アルゴリズムとは一般に、コンピュータによってプログラムされた一定の手順や計算のことを指すが、彼らはこれを資産運用収益率の極大化のために活用するのである。

つまり、有価証券や金利、為替、商品などを対象にこれを一定のルールで売買するアルゴリズムを開発、その結果を一定の対価と引き換えにファンドに渡すというビジネスである。運用会社にも計量モデル（クオンツ運用、システム運用）があるが、その投資銀行版がアルゴリズム運用といえる。

具体例をみてみよう。まずファンドは投資銀行との間で一定のデリバティブ契約を締結する。そしてこの契約に基づいて、投資銀行のアルゴリズム運用の成果（損益）をファンドが投資銀行から受け取る。

この投資成果は正の場合も負の場合もあるので、必ずプラスリターンが保証されるわけではない。投資銀行からみれば、アルゴリズム運用の投資成果

をファンドに引き渡す義務があるので、そのヘッジ、つまりアルゴリズム運用のとおりに株式や債券に投資し投資成果を得る必要がある（ただしヘッジの巧拙によらずアルゴリズム運用の損益引渡し義務は残る）。つまり運用会社は(1)の指数提供会社を用いるのと同様、自社では運用エンジンを提供せずに投資銀行から損益を得ることになる。

指数提供会社の場合と異なるのは、このパターンでは運用会社は銘柄選択のみならずその執行さえも自社で行っていない点である。すべては投資銀行が行ってくれるので、その結果（投資成果）のみをファンドで受領すれば運用完了となる。**図表5－1**はこれを図示したものである。

この取引で頻繁に使用される契約がトータル・リターン・スワップ（TRS、Total Return Swap）である。この契約は金利や通貨スワップと同様にISDAマスター契約[4]によって、投資銀行の保有する一定のアルゴリズムによる投資成果を投資銀行からファンドに引き渡す旨が約される。

図表5－1　アルゴリズム運用における投資銀行からファンドへの損益移転（イメージ）

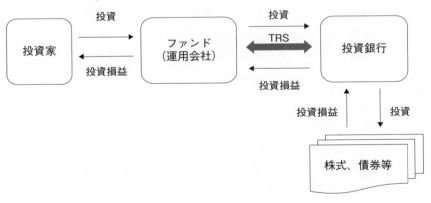

4　ISDAマスター契約（ISDA Master Agreement）は国際的に最もよく用いられている店頭デリバティブ取引の基本契約書。国際スワップデリバティブ協会（ISDA）によってその内容が規定されている。

このTRSは海外では頻繁に活用され、2021年に米国で発生したアルケゴス事件でも使われたことが話題となった。投信市場でも私募投信では直接活用される例があるが、公募投信での直接活用はまだ一例[5]しかない。

　ここで実例として三井住友DSアセットの「テトラ・エクイティ」をみてみる。

　このファンドは最終的には米国の株価指数先物に投資するが、運用手法についてはその目論見書に以下のとおり記載されている。

　実質的な運用にあたっては、米国株式市場におけるトレンドを捉えることを目的とする参照指数のリターン（損益）を享受する担保付スワップ取引を行います。

　この「担保付スワップ取引」がTRSを指す。スワップの対象は参照指数のリターンである。そしてこの参照指数は次のように記載されている。

　参照指数とはJ.P. モルガンが開発した「米国株マルチモメンタム指数（円建て、エクセスリターン）」をいいます。当該指数は米国株式市場において、日中に発生するトレンドと特定の時期に月次で発生する月初トレンド、月中トレンド、月末トレンドの4つのトレンドを捉えることを目的とするパフォーマンス指数です。

　つまり、投資銀行はこの場合、J.P. モルガンであり、そのアルゴリズム成果を指数化したのが「米国株マルチモメンタム指数」である。この結果、ファンドはあたかもこのアルゴリズムに従って米国株価指数先物に投資した場合と同様の成果をTRSの効果としてJ.P. モルガンから受けることになる。

　こうしてみると、運用会社の関与はファンドの設定（ファンドを建てるこ

5　「しずぎん国際分散投資戦略ファンド2018−05」（アセットマネジメントOne、2018年5月設定）。

と）のみであり、投資リターンにつながる銘柄選択、投資タイミングの選定、実際の投資などはすべて投資銀行サイドで行われることがわかる。

　実際のファンドスキームは目論見書によれば、国内投信はファンド・オブ・ファンズとしてJ.P.モルガンが設定したケイマン籍の投信に投資し、この外国投信がJ.P.モルガン・セキュリティーズ・ピーエルシーを相手方とするTRSを結んでいる。国内公募投信のほとんどはこのような外国投信を経由してTRSを結んでいる。国内投信が直接TRSを結ばず、コストのかかる外国投信をわざわざ介してこのような迂遠な手段をとる理由は運用会社の業務負荷などと推察されるが、投資家にとっては外国投信のコストが余計にかかるなどの問題も生じる。またTRSにはスワップ当初に元本をファンドから相手方に引き渡す形式（funded swap）と元本交換を伴わない形式（unfunded swap）があるが、このケースは後者であろうと推測される。なぜなら本スワップの目的が（元本の安全資産運用によるリスクフリーレートを含まない）超過収益（エクセスリターン）のみであることに加え、運用先が先物であるので取引を行うのに元本資金を要しないことがあげられる。そして "担保付" スワップを結んでいるのは、スワップの片方が債務を負ったとき（たとえば、リターンが正の場合はJ.P.モルガンがファンドに対して債務を負う）、相手方の債権を保全するためである。

　投資銀行は当然このスワップを収益化している。つまりこのスワップの投資成果が正であろうが負であろうが、投資銀行には一定料率の手数料がファンドから支払われることになる。これは顧客から一任を受けて運用を行い、その対価としての運用報酬をもらう運用会社のビジネスモデルと非常に類似したかたちといえる。アルゴリズムの投資対象は株式のみならず金利や為替、商品（コモディティ）にも及んでいる。

　また、その手法もヘッジファンド的手法からスマートベータと呼ばれる一種のアノマリーを活用するものまでさまざまである。このように投資銀行のアルゴリズムと運用会社のクオンツ運用はいまやその開発領域が完全にオーバーラップしたといってよい。

(1)でみた指数提供会社の提供するインデックスは、一定地域の単一資産（たとえば、米国の株式市場など）を買い建て（ロング）するものが多いのとは対照的に、投資銀行の提供するアルゴリズムは複数資産の買い建て、売り建てを行うものなどその戦略のバリエーションが豊かである。

言い換えれば、インデックスは市場（ベンチマーク）リターンに対する相対リターンを追求するのに対し、アルゴリズムは絶対リターンを追求するものが多い、という特徴をもつ。投資銀行のアルゴリズムは投資対象を個別銘柄ではなく指数先物としているものが多く、この先物の売買を一定のルールで行うことで相場状況によらず絶対収益を獲得することを目的とする。

このようなことから投資銀行のアルゴリズムはヘッジファンド戦略と類似性が高くなる。実際ヘッジファンドを模倣した戦略（Hedge Fund Replication、ヘッジファンドリプリケーション）もアルゴリズムとして多く開発されている。

投資銀行はどんなに有望なアルゴリズムを開発しても自社でファンドを組まないから、(3)で述べる運用の外部委託同様、日系運用会社へのセールスが重要となる。さらに重要なのは販売会社に対しての直接セールスである。アルゴリズムによる投資成果は人間の判断を介していないという点でそのバックテストも有意義である。そして販売会社へのアピールが成功すると、後はファンドを設定する運用会社をどこにするか、という問題だけが残ることになる。この点も運用の外部委託と似ている。

(3)　運用会社vs.運用会社（運用の外部委託）

運用会社と他業態（指数提供会社、投資銀行）との運用エンジンをめぐる三つ巴の競争をみてきたが、競争は同じ業界でも起こっている。すなわち運用の外部委託である。

これは主として日系の運用会社が自社で不足する運用リソース（運用資源）を補うために、これを得意とする海外の運用会社にその運用の一部または全部を委託するものである。その分野は外国株式や外国債券が典型である

が、近年絶対リターン獲得戦略として重要視されているマルチアセット戦略（バランスファンド）についても外部委託する例がある。近年の外国株式ブームにおいて日系運用会社としてはさまざまなテーマ株式ファンドを設定しそのブームをとらえたいが、残念ながら外国株式に精通しているファンドマネージャーがいない。慌てて育成しようにも時間がかかるし成功するとは限らない。この結果、優良な運用実績を有している海外の運用会社を探してきてこれに運用を任せてしまおうということになる。

運用の外部委託は、1998年12月施行の投信法の改正により認められるようになった。当時は自社の運用を他社に委託することは、運用会社の矜持にかかわる問題として特に社内の運用セクション（インハウス運用セクション）から反対論があったのも事実である。しかし、海外の著名運用会社に外部委託したファンドがヒットするにつれ徐々にこの抵抗感が失われていった。

いまではインハウス運用部隊とは独立して、外部委託運用会社の監視等を専門に行う運用セクション（アドバイザリー運用部、外部委託運用部などと呼ばれている）をもつ日系会社も少なくない。

この外部委託専門部署は、委託すべき運用会社の選定作業（sourcing、ソーシング）と、委託した後で継続的に当該運用会社とファンドの状況を監視する（monitoring、モニタリング）という2つの業務を主として行っている。

ソーシングにおいては世界の著名なファンドを収集し、そのパフォーマンスを定期的にアップデートする。既存のファンド分析データベース[6]を活用する場合や、野村フィデューシャリー・リサーチ＆コンサルティング社のようなファンド分析専門会社をグループ内に抱え、そこの分析結果を活用するケースもある。ソーシングにおいて絞り込まれた会社に対して、日系運用会社は独自のデューデリジェンス（due diligence、精査）を行う。この精査作業は、運用を委託する運用会社にとって公正透明なプロセスを経て外部運用

6　eVestment、Refinitiv Lipper、Morningstarなどのデータベースがよく使用される。

会社を選定したとの証跡を残す意味をもち、その善管注意義務を果たすうえ
で重要となる。

　この精査作業は質問状（RFP、Request For Proposal）を日系運用会社[7]か
ら海外運用会社に送りその回答を分析することから始まる。このRFPの形
式は世界的にほぼ共通であるが、まったく同じではない。海外の運用会社に
とっては、この似ているけれども少しずつ違う質問状に回答することは骨の
折れる作業のようである。

　あるとき海外運用会社の集まりで某運用会社が「全世界のRFPを共通化
しよう」と提案し拍手喝さいを浴びたという笑い話も伝わっている。さらに
販売会社も独自にこの外部委託先に対する精査を行っているところもあり、
受託する運用会社からすれば、二重にこれに回答する必要がある（野村グ
ループの場合は、野村アセット、野村フィデューシャリー・リサーチ＆コンサル
ティング、野村證券の3社からRFPが来るという話を聞いたことがある）。

　その一方で受託する外部委託会社にとって日本での外部委託ビジネス
（sub-advisory business、サブアドビジネス）は、自社ブランドの確立ができて
いない日本で、すでにそれをもっている日系運用会社の暖簾を使って残高を
獲得することができるという点で、非常に重要である。

　ファンドビジネスでは運用するだけではなく、販売会社の販売員にいかに
多く販売してもらうか、という点に多大な労力をかける。この"プロモー
ション"活動は販売額を左右する非常に重要な仕事である。たとえば、販売
員教育やそのためのセールス資料の企画などがこれに当たる。外部委託先に
とっては、こうした人手のかかる作業を日系運用会社にやってもらい、自社
は運用エンジンの提供だけでよいというサブアドビジネスは非常に効率的な
ビジネス形態といえる。

　こうしたサブアドビジネスは日本に拠点をもたない海外運用会社にとって

7　運用外部委託はそのほとんどが日系運用会社から外資系運用会社に対して行われる。
　外資系運用会社は運用の外部委託を行うことは非常にまれであり、運用外部委託は日本
　独特の手法といえる。

魅力的なだけではなく、すでに日本で拠点を構え、自社で投信を設定できる外資系運用会社にとっても魅力的なものである。

　後者についていえば、自らのブランドで投信を設定しつつ、一方で日系運用会社からも運用を任されているフィデリティ投信のような会社や、サブアドビジネスに専念して自社では投信を設定しなくなったピムコのような会社までそのビジネス戦略はまちまちである。

　運用の外部委託の形態はさまざまである。委託先の海外運用会社が銘柄や数量を日系運用会社に伝え、そのとおりにポートフォリオをつくる助言方式、銘柄選択のみならず実際の売買まで委託先に一任する一任方式、外部委託先が外国投信を運用し、これを日系運用会社が建てた国内投信から買い付けるファンド・オブ・ファンズ形式などである。

　ところでこの運用の外部委託というビジネスは、海外では一部の例外（たとえば、グループ内に複数の特徴ある運用会社を抱える金融グループ内でその得意分野を融通しあうなど）を除けばまず存在しないといってよい。その意味ではこれだけ頻繁にサブアド商品が設定、販売されている日本の投信市場はかなり特殊といってよい。実際、運用資産残高上位のアクティブ公募株式投信の約半数（100本中56本）が外部委託運用となっている（金融庁「資産運用業高度化プログレスレポート2022」より）。この結果、日系運用会社から委託先の外資系運用会社に流出する収益も年々増加しており、2022年3月期には大手9社で1125億円（前期比25％増、日本経済新聞社調べ）となった模様である。

　以上みてきたように、一口に"運用エンジン"といっても必ずしもファンドの設定をした運用会社自身が自社で提供するものばかりではない。実質的には指数提供会社や投資銀行、または同業の外資系運用会社が提供するものもある（**図表5－2**）。

　特に日系運用会社が得意とする母国市場（マザーマーケット）の国内株式や国内債券が投資家に人気がない現状にあっては、こうした傾向はますます強くなってきている。投資家からみると新興国も含めた世界中の資産に対し

図表 5 - 2　運用エンジンの所在

	ファンドの設定	銘柄選択	売買の執行
一般のファンド	運用会社	運用会社	運用会社
(1)インデックスファンド	運用会社	指数提供会社	運用会社
(2)投資銀行のアルゴリズム	運用会社	投資銀行	投資銀行
(3)運用の外部委託	運用会社	外部委託先運用会社	運用会社（助言の場合）または外部委託先運用会社

て、そこに精通した質の高い運用が提供されることは好ましいことである。

　日系運用会社にとっては、運用を実質的に外部に委託したからといってファンドを設定した運用会社がその責任から逃れられず、委託先の運用内容の監視やスキーム運営上の問題解決には十分な留意が必要である。

2　パッシブトレンドと運用会社の合従連衡

　資産運用業界では世界的にパッシブトレンドが急速に進行中である。このトレンドが運用残高純増を伴えばよいが、アクティブファンドからパッシブファンドへの単純シフトを意味するとすれば、運用会社はじめインベストメントチェーン全体の収益パイを減らすことにつながる。

　さらにパッシブトレンドは「１つの指数に複数の商品は不要」であることから商品の寡占化が進みやすいという本質をもつ。アクティブマネージャーやアナリストが不要となる一方で、市場の価格発見機能が損なわれるとの指摘もある。パッシブ化がもたらす資産運用業界の変化をみてみよう。

（1）　運用資産のパッシブ化と信託報酬の低下

すでに第1章1でもみたように、世界的にみても信託報酬の低いパッシブファンド（インデックスファンドおよびETF）の残高が急増している。世界最大の投信市場である米国市場をみてみると、アクティブ運用による株式ファンドは2011年5月以降一貫して資金流出が続いている。その一方でパッシブ運用ファンド、とりわけETFの資金流入が続いている（**図表5-3**）。

両者の資金流出入額はほぼ吻合しており、2021年にはアクティブファンドから約23.5兆ドルが流出した一方、パッシブファンドにはちょうどこれに相

図表5-3　米国株式投信　資金流出入（年次）

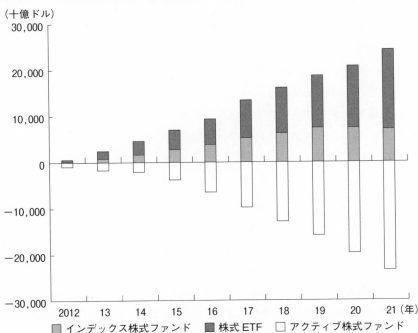

出所：Investment Company Institute「The 2022 Investment Company Fact Book」より
　　　筆者作成

当する約24.2兆ドルが流入している。このように巨額の資金が急速にアクティブファンドからパッシブファンドに置き換わっている。この背景には、「中長期的にはアクティブファンドのパフォーマンスがパッシブファンドに勝てない」とする多くの実証結果をはじめ、パッシブファンドがもつわかりやすさ、コストが高いアクティブファンドを投資家に推奨する場合にはその合理的理由を示さなければならないとする販売規制、ETFのキャピタルゲイン課税上の有利さなど、さまざまな理由が指摘されている。しかし、最も単純でわかりやすいのは、やはりコスト（信託報酬等）水準が低いことであろう。

代表的なパッシブ運用会社である米国バンガード社では、残高が大きくなればそれに応じて信託報酬を引き下げることをあらかじめ定めている投信があり、安いから資金が集まる→残高が大きくなるからまた安くなる、といった好循環が生まれている。これは米国でバンガード効果（The Vanguard Effect）と呼ばれている。

また、世界最大の運用会社であるブラックロックは、その運用する資産規模が10兆ドル（約1,150兆円、2021年末、1ドル＝115円換算）を超えたが、その内訳はアクティブファンド26％に対して、パッシブファンド66％（うちETF33％、インデックスファンド33％）であり、急速な同社の資産規模拡大がパッシブトレンドをうまくとらえた結果であることを示している。

このパッシブ化は運用業界に2つの大きな結果をもたらすと考えられる。寡占化と低収益化である。

パッシブ商品はアクティブ商品と異なり、商品の差別化ができない。投資家からみた場合、たとえば、日経平均株価に連動する商品は業界に1つ存在すれば足り、数十本も不要だからである。

現在は販売チャネル（銀行販売か、証券会社販売か、ネット証券かなど）によって同じ指数に連動する複数のインデックスファンドが売られている。しかし、主要販売チャネルが徐々にインターネットに絞られてくると、これに応じて主流となる商品は絞られてくる。その絞られ方はブランドであった

り、手数料の安さだったりとさまざまであろうが、淘汰の結果、最終的には指数ごとにごく少数のファンドが巨大化する可能性が高いと考えられる。このようにパッシブトレンドは早期にパッシブブランドを構築した一部の運用会社に資金を集中させる結果となり、業界の寡占化が一気に進むと考えられる。

パッシブ化のもう1つの当然の帰結はインベストチェーンにおける収益低下である。信託報酬の安いパッシブファンドのシェアが増すと運用ビジネス全体の収益パイが減るのは当然であるが、パッシブへの対抗上アクティブファンドの信託報酬も低下基調となっていることが米国投信の経費率（**図表5－4**）からもわかる。現在パッシブファンドでは株式、債券の差はなく平均0.06％／年の経費率[8]となっている。

こうした傾向は欧州でも同様であり、日本でもそのスピードは異なるもの

図表5－4　米国ミューチュアルファンドの経費率推移

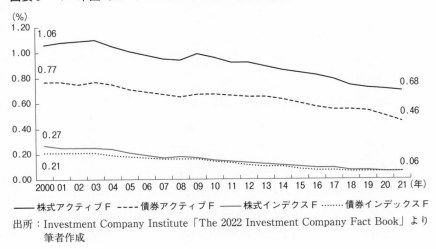

出所：Investment Company Institute「The 2022 Investment Company Fact Book」より
　　　筆者作成

8　経費率（expense ratio、エクスペンスレシオ）は信託報酬にその他経費等を加えた、いわばファンドの総コストの純資産総額に対する割合を示すが、その大宗は信託報酬である。

図表5−5　インデックスファンドとアクティブファンドの残高と資金増減

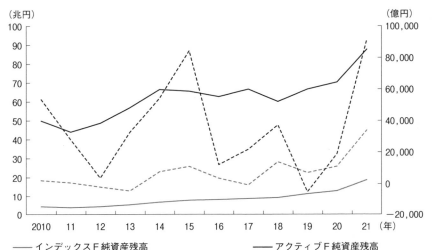

出所：投資信託協会データより筆者作成

の、徐々にその傾向が出ている。

　図表5−5は投信協会のデータをもとに、アクティブファンド（株式投信のうちETFとインデックスファンドを除いたもの）とインデックスファンド（ETFを除く）の年別の資金増減額と残高を比較したものである。2021年末時点で残高ベースではアクティブファンドが88兆円と、インデックスファンドの19兆円を大きく上回っているが、資金流出入額（運用増減額を含まず）を比較すると、インデックスファンドの資金流入は着実なペースで推移しており、2019年のようにアクティブファンドのそれを上回る年もあった。

　インデックスファンドへの着実な資金流入は、投信残高の安定的な拡大に寄与している。これは積立投資やNISA、DCといった安定的な資金の受け皿として、インデックスファンドが選択されていることが寄与している。このように国内においてもパッシブ化の波が徐々に到来しつつある。

　こうした状況を受け、国内投信のコストには厳しい目が向けられるように

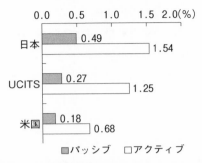

図表5－6　アクティブファンドとパッシブファンドの経費率

注1：日本は国内公募投信、海外は米国籍ミューチュアルファンド、UCITS（ETF等を除く）のうち2021年末時点で5年間の運用実績のあるファンドを対象。
注2：UCITSとは、EUの法律に従って設立・運用されているファンド。
注3：各ファンドの期初（2016年12月末）残高を用いた加重平均としての値。
出所：「資産運用業高度化プログレスレポート2022（概要版）」（2022年5月金融庁）

なってきている。金融庁の「資産運用業高度化プログレスレポート2022」によれば、残高で加重平均した経費率の内外比較は**図表5－6**のとおりである。

　これをみると（単純比較はできないものの）、日本の公募投信の信託報酬水準は海外のそれと比べまだ高水準ということができる。

（2）　運用会社の合従連衡

　上記のとおり世界的なパッシブトレンドにより、運用会社のトップライン（収入）は低下を余儀なくされている。一方で運用会社に対する規制強化により今後ともコストの増加が見込まれる。

　たとえば、欧州で2018年に導入されたMiFIDⅡ指令では、運用会社に対して証券会社からもたらされる無償の投資情報は、実質的に投資家のコストで負担されているとしてこれを禁止した。

　今後は同様の投資情報を運用会社が自社のコストを支払って入手する必要が出てくる。また米国では労働省（DOL）のフィデューシャリー・デュー

ティー規制には、手数料の多寡が投資アドバイスに影響を与えないようにすることが盛り込まれ、そのための情報開示が求められるようになった。このような規制は日本国内ではいまだ適用されていないが、今後は投資家保護の観点から同様の規制が導入される可能性がある。

　また、デジタルテクノロジーの進展によるシステムコストもかさむ。新たな規制を既存のミドル・バックオフィスの業務システムに反映させるコストや、投資家とのインターネットを介したコミュニケーション（クライアントエンゲージメント）などの新規のシステム構築コストも必要となる。

　また、開発競争が激化する運用モデルの高度化にもコストを要する。特に最先端の財務・非財務情報のAI、ビッグデータ解析により予測精度をあげようとする運用会社にとってシステム設備投資は不可欠なものとなる。このように運用会社のコスト負担はますます増えるばかりである。

　パッシブトレンドに端を発した運用資産の寡占化、運用報酬の低下、そして規制等のコストの増大。これら運用会社を取り巻く諸問題を最も効果的に解決する手段は、規模の経済を追求することである。こうして国境を越えた運用会社の合従連衡が盛んに行われている（**図表５－７**）。

　国内でも2016年のアセットマネジメントOne、2019年の三井住友DSアセットのように既存運用会社の合併で新たな運用会社が誕生しているが、金融グループ内に分散していた運用機能の整理統合の範疇を出ておらず、本格的な合従連衡はむしろこれからとも考えられる。

3 拡大するETF

　海外、とりわけ米国ではETF（Exchange Traded Fund、上場投資信託）市場の拡大が著しい。一方で国内ETF残高は約60兆円の規模であるが、このうちの約50兆円を日銀が保有するといった、かなりいびつな構造である。

図表5－7　運用会社の買収・合併事例

公表時期	買収・合併事例
2006年	米ブラックロックがメリルリンチ・インベストメント・マネジメントを買収。
2009年	米ブラックロックが英銀バークレイズ傘下のバークレイズ・グローバル・インベスターズ（BGI）を買収。
2009年	仏銀BNPパリバがベルギー金融大手フォルティスを買収し運用子会社統合。
2009年	仏クレディ・アグリコルと仏ソシエテジェネラルが運用子会社の統合、アムンディが誕生。
2014年	米TIAA-CREFがヌビーンを買収。
2016年	英ヘンダーソン・グループと米ジャナス・キャピタル・グループが合併発表。
2016年	アムンディが伊ウニクレディト傘下のパイオニア・インベストメンツを買収。
2017年	英スタンダード・ライフと英アバディーンが合併。
2018年	米インベスコが米保険マス・ミーチュアルからオッペンハイマーファンズを買収。
2020年	豪マッコーリーが米運用会社ワデル・アンド・リード・ファイナンシャルを買収。
2020年	米モルガン・スタンレーが米運用会社のイートン・バンスを買収。
2020年	米モルガン・スタンレーがE＊TRADEを買収。
2020年	米フランクリン・リソーシズ（フランクリン・テンプルトン）がレッグ・メイソンを買収。
2021年	米ゴールドマン・サックスがオランダ保険大手NNグループ傘下のNNインベストメント・パートナーズを買収し、ゴールドマン・サックス・アセット・マネジメントに統合。

出所：各種報道より筆者作成

(1) ETFとは何か

ETFとはその名前が示すとおり、証券取引所（Exchange）に上場され、取引される（Traded）公募投資信託（Fund）のことを指す。ETF以外の通常の投信（ここでは区別のために「非上場投信」と呼ぶ）は上場されていないため、あらかじめ定められた販売会社を通じて、その売買が行われる。これに対してETFは上場されているため、株式と同じように多くの証券会社（東京証券取引所の取引参加者）を通じて取引が可能である。このため株式と同様に各ETFには証券コードが付されている。**図表5－8**は、ETFと株式、非上場投信の商品性を比較したものである。

ETFも投信の一種である以上、基準価額は毎日計算、公表されている。しかし、非上場投信の売買が基準価額を基本として行われる（第1章4参照）のに対し、ETFは株式同様に取引時間中に買い手と売り手の均衡した価格（市場価格）で取引が行われる。これを「流通市場」と呼んでいる。「流通市場」におけるETF売買では、投資家間で受益証券のやりとりが行われるだけなので、非上場投信の売買のように受益権口数の増減は生じないことになる。

これに対して、新たに受益証券をつくりだしたり、消滅させたりすることも行われている。前者を「設定」、後者を「交換（解約）」と呼んでいる。この設定、交換が行われる市場のことを、「発行市場」と呼んでいる。設定が行われると受益権口数は増加し、交換が行われると減少する。

大口の取引を行う機関投資家等が流通市場で取引を行おうとする場合、これに対応するだけの流動性を供給することができない場合も考えられる（証券取引所において売却されるETFの量が少なく、大口の買い注文に見合わない場合など）。そこで、そのような場合には、ETF のもう1つの市場である「発行市場」において、大口のETFの設定を行うことで、流通市場における出来高を超える規模の取引を行うことが可能になっている。つまりETFではこの「発行市場」と「流通市場」という2つの市場が存在することが大きな

図表5－8　ETF・株式・非上場投信の商品性比較

	株式	ETF	通常の投資信託
販売会社	全銘柄全国の証券会社どこでも購入可能		特定の取扱証券会社・銀行
取引価格	リアルタイムで変動する市場価格		特定の基準価格
取引可能時間	取引所立会時間（リアルタイム）		販売会社が決める時間中
発注方法	成行／指値		基準価格がわからない状況で購入・換金
流動性	投資家、もしくはマーケットメイカーによる気配提示		運用会社による買取り
信託報酬	なし	通常の投資信託より一般的に安い（0.060％～0.950％）	0.100％～1.650％^{（注）}
リスク	個別銘柄にかかわるリスクあり	多数の銘柄に投資することにより、個別銘柄にかかわるリスクは分散される	
信用取引	可能	可能（上場初日から貸借銘柄）	不可能
組成スキーム	－	現物設定・現物交換型 金銭設定・現物交換型 金銭設定・金銭償還型 商品現物型	金銭信託のみ

注：「投信総合検索ライブラリー」より、インデックス運用型の投資信託を集計（2017年
　　8月時点）。
出所：日本取引所グループホームページより筆者作成

特徴といえる。
　「発行市場」での取引は上記のとおり、主として比較的規模の大きい機関
投資家が行っている。設定、交換を行いたい機関投資家の注文は、特定の証
券会社を通じて運用会社に伝えられる。この役割を担っているのが、指定参
加者（AP、Authorized Participants）と呼ばれる証券会社である。この設定、

図表5－9　流通市場と発行市場

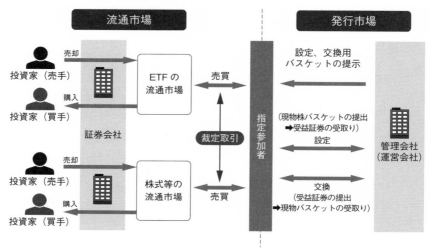

出所：日本取引所グループホームページ

交換の取引では「流通市場」と異なり、基準価額が適用される（**図表5－9**）。

　ETFは「発行市場」における取引態様の違いから、現物設定型と金銭設定型に分けられる。現物設定型は設定に際し、運用会社がETFごとにあらかじめ定めた株式や債券の集合体（現物バスケット）を指定参加者が拠出し、このかわりに運用会社が受益証券を発行する。その逆に、交換請求があった場合には、運用会社が現物バスケットを指定参加者に引き渡し、かわりに受益証券を受領してこれを消滅させる。このように現物設定（交換）型では現物バスケットそのものが指定参加者と運用会社の間でやりとりされるため、運用会社からみると原則としてETFのなかで現物株式や債券を売買する必要がない[9]。

　これに対し、金銭設定型は、指定参加者と運用会社の間で金銭のやりとり

---

[9]　ただし、運用会社がAPから授受する現物バスケットも完全に指数に連動するわけではないため、ETFのなかで銘柄数量を調整して指数連動性を高めることは必要となる。

が行われる。つまり金銭設定においては指定参加者が必要な金銭を運用会社に引き渡しかわりに受益証券を受け取る。この場合、運用会社は新たに受け取った金銭をもって必要な株式や債券に投資する必要がある。

そもそも委託者指図型投資信託は、原則として金銭信託[10]でなければならない（投信法8条1項）とされているため、ETFのうち金銭設定・金銭償還型は問題なく存在しうることになる。これに対して上記条文の例外として、金銭設定・現物交換型（投信法施行令12条1号）と現物設定・現物交換型（投信法施行令12条2号）が、一定の指数に連動することなどを要件として認められており、これが投信法におけるETFの根拠条文となっている。換言すればETFそのものに対する投信法上の規定は存在しない。

これに対して、東京証券取引所の規程ではETFが商品として定義されている。すなわち、内国ETFは「投資信託財産等の1口当たりの純資産額の変動率を特定の指標の変動率に一致させるよう運用する投資信託に係るもの」（東証有価証券上場規程1001条30号）と定義されていることから、現物・金銭の別を問わず、ETFは一定の指数に連動するよう運用することが求められている。以上のことからETFはパッシブ運用するファンドということになる。これは2倍連動や逆連動するファンドを排除するものではない。

たとえば「（NEXT FUNDS）日経平均レバレッジ・インデックス連動型上場投信」（証券コード1570）は日本経済新聞社が算出する「日経平均レバレッジ・インデックス」を連動対象としており、この指数自体が日々の騰落率を日経平均株価の騰落率のおよそ2倍として計算されるものである。このように指数自体がレバレッジ指数、インバース（逆連動）指数である場合、これに連動させるETFは上場が認められている。

2022年6月末現在、東京証券取引所には266本のETFが上場されている。その連動対象別、組成形式別、上場規程別分類の内訳は**図表5－10**のとおりである。

10　信託の引受けが金銭で行われ、かつ信託終了時に信託財産を金銭で換価し受益者に金銭で交付するものをいう。

図表 5 −10　ETFの分類別本数

分類	内訳	本数
連動対象別分類	日本株（テーマ別）	48
	日本株（規模別）	4
	日本株（業種別）	18
	日本株（市場別）	30
	不動産（REIT）	22
	外国株	59
	レバレッジ型・インバース型	28
	エンハンスト型	2
	外国債券	25
	国内債券	2
	商品・商品指数	28
	合計	266
組成形式別分類	金銭設定・金銭償還型	115
	現物設定・現物交換型	111
	金銭設定・現物交換型	1
	信託法	4
	（ETF-JDR）	11
	（外国ETF）	24
	合計	266
上場規程別分類	内国ETF（1001条30号）	227
	外国ETF（1001条2号）	24
	外国ETF信託受益証券（1001条3号）	11
	内国商品現物型ETF（1001条31号）	4
	外国商品現物型ETF（1001条4号）	0
	外国商品現物型ETF信託受益証券（1001条5号）	0
	合計	266

出所：日本取引所グループ

連動対象別の内訳をみると、株式を対象としたものが債券や商品よりも多く、かつ外国株式よりも日本株を対象としたものが多いことに気づく。これは非上場投信における個人の外国株式人気とは対照的である。後述するとおり、ETF市場における投資家が機関投資家に偏重している表れともいえよう。また組成形式別では、金銭信託型と現物設定・現物交換型がほとんどを占めているが、日本株を対象としたものは現物バスケットの授受の容易さからほとんどが現物設定・現物交換型である。

　上述のとおり、ETFは証券取引所を通じて市場価格にて取引されるのが通常であるが、市場価格とは別に取引時点におけるETFの理論価格を概算することは可能である。この理論価格は、たとえば日本株を対象としたETFであれば、当該ETFで保有する全銘柄の時価情報と数量があれば計算できる。このように日中の一定時点におけるETFの理論価格をインディカティブNAV（iNAV 、indicative Net Asset Value）と呼んでいる。銘柄によってはこのiNAVがリアルタイムで公表されているため、投資家は市場価格と理論価格がどの程度乖離しているかを知ることが可能となる。

　このiNAVに対して市場価格が高い状態をプレミアム、逆に低い状態をディスカウントと呼んでいる。このように市場価格が一時的に理論価格と乖離した場合、価格間の裁定機会が生まれる。すなわちマーケットメイカーと呼ばれる値付け業者や指定参加者が、「流通市場」においてETFを市場価格で売買する一方、同時に「発行市場」で基準価額が適用される設定・交換を行うなどして裁定収益を得ることが可能となる。こうした裁定取引によって乖離した市場価格が適正化されることが期待され、これが２つの市場を有するETFの利点とされている。

(2)　日米のETF市場

　米国ではETF市場の拡大が目覚しいが、日本ではまだこれからという状況である。

　世界のETF残高は約10.1兆ドル（2021年12月末）であるが、その７割以上

を米国が占めている（**図表5－11**）。

　米国では2,570本のETFが上場され、その残高は約7.2兆ドルに及んでいる。その残高、本数ともに年々増加傾向にあり、特に残高は過去10年で年率平均21％の伸びを記録し、5倍以上に成長した（**図表5－12**）。

　米国投信業界において、商品のパッシブ化は顕著である。2011年には米国

図表5－11　世界のETF市場

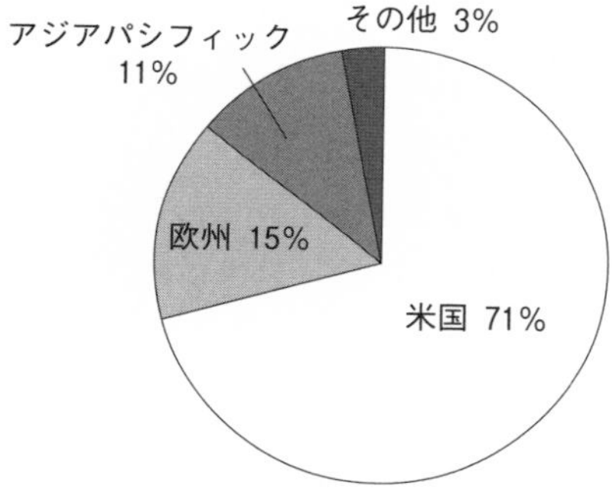

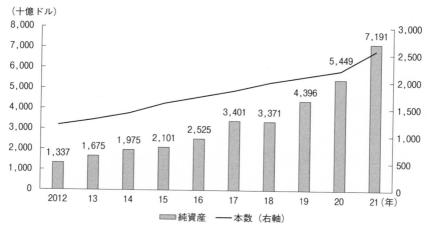

アジアパシフィック
11%

その他 3%

欧州 15%

米国 71%

出所：Investment Company Institute and ETFGI

図表5－12　米国ETFの残高と本数（年末時点）

（十億ドル）

出所：Investment Company Institute and ETFGI

投信業界の残高9.9兆ドルのうち、アクティブファンドが79％、パッシブファンドが21％（うちインデックスファンド11％、ETFは9％）を占めていたが、10年後の2021年末時点では全体残高約34兆ドルのうち、アクティブファンドのシェアが57％まで低下し、かわりにパッシブファンドが43％と拮抗しつつある。またパッシブファンドのうちインデックスファンドは20％であるのに対しETFが23％と、ETFの伸びが相対的に大きい。このようにETFの残高の伸びは、アクティブ運用を行うミューチュアルファンドの残高減少と呼応しており、このアクティブ運用ミューチュアルファンドからETFへの資金シフトが行われたというのが過去10年間における米国投信市場の最大の特徴といえよう。

　これに対して日本のETF市場はどうであろうか。2022年6月末現在、日本のETF残高は約60兆円である。

　図表5−13は過去のETF残高の推移を表したものであるが、この間順調に成長しているようにみえる。

図表5−13　日本のETF残高の推移

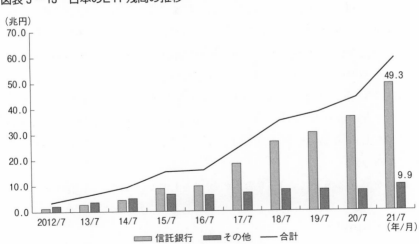

出所：日本取引所公表データより筆者作成

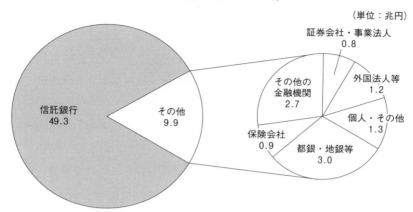

図表5-14　投資部門別保有純資産総額(2021年7月)

（単位：兆円）

証券会社・事業法人
0.8

外国法人等
1.2

その他の
金融機関
2.7

個人・その他
1.3

信託銀行
49.3

その他
9.9

保険会社
0.9

都銀・地銀等
3.0

出所：日本取引所公表データより筆者作成

　しかしこの内訳としての信託銀行の持ち分（そのほとんどは日銀の保有分であるが）とその他を重ねるとより実態が明確になる。つまり日本のETF市場は日銀の保有分でそのほとんどが占められており、この部分を除けば微増といった状況である。

　図表5-14は2021年7月末における所有者別残高であるが、信託銀行（日銀）保有分が約50兆円を占めており、それ以外の投資家は約10兆円である。この部分も金融機関を中心とした機関投資家がそのほとんどを占めており、個人・その他の保有分は約1.3兆円にすぎない。

　日本では非上場投信のほうがETFよりもはるかに知られており、かつパッシブ化の流れももっぱらインデックスファンド残高の増加に表れ、米国のようにETF人気につながってはいない。この日米の差はどこから来るものであろうか。

　これを考えるうえで、ETF活用の利点としていわれている項目をあげてみたい。

① 　コストの安さ

　ETFの場合、信託報酬は運用者報酬と受託者報酬のみであり、非上場投

信のように代行手数料がない。また換金の際に信託財産留保金がかからないことから、インデックスファンドに比べると低コストとも考えられる。しかし取引ごとに株式同様の売買手数料[11]がかかることに加え、売買スプレッド（市場価格における買値と売値の差額）がかかること、インデックスファンドの信託報酬も相当程度低いことから両者に大差があるとは言いがたい。

② 高い流動性と利便性

ETFは上場されているので、証券取引所の取引時間中であれば、原則としていつでも売買できる。たとえ外国資産に投資するETFでも先物や為替の動向で市場価格は変動しており、投資家はこの日中の値動きをみながら売買することもできる。この点、非上場投信はブラインド方式がとられており、市場終値に基づいた基準価額でしか売買できないのとは対照的である。

しかし、これを利点と考える投資家がどれほどいるであろうか。一部の大手機関投資家はまだしも、多くの投資家は終値ベースの基準価額売買で満足と考えるのではないか。加えてETFの「流通市場」での売買は、売買相手がいてはじめて成立する。このためいざ売買しようと思っても理論価格であるiNAVと大きく異なった価格でしか売買できずにかえって損をした、ということになりかねない。この点、同じ指数に連動するETFが複数銘柄上場されているため、銘柄ごとに売買高が異なり、実質的な流動性が大きく異なることには十分留意する必要がある。マーケットメイカー制度によって銘柄によっては売買スプレッドが相当圧縮されつつあるが、いまだ改善の余地のある銘柄が多く存在している。

③ 高い税効率

米国の学術調査[12]によれば、米国におけるETFへの資金シフトの大きな要因は、その高い税効率にあるとされている。

---

11 ネット証券会社のなかにはこれを無料とするケースもある。
12 「ETF Heartbeat Trades, Tax Efficiencies, and Clienteles」(2020/12) Rabih Moussawi, Ke Shen and Raisa Velthuis（Villanova University, the Wharton School at the University of Pennsylvania and Lehigh University）.

米国ではETFであれ、ミューチュアルファンドであれ、ファンド段階で譲渡所得（キャピタルゲイン）が発生した場合、これに対して課税がなされる。この結果オープンエンド型のミューチュアルファンドでは、投資家の換金請求に対して保有資産を売却して資金をねん出する必要があり、キャピタルゲインがあればこれに対して課税が発生する。

　これに対してETFは「流通市場」で売り手（換金したい投資家）は受益証券を買い手に売却するのみであり、ETFそのものは保有資産を売却する必要がない。また「発行市場」においても現物交換型の場合、現物バスケットがそのままETFから（指定参加者を経由して）投資家に引き渡されるため、同様に現物を売却する必要もない。また投資家の換金請求がなくても、アクティブ運用を行うミューチュアルファンドにおいては、ファンドマネージャーの判断によって銘柄入替えが行われ、この際に同様にキャピタルゲイン課税が行われる。一方で指数連動のETFでは対象指数自体の銘柄入替えがない限りこうした銘柄売却はないため、このキャピタルゲイン課税は行われない。

　つまり、ETFはその保有する資産を売却しないため課税を免れており、これがETFの魅力につながっているというわけである。

　この学術調査によれば平均的なETFは過去5年間で典型的なミューチュアルファンドと比較して税負担が0.92％低かったとされた。このETFの税効率の高さはRIA（登録投資アドバイザー）によって投資家に告知され、特に税感応度の高い富裕層のETF志向を促進した。特に2012年以降オバマ政権下で譲渡所得課税が強化されるとETFの残高もこの層を中心に大きく伸びることとなった。これらの結果同調査レポートは、ETFへの大幅な資金シフトの要因は、低コストや高い流動性・利便性というよりもこの高い税効率にこそあると結論づけたのである。

　日本の税制は米国と大きく異なる。保有資産の売却時に生じるキャピタルゲインには課税されない（ファンド段階非課税の原則）。よって米国のようにETFが非上場投信に比して有利にはならない。

以上のとおり、ETF投資の利点を考えた場合、特に高い税効率が米国のETF人気を支えている主因としたら、日本では米国のようなETFへの資金シフトは起きないこととなる。特に米国ではこの税効率を求めて、既存のアクティブ運用ミューチュアルファンドがETFに転換される例やミューチュアルファンドと同じ運用手法をとるETFを新たなシェアクラス[13]で発行するなどの例がみられる。

　これは米国では一定の情報開示規制のもと、アクティブ運用するETF（これを「アクティブETF」と呼んでいる）が容認されているからである（日本でも解禁の方向で検討されつつある）。税負担の差はそのままファンドのパフォーマンス改善に直結する。つまりアクティブETFが同様の運用を行うミューチュアルファンドのパフォーマンスを凌駕することで、ますますETF人気が高まるといった好循環が生まれるのである。

(3)　日本のETF市場の将来

　それでは日本においてETFは将来的にも流行しないのだろうか。たしかに米国のように税メリットはないものの、基本的なETF活用の利点は存在し、そこに着目する投資家が出てくることも否定できない。

　現時点ではETFの知名度そのものが低すぎるが、これが何かのきっかけで一気に人口に膾炙（かいしゃ）することもありえよう。低コスト性や高流動性といった基本仕様に加え、筆者が考える日本でETFが流行するための条件、イベントは次のようなものである。

１　どこでも買える利点

　非上場投信は販売会社が限られているため、ほしい投信が特定口座を開いている販売会社で販売しているとは限らない。かといって投信ごとに複数の販売会社に特定口座を開くのは煩雑で、損益通算処理も手間がかかる。ネッ

13　米国のミューチュアルファンドでは１つのファンドから複数種類の投資証券（種類株式、シェアクラス）を発行することが認められており、販売手数料の有無など仕様の異なるシェアクラスが発行されている。

ト証券会社は多様な投信を取り扱っているものの、すべてではない。この点ETFは上場すると、ほとんどすべての証券会社で取り扱われることになるため販売会社を選ばないメリットがある。1つの証券会社に特定口座を開いていれば、すべてのETFが自動的に取引できるようになるメリットは大きい。

　今後、国内においても専門的知識をもって投資アドバイスを行う、独立ファイナンシャルアドバイザー（IFA、第1章6(4)③、第5章5(2)参照）が増加すると思われるが、そうしたIFAがどこでも買えるETFの利点に着目して投資家に推奨する、といった動きも予想される。

② つみたて投資

　つみたてNISAはあらかじめ対象商品が金融庁によって特定されている。これからETFが除外されているわけではないが、現在のところ、このつみたてNISA適格商品にETFはごく少数[14]しか登録されていない。今後ETFの低コスト性や利便性が資産形成層に浸透し、つみたて投資の対象となることで残高が増加する可能性も否定できない。

③ 多様な商品ラインアップ

　現在260本以上のETFが上場されているとはいえ、その商品性の豊富さでは非上場投信の比ではない。これは非上場投信が主として個人投資家を対象としており、さまざまな多様性をもった商品が開発されてきた結果である。これは"鶏と卵の関係"にあるといえる。

　つまり、商品バリエーションが豊かになれば、個人投資家もETFに着目するであろうし、個人投資家が大きなシェアをもつ市場になればETFの商品性も多種多様となろう。現在国内ETFは指数連動のパッシブファンドであることを求められているが、米国のようにアクティブETFを解禁するとの動きもあり、これもETFの商品ラインアップの拡充に寄与することになろう。

14　ETFは7本しかなく、大和証券から販売されているもののみである。

④ 日本銀行保有ETFの民間放出

　日本銀行の金融緩和出口戦略はさまざまに語られることが多いが、保有ETF約50兆円の処理は難儀するであろう。なぜなら保有国債は期限が来れば償還するので自然と残高を減らすことができるが、ETFはこれができないからである。諸外国でも中央銀行がETFを金融緩和の手段として用いた国はなく参考事例がない。

　そこで、類似事例としてあげられるのが香港の中央銀行である香港金融管理局（HKMA、Hong Kong Monetary Authority）の例、通称"香港方式"である。

　1998年ヘッジファンドの香港ドルと香港株式の同時売却に対抗しHKMAは株式の買い支え（152億米ドル）を実行した。この株式購入は短期間で終了したが、保有する株式現物の処分を急ぎたいHKMAは、翌年新規ETF（トラッカーファンドTraHK）を立ち上げ、保有する株式をこのETFに移転するとともに、かわりに受け取ったETFを香港在住の個人投資家に割安価格で売却したのである。同時に短期転売での利益確定売りを防止するためのインセンティブ施策もセットで導入した。この結果ETFの売却も抑えられ、円滑な保有株式の出口戦略が実現されたというわけである。

　日本銀行が保有するETFは規模において香港方式とはけた違いに大きく、かつ銘柄も複数に分かれている。何よりも投資家に長期保有を促す仕組みや、投資家の日本株見通しも異なっているため、同様の方式がそのまま日本に導入できるとする意見は現在のところ少数であろう。しかしながら、いつかは日本銀行保有分を減少させる（売却する）必要があり、かつ市場インパクトをなるべく避けるためには保有継続できる投資家への移転が求められることも確かである。この売却先がこれから資産形成を要する個人投資家となった場合には、一気にETFが個人の主要なツールの一つとなるであろう。このETFの"民主化"ともいえる施策が仮に日本で実行されるとすると、日本のETF史上最大のイベントとなるであろう。

4 ファンドラップとロボアドバイザー

ファンドラップビジネスは、主として証券会社、信託銀行によって提供される、総合的コンサルティングビジネスである。金融庁が推し進めるフィデューシャリー・デューティーに根差した資産管理型営業とも親和性が高い。

このファンドラップに対して、運用会社は多くの専用公募投信（ラップ専用投信）を新設、提供してきた。しかしファンドラップの中核的な付加価値は資産配分（asset allocation、アセットアロケーション）をいかに行うかであり、これを運用会社自身が提供できていないのが現状である。

(1) ファンドラップとは

ファンドラップ（fund wrap）とは、投資家から一任を受けた投資一任業者が、投資家のリスクリターン属性をもとに複数のファンドを組み合わせた最適ポートフォリオを提案し、これに基づいて投資家にかわって投資家資金を運用するものである。投資家は投資一任契約に基づいて資産管理および運用に関する包括的なサービス（wrap、包む）を受けることができる。

ここでいう投資一任契約とは、金商法2条8項12号ロに定める「当事者の一方が、相手方から、金融商品の価値等の分析に基づく投資判断の全部又は一部を一任されるとともに、当該投資判断に基づき当該相手方のため投資を行うのに必要な権限を委任されることを内容とする契約」をいう。

つまり、投資運用業を営む業者（当事者の一方）が顧客（相手方）から運用財産の運用を行うため、投資判断や投資に必要な権限を委任されて、投資を行う契約である。そしてこれを行うことができる業者とは、投資運用業（金商法28条4項）を行う金融商品取引業者および登録金融機関と定められている。

投資運用業は運用会社のほか、証券会社や信託銀行も営むことができる。証券会社は金融商品取引業者（金商法2条9項）として、この投資運用業の登録を行うことができる。

また、信託銀行（信託兼営金融機関）は投資顧問業法[15]に基づき認可を受けて投資一任業務を行うことが可能とされていたので、金商法においても引き続きこれが許容されており、登録金融機関業務として投資運用業を行うことが可能とされている（金商法33条の8第1項）。

信託銀行以外の普通銀行は、信託銀行のような例外規定が存在しないので、投資運用業を行うことができない。そもそも金商法33条は銀行等の「利益相反」や「優越的地位の濫用」防止の趣旨に基づく証取引法の銀・証分離の考えを引き継いだものであり、登録金融機関による有価証券関連業を原則的に禁止する規定である。

投資運用業はこれを行えば必然的に有価証券の売買等の有価証券関連業を伴うものであるため、明示的なかたちで登録金融機関による投資運用業を認めていない[16]。

以上より、顧客と投資一任契約を締結できる主体は、運用会社、証券会社、信託銀行ということになる。しかし、実際の現場では、普通銀行（登録金融機関）でもファンドラップを取り扱っている。これは銀行が顧客と投資運用業者（系列の証券会社など）との投資一任契約を代理または媒介しているからである。

この「投資一任契約の代理・媒介」については、銀行法上は銀行の付随業務として許容されており（銀行法10条2項8号、銀行法施行規則13条3号の2）、金商法上は投資助言[17]・代理業（金商法28条3項2号、2条8項13号）として登録金融機関業務の一つに掲げられている（金商法33条の2）。

15　旧「有価証券に係る投資顧問業の規制等に関する法律」において規制されていた投資顧問業は、「金融商品取引法」（2007年9月施行）下で、「投資運用業」「投資助言・代理業」と法律上の呼称、位置づけが変わった。

16　信託兼営金融機関および銀行等の投資運用業の法的取扱いについては長島・大野・常松法律事務所（編）『アドバンス金融商品取引法〔第3版〕』（商事法務）を参照。

(2) ラップ口座の拡大

投資顧問業協会の調査によれば、ラップ口座はその契約件数、残高とも安定的に増加している（**図表 5 −15**）。

2022年 6 月末現在、口座数は約141万件、残高は約13.9兆円となっている。2020年には新型コロナウイルス感染症拡大の影響を受け一時的に残高は減少したが、2021年は再び増加に転じた。この拡大に寄与したのは主として証券会社や信託銀行である。その背景の一つには金融庁が金融機関に対し、「受託者責任（フィデューシャリー・デューティ）に基づく顧客本位の業務運営」を求めたことがある。これは金融機関が金融商品の売買によって販売手数料を稼ぐ「コミッション型」と呼ばれるそれまでのビジネスモデルから脱却

図表 5 −15　ラップ口座の残高と契約件数の推移

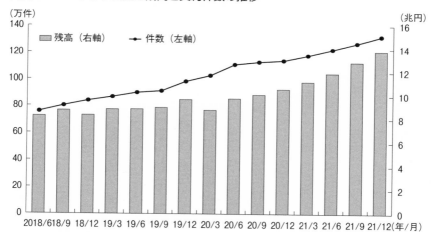

注：データは各月末時点。
出所：日本投資顧問業協会の発表資料をもとにQUICK資産運用研究所作成

17　投資助言業務とは、顧客である投資者に対して投資顧問（助言）契約に基づき、有価証券の価値等または金融商品の価値等の分析に基づく投資判断に関し、投資者から報酬を得て、投資者のために助言を行う業務のことを指す。投資一任契約とは異なり、最終的な投資判断は投資者自身が行う。

し、長期運用と分散投資を主体とし、預り残高に対してフィーを得る資産管理型営業（フィー型モデル）にシフトすることを後押しした。ファンドラップはこうしたフィー型ビジネスと親和性が高いものである。

ファンドラップの主要な取扱業者とその商品ラインアップは**図表5－16**のとおりである。

ファンドラップは顧客と投資運用業者が投資一任契約を締結するが、契約締結時点では手数料はかからない一方で、契約期間中、原則として契約残高

図表5－16　主なファンドラップの取扱業者と商品ラインアップ（2021年10月）

販売会社	ファンドラップサービスの名称	残高（億円）
野村證券	野村ファンドラップ ・バリュー・プログラム ・プレミア・プログラム	17,340
大和証券	ダイワファンドラップ ・ファンドラップ ・ファンドラッププレミアム ・安心つながるラップ ・ファンドラップオンライン	27,234
SMBC日興証券	日興ファンドラップ	18,241
SMBC日興証券 （三井住友銀行が仲介）	SMBCファンドラップ	6,296
三井住友信託銀行	三井住友信託ファンドラップ（含むSMA）	8,103
りそなグループ	りそなファンドラップ	6,903
三菱UFJ信託銀行	MUFGファンドラップ	4,855
みずほ証券	みずほファンドラップ ・ファーストステップ ・マイ・ゴール ・Mizuho Fund Wrap	3,639
	合計	92,616

出所：QUICK投信評価分析サービス

時価に対して手数料が課せられる。この手数料は、以下の2種類に分けられる。

1 投資一任契約に対して、投資運用業者が収受するもの

　投資一任報酬とファンドラップ報酬という2つの手数料を課すもの（野村ファンドラップ）やまとめてファンドラップフィーとして課すもの（ダイワファンドラップ）などがある。この投資顧問料は、その料率が固定されているもの（固定報酬制）と運用実績によって変動するもの（成功報酬制、実績報酬制）、その両者を併用するもの（実績報酬併用制）がある。

2 投資対象のファンドの信託報酬

　ファンドラップの投資対象はファンドラップ用に用意された比較的信託報酬の安いファンド（ラップ専用ファンド）が活用される場合が多い。ファンドの入替えなどがあった場合、中途換金されるファンドにおける信託財産留保金もコストとしてかかってくる。

　販売会社によっては複数のファンドラップコースを提供するものがある。最大手の野村ファンドラップにおけるコースごとの商品性の違いは**図表5-17**のとおりである。

　ファンドラップに関しては、上述のとおりフィー型ビジネスモデルの典型としてインベストメントチェーン全体で注力している分野であるが批判がないわけではない。ファンドラップとバランスファンドを比べた場合、顧客属性の把握やこれに応じた適格な商品の選定、タイムリーなレポーティングなどさまざまな違いがある。しかしどちらも複数の資産に分散して投資する点はまったく同じである。それでは両者のパフォーマンスはどうか。この点、バランス型ファンドに劣るファンドラップが「過去5年間のシャープレシオをみると依然として多い」と当局から指摘されている（資産運用高度化プログレスレポート2022）。ファンドラップでは保守的な運用を希望した顧客に国内債券などの安全資産の組入れが多くなる一方、ファンドラップのコストが全体で平均年率1.5％と相対的に高いこともその要因の一つと指摘されている。今後はこうした指摘を受けファンドラップのコストの切り下げの動きも

図表 5 −17　コースごとで異なるファンドラップの例

	プレミア・プログラム	バリュー・プログラム
最低契約資産	1,000万円	500万円
投資対象	アクティブファンド	インデックスファンド
投資一任報酬 （固定報酬制）	契約資産の時価評価額に対して最大で年間0.418%（年率、税込）	
投資一任報酬 （実績報酬併用制）	契約資産の時価評価額に対して最大で年間0.209%（年率、税込）＋運用益の積上額の11%（税込）	
ファンドラップ報酬	契約資産の時価評価額に対して1.320%（年率、税込）	
運用管理費用 （信託報酬）	信託財産の1.35%±0.70%（概算）（税込・年率）、信託財産留保額（最大で信託財産の0.5%）	

注：2021年10月末現在、報酬等は最大値。
出所：野村證券ホームページ等より筆者作成

予想される。次にあげるロボアドはその先行事例といえよう。

（3）　ロボアドバイザー（ロボアド）

　ロボアドバイザーは、非対面（ネット）チャネルにおけるファンドラップ型投資一任または投資助言サービスであり、コンピュータプログラムを活用してサービスが提供されている。

　オンライン経由で受けられるサービスの手軽さと投資家一人ひとりのニーズにあった資産運用サービスを低コストで利用できることが魅力で、海外では若年層を中心に人気が高い。主なロボアドバイザー（投資一任型）サービスは**図表 5 −18**のとおりである。契約金額は販売会社店頭で受け付けるファンドラップよりも少額となっている。また、その手数料も比較的安く設定されている。投資対象はコストの低い海外のETFを使うことが多く、あくまでパッシブ運用を部品（投資対象）とし、付加価値はアセット・アロケーションで出していくとの戦略である。

　各社とも契約金額は現時点では多くないが、契約件数はウェルスナビが約

図表5－18　主なロボアドバイザー（2021年12月末時点）

名称 （運営会社）	最低 契約額	運用手数料 （年率・税込）	投資対象	契約金額
WealthNavi （ウェルスナビ）	10万円	〜3,000万円：1.1% 3,000万円〜： 0.55%	海外ETF	6,344億円
THEO （お金のデザイン）	1万円	0.715%〜1.10%	ETF	1,208億円
ダイワファンド ラップONLINE （大和証券）	1万円	1.1%	株式、債券、 REITなどの インデックス ファンド	N. A.
楽ラップ （楽天証券）	10万円	0.715%または 0.605%＋運用益の 5.5%	投資信託	1,140億円
ON COMPASS （旧マネラップ） （マネックス・ア セットマネジメン ト（株））	1,000円	1.0075%	ETF	326億円
ROBO PRO （FOLIO）	10万円	〜3,000万円：1.1% 3,000万円〜： 0.55%	海外ETF	101億円

出所：各社ホームページより筆者作成、契約金額は日本投資顧問業協会資料より

30万件、お金のデザインが約11万件と非常に多くなっている。これは人手を介さずに自動的に資産配分や執行が行われるロボアドバイザーの特長を生かし、比較的小規模な資金を数多く集めて投資一任サービスを展開していることを示している。

　ロボアドバイザーの機能は以下のとおりである。

・セルフ・プロファイリング

　顧客はネット上で数個の質問に回答しアルゴリズムが回答結果を分析、顧客のリスク許容度を判定する。

・アセット・アロケーション

　上記リスク許容度等に基づき、アルゴリズム等で基本資産配分およびそれに沿った投資対象ファンドが選定される。

・一任運用

　ファンド売買、リバランス（時価の乖離に伴い基本となる資産配分比率に戻す）、リアロケーション（基本配分比率自体を見直す）を顧客にかわって自動的に行う。

　プロファイリングとアセット・アロケーションのみを行い、実際のファンドの売買を行わないものを投資助言型、ファンド売買まで行うものを投資一任型と呼んでいる。

　ロボアド会社のホームページをもとに具体的に上記のプロセスをみてみる。

　まずプロファイリングであるが、「ウェルスナビ」の場合は、**図表5－19**の質問に回答することとされている。

　この質問にどのように回答すればリスク許容度がどのように定まるか、というアルゴリズムのロジックは公開されていない。この比較的単純な質問に

図表5－19　プロファイリングの例

Q1　現在、何歳ですか？
Q2　年収はおおよそいくらですか？
Q3　金融資産はおおよそいくらですか？
Q4　毎月の積立額は？
Q5　資産運用の目的は？
Q6　株価が1ヶ月で20%下落したら？

出所：「ウェルスナビ」ホームページより筆者作成

回答するだけで、投資家のリスクリターン属性が5段階に分類される。そして、このリスク許容度に応じて最適資産配分が決定される（アセット・アロケーション過程）。

　最適資産配分ポートフォリオが決まればそのリスクリターン属性が計測できる。そうするとこれに基づいて具体的に毎月いくらずつ積立を行えば、数年後にはいくらになるか、ということがその確率とともに示すことができる。株式会社お金のデザインが運営するロボアド「THEO」のホームページでは、将来の資産時価の推計例が掲載されている。

　この推計には選ばれた資産配分における過去のリターンとリスク（リターンの標準偏差）が用いられ、リターン分布が正規分布に従うとの前提で確率計算がなされているのである。この〝将来予想図〟はそれ自体複雑な計算を要しないとはいえ、従来の投信販売ではなされてこなかったもので、積立投資の効用を可視化した点で非常に意義深いといえる。

　特に近年推奨されているゴールベースアプローチ[18]においては、当初のみならず、運用期間途中においても常にこの試算を行い、ゴール達成確率を見直すため、これが重要なアフターフォロー手段となる。

　すなわち、途中経過において目標金額への到達確率が低くなった場合には、リスク許容度を上げてより高いリターンを創出できる資産配分とするか、毎月の積立額を増額するほかない。逆に到達確率が非常に高まった場合には、リスクを下げるか積立額を減額してもよい。ロボアドを活用することで、このゴールベースアプローチを自己（セルフチェック）で簡単に行うことができるのである。

　以上みてきたように、対面および非対面のファンドラップサービスは今後ますます拡大するものと思われる。このビジネスの拡大は、従来の販売会社（証券会社、信託銀行など）と運用会社の関係に変化をもたらす。販売会社に

18　資産形成において、あらかじめ資産の将来価値（将来の目標金額、ゴール）を設定し、このゴールから逆算して、必要な資産配分を行ったり必要な資金を積み立てたりする手法を指す。

とっては、特定の投信を単品販売するプロダクトアウト[19]スタイルから、投資家の資産全体を把握、形成するというコンサルティングビジネスへの転換を促すものとなる。また、投資一任契約を結んだ顧客の資産配分を自ら行うことで、直接顧客資産の形成に携わることとなり、その役割・責任の対価としての報酬を受け取ることができる。

　一方で、投資運用業の中心プレーヤーとして従来から年金等の機関投資家との間で投資一任契約を結び、アセットアロケーションを提供してきた運用会社側はというと、ファンドラップの投資先（部品）としての安価なラップ専用ファンド（そのほとんどはパッシブファンド）を提供するのみであり、相対的にこのビジネスへの関与度合いは低い。ファンドラップは、従来のインベストメントチェーン参加者の役割分担を大きく変える可能性があるということができる。

5　投信販売チャネルと投資家の多様化

　金融にあまり詳しくない顧客に対して、証券会社や銀行の販売員が、毎月のように変わる本部から推奨された商品を対面販売する。長年続いたこうした顧客と販売会社の関係が、いま急激に変化しつつある。販売方法（販売チャネル）の多様化と投資家の多様化が相互に影響を及ぼしながらこの変化をもたらしている。

（1）　非対面チャネルにおけるパッシブ投資

　PwCの予測によれば、世界の資産運用残高は年平均約6％の伸び率で成

19　プロダクトアウト（product out、product oriented）とは、企業が商品開発や生産、販売を行ううえで、買い手（顧客）の ニーズよりもつくり手側の論理や計画を優先させる方法。

長し、2025年には145兆ドルに達する見込みである。この高い成長は、欧米先進国よりもアジア、中南米の新興国のほうが高く、かつアクティブ運用よりもパッシブ運用、オルタナティブ運用の成長率が高いと予測されている。その結果、2025年のシェアはアクティブ運用60%、パッシブ運用25%、オルタナティブ運用15%と予測されている[20]。

　日本の公募投信でも同じ比率になるとは限らないが、インデックスファンドの残高比率は現在の18%程度（2021年末時点）から高まっていくことは間違いないと考えられる。その背景には信託報酬等の運用コストに投資家が敏感になったことに加え、運用内容の透明性に対する投資家のニーズがある。運用方針やそれから導かれる投資対象銘柄が明確に常時公表されていれば、ファンドへの投資判断もより容易になるし、ファンドの基準価額が下落した際も納得感が得られる。

　販売手数料の可視化については英国規制が典型的である。2012年英国個人向け金融商品販売制度改革（RDR、Retail Distribution Review）を受け、販売手数料規制が導入された。この規制により、従来は運用会社から販売会社（独立ファイナンシャルアドバイザー（IFA）が中心）へ渡されていた手数料のキックバックが禁止され、販売手数料は投資家から直接販売会社が受けることとされた。

　この結果、投資家は販売手数料を明示的に意識することになり、アドバイスを不要と考えるネット投資家は、コストの安いパッシブファンドをプラットフォーム（オンライン証券）から販売手数料なしで購入することになる。こうして同国のパッシブファンドの資金流入は、規制導入前に比べ倍増したとされている。日本においては従来から、販売手数料を販売会社が直接顧客から収受しており、英国とは事情が異なる。しかし国内においても、インデックスファンドの多くは非対面チャネル（オンライン証券等）で販売手数料なし（ノーロード）ですでに販売されており、積立投資資金も含めコスト

20　PwC「アセットマネジメント2025」より。

コンシャスな投資家の主要投資対象となっている。

「つみたてNISA」の適格商品として指定されたもののほとんどが、ノーロードのパッシブファンドであることからもわかるように、金融庁も低コストパッシブファンドにお墨付きを与えている。今後も非対面チャネルはパッシブファンドを低コストで購入する有力な販路であり続けると思われる。

(2)　対面チャネルにおける資産管理型営業

オンライン証券等の非対面チャネルがコスト意識の高い資産形成層などの主要な投信販路としての位置づけを確立する一方で、証券会社、銀行等での店頭販売、つまり対面チャネルはどうなっていくだろうか。

金融庁は、国民の安定的な資産形成の実現に向け、2017年3月「顧客本位の業務運営に関する原則」、いわゆるフィデューシャリー・デューティー原則を公表した。

そして、2021年1月「金融審議会市場ワーキング・グループ報告書―顧客本位の業務運営の進展に向けて―」（2020年8月5日公表）をふまえ、「顧客本位の業務運営に関する原則」が改訂（2021年1月15日）された。このなかでは金融事業者が順守すべき7つの原則がうたわれており、なかでも顧客の最善の利益の追求（原則2）、利益相反の適切な管理（原則3）、手数料等の明確化（原則4）が注目された。各販売会社はこの原則を契機に一斉に資産管理型営業にかじを切った。

この結果、いわゆるファンドの回転売買による販売手数料稼ぎといわれるような営業は多くの会社で制限され、管理する資産残高を増やすことで、これに対する報酬を得ていこうとするビジネスモデルに転換しつつある。前者はコミッション（commission）ベース、後者はフィー（fee）ベースと呼ばれ、このコミッション・ベースからフィー・ベースへの転換が推奨されることとなった。回転売買するよりも長期でファンドを保有したほうが、結果的にパフォーマンスが高く得られるというのは過去データからも実証済みであり、この流れは投資家にとっても有意義と考えられる。

その一方で資産管理型営業におけるフィーはファンドの信託報酬のなかの代行手数料分であるから、短期的投信売買による販売手数料がなくなると販売会社の収入が一時的には減少することになる。これを業界ではビジネスモデルの転換に伴う痛み（"生みの苦しみ"）などと表現するが、これは避けられない。

　これを補完する意味で、すでにみたファンドラップのラップ報酬は販売会社にとって新たな収益源として位置づけられた。一般にファンドラップにおいては、（部品としての）投資対象のファンドはその多くがパッシブファンドであり、ファンド関係者（運用会社、販売会社、受託銀行）が分け合う信託報酬は低く設定されている。

　そのかわり（投資運用業を兼ねる）販売会社が収受するラップ報酬が比較的高く設定されている。ファンドラップによって投資家は販売会社に運用を一任し、投資アドバイス等を受けられることになった。そこで問題となるのが、この投資アドバイスとは何か、ということである。

　投信協会の調査[21]によれば、公募投信の興味・関心・購入のきっかけは、「金融機関の人に勧められて」（34.3％）が最も高い。これは53％（2018年）、43％（2019年）、40％（2020年）と徐々に下がってきているものの、次順位の「インターネットで見たり調べたりして」（28.1％）、「少額投資非課税制度があるから」（17.1％）、「投資信託に関する本を読んで」（12.5％）に比べると高い。年代別でみると、「金融機関の人に勧められて」は50代以上で年代が上がるほど高くなる一方、20代〜40代ではインターネットで調べて購入する率が40％程度と最も高い。今後世代交代が進めば、金融機関での勧誘よりも自発的にファンドを選択し購入する層が中心となっていくと予想されるが、現時点ではやはり金融機関に対する商品の助言、推奨ニーズが高い様子がみてとれる。

　この場合、対面で顧客と相対する金融機関が提供できるサービスは何か。

21　「投資信託に関するアンケート調査」（2022年3月）。

米国における投資アドバイザー（RIA、Registered Investment Advisor）は、その提供するサービスの違いからいくつかに分類されている。最も基本的なサービスである「マネー・マネージャー（money manager）」と呼ばれる形態では、資産運用とアセット・アロケーションのみを提供する。これに対して退職、教育費プランニングを加えた「インベストメント・アドバイザー（investment advisor）」や税対策・保険等のより包括的なプランニングサービスを加えた「ファイナンシャル・プランナー（FP、Financial Planner）」などがある。

　日本の金融機関においてファンド単品を販売する販売員はこのどれも提供していないので、米国でいう「証券外務員型アドバイザー」ということができる。これとは別にファンドラップを営業する販売員は、「マネー・マネージャー」に近い存在ではなかろうか。投資家の期待が単なる資産配分の指南に限らず、保有資産全般に対するファイナンシャルアドバイスとするならば、このギャップを埋めるために販売員のさらなる教育を要することになる。これを自社で行うにはかなりの専門的人材教育が必要となる。金融機関のなかにはこれを断念して、外部のファイナンシャル・プランナー会社に業務を委託するところも出てこよう。この委託先として考えられるのが、対面チャネルの1形態として日本でも活躍しつつある独立ファイナンシャルアドバイザー（IFA、Independent Financial Advisor）である。

　欧米では主要な投信販売チャネルとなっているIFAであるが、国内ではまだその活動が始まったばかりである。彼らは小規模な業者が多く、そのインフラ（口座管理、運用経過報告書類）をオンライン証券等のプラットフォームに依存しつつ、顧客コンタクトの面で着実にその存在感を高めている。その収益構造はいまだコミッションに依存するところが大であるが、その目指すところはフィー・ベースであり、対面チャネルの銀行等が目指すビジネスモデルと完全に重複する。

(3) 新たな販売チャネル

　ここまで、証券会社や銀行などの対面、非対面による投信販売の実態をみてきたが、これに加えていわゆるプラットフォーマーといわれる異業種（非金融業者）が実質的な投信販売チャネルになる可能性もある。この契機になるかもしれない法律が、2021年11月に施行された「金融商品の販売等に関する法律（金融商品販売法）」の改正法たる「金融サービスの提供に関する法律」である。

　この法律は別名、金融サービス法、金融サービス仲介法とも呼ばれるものである。近年、デジタル化の進展により、利用者はオンラインでさまざまな金融サービスを一括して（ワンストップで）受けたいとのニーズがあったが、銀行、証券会社、保険会社はそれぞれが独立して業務を営んでおりその実現がむずかしかった。

　そこで金融仲介業者がこれらのサービスを包括して取り扱うことになるが、そこには多くの制約が存在した。すなわち金融仲介業を営もうとすると、それぞれの業法に基づく許可や登録が必要となるばかりか、金融仲介業者は特定の金融機関に所属することが求められ、所属金融機関からの指導を受けなければならないなどの制約である。このため金融仲介業者から仲介業が円滑に行えないという不満が出ていた。参入業者も少なく、銀行、証券、保険のすべてを提供できる仲介業者は5社と限られた状態であった。

　改正法においては、新たに「金融サービス仲介業」を創設し、銀行、証券、保険などの仲介を行う際に、金融サービス仲介業の登録を受ければ、個別に銀行代理業等の登録を受ける必要がなく、さまざまな金融サービスをワンストップで提供できるようになった（**図表5−20**）。また特定の金融機関への所属も不要となった。かわりに、取扱い可能なサービスの制限や利用者財産（サービス購入代金など）の受入れ禁止、保証金の供託義務等が課され、利用者保護が図られた。つまり、簡易な方法でスマートフォンなどを介して銀行、ローン、証券、保険サービスを一括提供できるようになったのである。

図表 5 −20　金融サービス仲介業の概略

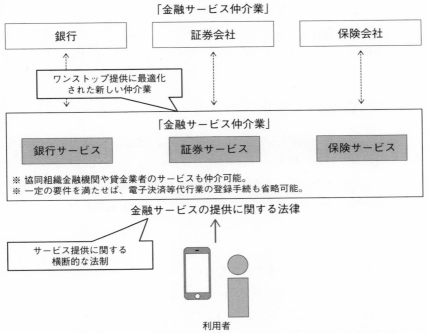

「金融サービス仲介業」

| 銀行 | 証券会社 | 保険会社 |

ワンストップ提供に最適化
された新しい仲介業

「金融サービス仲介業」

| 銀行サービス | 証券サービス | 保険サービス |

※ 協同組織金融機関や貸金業者のサービスも仲介可能。
※ 一定の要件を満たせば、電子決済等代行業の登録手続も省略可能。

金融サービスの提供に関する法律

サービス提供に関する
横断的な法制

利用者

出所：金融サービスの利用者の利便の向上及び保護を図るための金融商品の販売等に関す
　　る法律等の一部を改正する法律案説明資料2020年 3 月

　金融サービス仲介法の施行により、フィンテック企業など金融以外の業種
から金融サービスのワンストップサービスを提供する会社の参入が見込まれ
ている。

　たとえば、現在でも家計簿アプリなどを提供するフィンテック会社は、顧
客からパスワードを受領し、銀行口座などとAPI接続して得た預金残高など
の情報を有している。これを活用し、あらかじめ承認を得た範囲内で顧客に
あった資産活用の提案などを一括して行うことが考えられる。またアマゾン
などのいわゆるプラットフォーマーが、その保有する顧客の購買データなど
からその嗜好を分析、最適な金融商品を勧誘することも考えられる。

現時点ではまだこの金融サービス仲介法を足がかりに、金融のワンストッ
プサービスを提供する大がかりなビジネスは展開されていないが、特にこれ
まで金融業に参入していなかった新興フィンテック企業が、デジタルテクノ
ロジーを駆使して、金融のあらゆるサービスを一元的に提供することが期待
されている。

（4）　投資家の二極化

　上述したとおり、資産運用に関して金融機関が提供するサービスとは何
か、が問われている。投資アドバイス（ファイナンシャルアドバイス）と一口
にいっても多義的であり、まずはそのサービス内容の定義とその範囲が十分
かつ明確に説明されることが必要である。そうすれば投資家にとってどの範
囲までのサービスが必要なのか、そのためのフィーを支払うことに対する納
得感が得られると考えられる。

　これを前提とすると、資産形成を行ううえで、アドバイスを求めたい投資
家と、これと反対にいっさいのファイナンシャルアドバイスに付加価値を見
出さない顧客という、二極化が、今後ますます進むと思われる。特に後者が
今後は増えると思われる。

　投資情報はインターネット上にあふれており、その指南をする動画サイト
などの情報も数多い。そこでは内外のローコスト・インデックスファンドや
ETFを部品として自分で資産配分したり、リバランスしたりすることまで
指南している。このようなサイトで学んだ顧客のなかにはファンドラップの
手数料が高いと感じ、ローコストなバランスファンドを購入する者もいるで
あろう。

　投資アドバイスという付加価値を除けば両者の差はパフォーマンスの差で
しかないから、数量的な比較は容易に行える。バランスファンドは基本的に
パッシブマザーファンドを投資対象としており、マザーファンドでは手数料
はかからない。バランスファンド自体の信託報酬のみがコストとして認識さ
れる。バランスファンドの運用戦略も千差万別であり、静的アロケーション

から動的なアロケーションをとるものまであり（第3章3(4)①参照）、投資家は自分の志向にあわせて選択することができる。

　さらにこのバランスファンドの運用コストさえセーブしたいと考える投資家は、ローコストのパッシブファンドを選定し、資産配分は自分で組むことが可能である。リスク許容度に応じた静的アロケーションは同様のファンドの資産配分情報として開示されており、これをまねれば自分で計算する必要さえない。

　金融庁が強く推奨する投資の王道たる「長期・積立・分散」を守るとき、必要な投資アドバイスは非常に限られてくる。たとえば、自分のリスク許容度を自己診断することはむずかしいが、そもそもリスク許容度を規定する必要があるのだろうか。むしろこの積立投資で〇年後に高い確率で自己資産をどの程度成長させたいか、という問いのほうが具体的である。前述したとおり、この試算は比較的簡単な方法で計算できる。

　たとえば、インターネット上で、積立額、積立期間、目標到達金額、生起確率を入れれば、最適資産配分が出てくるようなツールが無料で公開されれば（すでにロボアド数社のサイトで簡単に入手できる）、これをもとに投資家はバランスファンドをもつか、パッシブファンドを組み合わせるか、すればよい。

　こうした顧客が増えればファンドラップやIFAのビジネスに影響することが予想される。

6　保険と投信の融合

　日本人は世界的にみても保険好きな国民といわれている。日本銀行の資金循環統計（2021年12月末）によれば、個人金融資産2,023兆円のうち、保険、年金、定額保証商品は540兆円、このうち保険商品は379兆円と全体の18.7%

を占めている。

これは株式等（212兆円）、投資信託（94兆円）を大きくしのぐ残高であり、預金に次ぐシェアである。なぜ日本人は保険好きなのか、についてはさまざま解説があるのでそちらに譲るが、実は保険自体もその商品性が変わりつつあり、かつその裏側で、投信が活用されている、ということを紹介する。

（1） 変額年金保険（VA、Variable Annuity）

個人年金保険とは、満期金を確定年金・有期年金・終身年金などとして受け取る、民間の私的年金保険である。年金保険には定額年金保険と変額年金保険がある。定額年金保険はその保険料が約束された「予定利率（運用利回り）」をもとに運用されるものである。この場合、保険契約者（個人）にとっては、あらかじめ将来受け取る満期金や、解約返戻金の金額が予測できる一方、保険会社にとってはこの約束を守るため保険会社自身の勘定で保険料を運用する必要がある。このように保険会社の運用実績にかかわらず一定の給付が保証されるタイプの保険の資産を管理・運用するための保険会社の勘定を「一般勘定」と呼んでいる。

これに対し変額年金保険とは、保険契約者が（多くの場合）一時払いした保険料を、株式や債券等を投資対象として運用し、その運用成果に応じて将来受け取る年金額、解約返戻金額、万一の時の死亡給付金額[22]が増減する商品である。運用実績によっては高い収益性が期待できる反面、運用が不調な場合は当初払い込んだ一時払保険料を下回ることさえある。最近では運用不調時でも年金原資や年金受取総額が基本保険金額を最低保証されているタイプの商品が主流となっている。

変額年金保険のような、運用実績に応じて給付が変動するタイプの保険商品の資産を管理・運用する勘定は、「特別勘定」と呼ばれ、他の保険商品の資産とは区別して管理・運用が行われる。

---

[22] ただし、死亡給付金額については最低でも基本保険金額（一時払保険料）以上が保証される。

変額年金保険ではその参照する運用戦略や投資信託などが特定される。どの投資信託で運用するかは保険会社が決定するケースもあるが、一般的には保険契約者が決定する。保険によっては多くの種類の投資信託を用意し投資家がそのうちから複数商品を投資家の好む比率で選択できるようになっているものもある。またこの対象となる投資信託とその比率は運用期間中いつでも変更が可能となっているものもある。

　投資家は自分の選択した投資信託の時価評価（単位価格、ユニットプライス）を把握することで将来の給付の予測をすることができるようになっている。このユニットプライスは、対象となる投資信託の基準価額をもとに計算されている。

　変額年金保険で使用される投資信託は私募投信（適格機関投資家私募投信）である。これは既存の良好な運用実績がある公募投信をもとにこれと類似の運用戦略をもったもの、あるいはこの公募投信がファミリーファンドでつくられている場合には、同じマザーファンドに投資するベビーファンドとして、私募投信形式で新設される。保険契約者にとっては、公募投信としてなじみのある投信と、同様の運用戦略で変額年金保険も運用したいとのニーズが満たされるわけである。

　ところで、なぜ私募投信でなければいけないか。投資信託の側からみると、最終投資家は保険契約者であるから公募要件は満たすものの、直接の投資家は「特別勘定」となる。よってこの投資信託はいわゆるプロ私募投信（保険会社が適格機関投資家なので）として組む必要がある。

　保険会社にとっては、一部の最低保証部分を除けば、「特別勘定」の運用責任を自ら被る必要はない。このため自己の負債となる「一般勘定」のように慎重に運用する必要はなく、この結果、投資家に投資対象たる投資信託を選択させることも可能となる。保険会社にとっては運用成績がマイナスの場合、保険契約者には原則としてその損失をそのまま返せばよいので、「特別勘定」から参照する私募投信をそのままの数量で投資すればよいことになる。

(2) 指数連動年金保険（FIA、Flexible Index Annuity）

変額年金保険が、将来受け取る年金額等の増減責任を投資家が被る保険であるのに対し、近年流行しつつあるのが指数連動型の年金保険である。これは変額年金保険のように、あらかじめ定められた[23]指数の運用成績によって将来の年金原資が増加するメリットは残しつつ、たとえ指数パフォーマンスがマイナスとなった場合でも一時払保険料は確保されるというものである。

つまり、保険契約者の拠出した元本（一時払保険料）は確保しつつ、指数の上昇分のみを契約者に還元する商品である。この指数は複合資産（マルチアセット）で組まれるものが多く、すでに人気の公募投信と同じ運用戦略から複製したものや、投資銀行のアルゴリズムによって構築されたものなどが活用される。

この種の保険は、生命保険会社における「特別勘定」ではなく「一般勘定」で運用される。つまり上記のとおり契約者に対して元本を確保しつつ指数の上昇に応じた年金原資を保険会社が保証しなければならないため、「一般勘定」が使用されるわけである。

それではこの保険はどのように構成されているか。まず参照される指数は多くの場合、投資銀行が算出・提供している。同時に投資銀行は保険会社に対してこの指数に対するコールオプションも間接的に提供している。つまり保険会社は実質的にこのコールオプションを「一般勘定」で保有することで、保険契約者に対する将来のキャッシュフローのヘッジを行っているのである。このオプション取引において保険会社の支払はオプションプレミアムだけになるので、保険会社は一時払保険料を元手に運用しこのプレミアム分ほかを運用益としてねん出する（**図表 5 −21**）。

この構成は、元本確保型ファンド（第 4 章14(2)参照）と類似しているといえよう。指数連動年金は投資家にとって、（満期まで保有すれば）元本割れが

23　米国ではこの指数を保険契約者が定期的に選択できるようにしたものが多いが、日本ではあらかじめ定められている。

図表 5 －21　指数連動年金保険の概念図（イメージ）

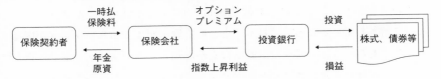

ない運用商品として人気を博しつつある。

7　投信ビジネスの未来

（1）　大きいことはいいことだ

　運用資産のパッシブ化が進むと、運用会社、販売会社といったインベスト
メントチェーン全体の報酬率は低下する。その報酬率の低下は経営効率化で
カバーできる部分もあるが、やはり残高の増加で補うほかなくなる。

　また、販売手数料を主力とする販売会社のビジネスモデルも資産管理型営
業に徐々に重心を置くようになると、その形態はアドバイス重視型の対面型
ウェルスマネジメントタイプと、非対面型プラットフォーマーに二極化され
るが、残高獲得は後者に有利に働くものと思われる。この結果、さまざまな
パッシブ商品の品揃えをしたプラットフォーマー（オンライン証券等）が特
定の商品を推奨することなく、安価でファンドを取りそろえる、"ファンド
のスーパーマーケット[24]"的販売が主流になると考えられる。

　これは運用会社と投資家の距離が一段と狭まることを意味する。運用会社
はこれを意識し、これまで販売会社のブランドに依存してきた戦略から脱却

24　1992年に米国のオンラインブローカーであったチャールズ・シュワブ社が始めた
　「One Source」がファンドのスーパーマーケットの先駆けとされる。

し、自らのブランドで商品を選んでもらう必要が出てくる。

　このブランド力が重要で、米国でiSharesやVanguardといったブランドが人口に膾炙しているごとく、日本でも一般投資家がよく知るブランドが確立されるであろう。このブランド戦略はなかなかアクティブファンドでは育ちにくい。なぜなら常勝のアクティブファンドは存在しえないからである。

　ファンドビジネス黎明期ならいざ知らず、現在のように（完全効率的市場とまではいかなくても）投資情報が瞬時に運用会社に伝わり、かつその運用情報も一般に頻繁に開示されるようになると、市場ポートフォリオを常にアウトパフォームすることがますます困難となる。どんなに優秀なファンドマネージャーでも6勝4敗といわれるアクティブ運用の世界では、なかなかブランド確立はむずかしい。この結果、日本でも欧米同様パッシブブランドを早期に確立させ、規模の経済を追求した運用会社が顧客との距離をますます縮めることになるだろう。そのブランドは運用会社のブランドかもしれないし、（iSharesのような）パッシブファンド群のブランドであるかもしれない。

　運用報酬全体の低下により、いま世界的に起こっている運用会社の合従連衡は日本でも引き続き起こると思われる。このため運用会社は買収資金の調達が必要となる。日本のように多くの運用会社が銀行や証券会社等の金融グループの系列である場合、親金融機関からこの買収資金を調達することも考えられるが、その巨額さゆえに、資金調達は資本市場も含めて考える必要が出てくる可能性がある。この点でも運用会社のブランドは重要な意味をもつ。

　この結果、巨大な運用資産と誰もが知る強力なブランドを有する、メガ運用会社ともいうべき存在が誕生する。これはまさにいま世界の運用業界の合言葉になっている、"大きいことはいいことだ（Scale matters）"を象徴するような動きである。

　運用会社の巨大化の一方で、現在の比較的小規模な独立系運用会社のいくつかは撤退を余儀なくされる可能性はあるが、熱烈なファンをもつ会社は存続する。こうした運用会社は「ブティック型」と呼ばれ、市場平均に対して

超過収益の獲得を目指すアクティブ運用のみを行い差別化を図っている。運用ファンド数は少なく、なかには1本の日本株アクティブファンドのみを運用する会社（さわかみ投信など）もある。

　上述のとおり、アクティブファンドで常勝することは不可能であり、こうした会社は独自に投資家のつなぎ止めを行っている。たとえば、運用会社の代表者やファンドマネージャーが各地で公演を行い、自らの口で投資家にファンドの魅力を訴える。また投資対象の企業を投資家とともに訪問し、その企業の魅力を伝え、その企業に投資して応援する実感を共有する、などの活動である。

　こうしたブティック型運用会社は、大手がカバーしない中小型銘柄を綿密に調査分析し、投資することをアピールする。また企業経営者と経営の改善策等について直接対話し、企業の持続的な成長と企業価値向上を促す活動（エンゲージメント活動）を通じて株価の上昇につなげることを説く。

　ただし、こうした活動は大手運用会社でも中小型株式投資チームによって行われており、かつ企業側も当然のことながら運用会社の資産規模を重視して対話することになる。やはりブティック型運用会社にとって強烈な超過収益と、大手にはない顧客との直接のコンタクトが何よりも重要な付加価値となろう。

(2)　アンバンドリング

　一方で販売会社側はどうだろうか。サイバー空間に存在するネットネイティブ投資家の台頭で、地域密着型の投信営業が限界を迎える一方で、あらゆる商品の品揃えを有するプラットフォーマーの管理資産はますます増加する。特に政府の支援を得たNISAやiDeCoといったさまざまな税優遇投資支援策を背景に、このマス資金の取込みでも有利に展開する。またプラットフォーマーならではの、トータルサービスパッケージ（ポイント制、銀行預金とのスイングプラン）などの機能により、この利点を十分理解、活用できる投資家層に対し強力にアピールする。

自分で投資したいファンドを選択でき、ある程度洗練された投資家がこの低コストの販売会社を選択する一方で、投資対象となるファンドを自らは選択できず、販売会社の選別眼に期待したいとする投資家層も明らかに存在する。

　これに対し、プラットフォーマーも取扱いファンドにレーティングをつけるなどしてこの期待に応えようとするが、非対面での限界もある。対面型販売チャネルは自らのファンド選別眼を鍛え、より客観的な分析でファンドの良しあしを見極め顧客に提示することになる。

　すでに地方銀行[25]のなかには、こうした独自の基準をクリアしたものだけを取扱いファンドの中核に据え顧客にアピールしているところも増えつつある。ファンド選定を行う専門の別会社をつくる販売会社も出てきている。こうなると系列の運用会社の商品ばかりを推奨して販売する従来型の単純な販売戦略は投資家から見放されることになる。

　なぜこの商品なのか、他の同様の商品と比較してどこがいいのか、そもそも投資対象市場はなぜこの市場なのか、投資家からのこうしたさまざまな疑問にきちんと回答できる販売会社が投資家から選定されることになるのは明らかであろう。こうした系列運用会社にとらわれずよい商品を選定して販売する販売会社の姿勢を、オープンアーキテクチャー（open architecture）と呼んでいる。

　良質なファンドを独自の分析能力で選定、販売し、その後も運用成果に対して透明性をもって投資家に情報開示するといった販売会社が投資家に支持されることになる。こうしてみてくると、販売会社にとって自社で運用会社を系列内にもつ意味が薄れてくる。

　かつては1つの金融系列内で販売し運用し管理する、といったインベストメントチェーンのすべての機能を取りそろえることが、資産運用ビジネスの収入を系列外に出さないという意味で重要であった。しかし、投資家の洗練

25　福岡銀行の「投信のパレット」などはその代表的な例であろう。

にあわせ、販売会社はファンドの見極めといった独自の付加価値をつけない限り、ファンドのスーパーマーケットに太刀打ちできないことになる。米国のシティバンクがその運用機能を手放したような、インベストメントチェーンのアンバンドリング（unbundling、分解）化が日本でも起こる可能性もある。

(3)　未来の投資家による未来の投信

　未来の姿は誰にもわからない。だからこそ勝手な想像が許される場合もある。

　投信のメリットは下記の①から③があげられてきた。しかしこれらは今後ともそうであろうか。

① 集合運用により、投資家個々の資金は小さくても大きな単位の取引が可能となること

② プロフェッショナル（専門のファンドマネージャー）に運用を託すことができること

③ 毎営業日時価評価ができること（基準価額が計算されること）

　①については、特に現物株式は以前に比べかなり少額から取引ができるようになった。またETFを活用すれば株式についてはもちろん、債券やコモディティについても少額分散投資が可能である。

　②についてもさまざまなインデックスが開発され、その銘柄が開示されているので、運用のプロに任せなくても投資家は自分でポートフォリオを組むことができる。また投資家が好むテーマが決まればそれに関連する銘柄を集めポートフォリオを一括してつくるサービス[26]も行われている。

　将来は運用のP2P（peer-to-peer）サービス、つまり運用技量をもった運用プロが自己のポートフォリオを開示し、これに基づいて他の投資家が自己ポートフォリオを構築する[27]ことも考えられる。

26　日本株につきFOLIOのテーマ投資など。

また、③については、特定口座に含まれる複数の有価証券（現物株式、ETF）の時価評価とその合計値は、口座管理する販売会社が当然のように毎日算出、開示してくれている。つまり手間暇かけずに投資家は自己資産価値を毎日その変化率とともに把握できるのである。

　こうしてみると、投資家の洗練度合い次第では、かつていわれた投信活用のメリットが徐々に薄れつつあるのではないか、と考えさせられる。一方で投信のコストや集合運用によるデメリットを投資家がどう考えるか。

　「投資家はそんなに賢くもないし、洗練されてもいない。第一、投資にそんなに手間をかけるはずがない」と考えることもできるが、はたしてそうか。

　高い経済成長が今後とも望めないわが国にあって、勤労こそが資産形成手段であり投資は“不労”所得とさげすまれた世代が完全に入れ替わり、むしろ投資が実労働よりも有効な資産形成手段とさえ考える世代が中心となったとき、彼らの投資に対する知識や意識はいまよりは飛躍的に高くなっていることだろう。

　いまの常識では考えられないほど一般投資家は洗練していくだろう。そうした投資家は資産を投信に“全面的に委託”するのではなく、部品として活用するスタンスへと変容するかもしれない。任せて損失を出すよりも、自分が有望と考える市場全体を反映する部品（パッシブファンド）を自己判断で投資したほうが、たとえ損失を出しても納得感が違う。

　こうした真の意味での自己責任投資を可能とするツールがデジタル化で加速度的に開発されていく。

　“不労”所得という言葉が死語となる日は、もうそこまで来ているのである。

27　イスラエルeToro社のソーシャルトレーディングサービスもこの一形態とみなすことができる。

コーヒーブレイク──投信業界こぼれ話

大蔵省と運用会社

投信の未来予想図の話をした後であるが、今度は思い切り時代を過去に戻したい。約30年前の1993年、筆者は所属する日本興業銀行の証券業務部で、運用子会社の設立企画の主担当を命じられた。同部は前年に証券子会社である「興銀証券（現みずほ証券）」を立ち上げたばかりであり、銀行として、次は投信を製造する子会社をつくろうというわけである。

当時の運用会社はそのほとんどが証券会社の子会社として運営されていた。1992年、当時の監督官庁である大蔵省（現財務省）が免許基準を緩和し、銀行を設立母体とする運用会社の設立が可能となったのである。これをもとに第1弾として、住友、富士、三和、さくらといった各都市銀行は1993年10月に運用会社を設立ずみであった。

現在（2007年9月〜）は登録制となっている投信ライセンスは、当時はるかに厳格な認可制であり、行政官庁に裁量が認められていた。

大蔵省からこの免許を得るために多段階の審査を受けることになる。予備審査、仮審査、本審査と進むわけであるが、そのたびにＡ４用紙で20センチくらいの厚さとなる数百ページの書類を提出することになる。

筆者は審査項目を精読し、審査基準をクリアするために設立趣意、組織人員体制、運用体制と商品計画、リスク管理・コンプライアンス体制、5年間の収支計画などを作成した。先行した都銀系運用会社にも審査に関するヒアリングを行った。なかには不承不承の人もいたが、粘り強く依頼して情報収集を行った。大蔵省は免許基準を緩和したとはいえ、決して歓迎ムードではなかったと思う。

何度も霞が関に足を運び、さまざまな項目についてひざ詰めで交渉する過程では、「本当に銀行が運用会社を運営できるのか」という彼らの疑念の目もひしひしと感じた。

大蔵省との交渉で難儀したことの一つは新設する運用会社の名前である。当方はすでに「株式会社興銀証券」が許されたのだから、当然に運用会社も「興銀投信株式会社」でいけると思っていたが、大蔵省の反応はNOであった。いわく社名に"銀"の字を用いてはならないという。

これは"銀"がつくと銀行を連想させ、新設運用会社の商品に銀行の保証がついているかのごとき印象を個人投資家に与えるからだという。それではなぜ「興銀証券」はよかったかというと、これはリテール（個人向け）業務を行わず、法人向けの投資銀行業務、ディーリング業務に特化しているからだという。それはたしかにそうである。

　しかし、当時の興銀には「おかしいと思ったことは、たとえ相手が役所でも主張すべきは主張せよ」とのカルチャーがあり、筆者も抵抗した。

　すなわち、運用会社は直接投資家と接するわけではなく、販売会社（当時は証券会社のみ）を通じて商品を提供するにすぎず、そうした懸念には及ばないのではないか、また銀行を設立母体とする運用会社を認めるとした規制緩和趣旨にそもそも反するのではないか、などの反論であったが、先方の主張する投資家保護論の前にはどうにもならなかった。いまのように銀行、ゆうちょ銀行、信用金庫などあらゆる金融機関で投信が販売されている状況からすると隔世の感があるが、当時はそれほどに投信という投資商品と、預金という元本保証商品を扱う銀行業態とのギャップは大きかったわけである。

　有名な米国グラス・スティーガル法を模した証取法65条（銀証分離規制）は徐々に緩和されつつあったとはいえ堂々存在し、銀行の証券業務をおおいに制限していた時代である。抵抗むなしく、結局"銀"の字を外した「日本興業投信」という、どこの銀行系列かわからない運用会社を設立するに至った。それでも筆者は最後の抵抗を試みる。

筆者　「なるほど、ご趣旨はわかります。たしかに投信を製造する会社の社名に"銀"の字がついていて、個人投資家のなかには（まれかもしれませんが）、親会社の銀行保証がその投信につくと考える人もいるかもしれません。しかしながらすでに免許が下りている会社をみれば、"銀"の字こそついていないものの、『富士投信』『三和投信』があるじゃないですか。『三和投信』とみると、普通は三和銀行を連想するのではないですか。これでは趣旨一貫しないのではないでしょうか」

大蔵省「三和といえば三和銀行ですか」

筆者　「当然そうでしょう」

大蔵省「三和シャッター工業っていう会社もあるでしょう」

　万策尽きた瞬間である。

事項索引

実務必携　投資信託業務のすべて

2022年11月22日　第1刷発行

著　者　浜　田　好　浩
発行者　加　藤　一　浩

〒160-8520　東京都新宿区南元町19
発　行　所　一般社団法人 金融財政事情研究会
企画・制作・販売　株式会社きんざい
出 版 部　TEL 03(3355)2251　FAX 03(3357)7416
販売受付　TEL 03(3358)2891　FAX 03(3358)0037
URL https://www.kinzai.jp/

校正：株式会社友人社／印刷：株式会社太平印刷社

ISBN978-4-322-14166-5